ABC DU BAC

Réussite

LE BAC ASSURÉ

Histoire-Géographie

2de

Pierre-Marie Imbert
Alain Rajot

Le papier de cet ouvrage est composé de fibres naturelles, renouvelables
et fabriquées à partir de bois provenant de forêts gérées de manière responsable.

Nathan

Réalisation éditoriale : Roseline Messager
Édition : Odile Gandon / Nicolas Waszak
Schémas : Coredoc, Laurent Blondel
Cartographie : Afdec
Iconographie : Laurence Vacher
Conception graphique intérieur : Julie Lannes
Couverture : Marc & Yvette
Compositeur : JPM

ISBN : 978-2-09-189200-9

Mode d'emploi

Un ouvrage synthétique pour réviser et progresser avec méthode !

Cours

Cours | L'essentiel | Méthode | Exercices | Corrigés

- Le cours est structuré en doubles-pages, pour faciliter les révisions. La page de gauche présente un **cours précis et concis**.
- La page de droite présente les documents associés au cours, ainsi que le vocabulaire et les notions-clés.

L'essentiel

Cours | L'essentiel | Méthode | Exercices | Corrigés

- Une double-page **Révision Express** résume les principaux points à retenir, les mots et les personnages importants ou les chiffres-clés ; un Quiz permet de se tester rapidement.

Méthode

Cours | L'essentiel | Méthode | Exercices | Corrigés

- Cette rubrique présente de manière très détaillée les méthodes essentielles pour aborder les **différents types de documents et d'épreuves** propres à l'Histoire et à la Géographie. Des encadrés **expliquent pas à pas la démarche**.
- Chaque méthode est présentée à partir d'un **exemple concret**.

Exercices

Cours | L'essentiel | Méthode | Exercices | Corrigés

- Des questions de **vérification des connaissances** vous permettent de voir si le cours est bien acquis.
- Un exercice d'application de la méthode permet de **s'entraîner**.

Corrigés

Cours | L'essentiel | Méthode | Exercices | Corrigés

- Les corrigés sont accompagnés de petites « bulles » présentant des **conseils**, des **remarques**, des **astuces pour gagner des points**…

Connectez-vous à abcbac.com

Sommaire

CHAPITRE 7 Gérer les ressources : nourrir les hommes

CHAPITRE 8 Gérer les ressources : l'eau

CHAPITRE 9 Gérer les ressources : l'énergie

CHAPITRE 10 Villes et développement durable

PARTIE 1 Histoire

CHAPITRE 1

Les Européens dans le peuplement de la Terre

1 De l'Antiquité au XIXe siècle

De quoi s'agit-il ? La Préhistoire avait connu une humanité pratiquant le nomadisme de chasseurs-cueilleurs. Avec la sédentarisation progressive de l'humanité, des foyers de peuplement se forment sur la planète. Ils connaissent une croissance lente de leur population (natalités et mortalités fortes) jusqu'à la Révolution industrielle du XIXe siècle. Quelle place tient l'Europe dans cette croissance démographique ?

1 Une lente croissance de la population mondiale

- Dès l'Antiquité, les grands foyers de peuplement correspondent déjà aux espaces chinois, indien et euro-méditerranéen, là où la révolution agricole a fait émerger des civilisations nécessitant une organisation sociale et politique complexe. D'autres espaces moins peuplés et moins sédentarisés (Afrique, Asie centrale, Amériques, Océanie) participent à la croissance démographique de l'humanité (**Doc.**).
- La croissance mondiale est d'abord lente dans l'Antiquité, à l'époque où les grands empires sont stables (on passe de 150 à presque 300 millions d'habitants). Après une légère baisse due aux mouvements de populations, l'humanité atteint 400 millions vers l'an 1000 puis chute à cause des pandémies de peste autour du XIVe siècle. À partir du siècle suivant, commence une nouvelle ère de croissance : plus de 850 millions d'habitants à la fin du XVIIIe siècle. Cette croissance devient explosive à partir du XIXe siècle où la population mondiale double.

2 La place de l'Europe dans cette croissance

- L'Europe a suivi tous les grands mouvements démographiques : légère croissance à l'époque de puissance de l'Empire romain apportant la paix dans le monde euro-méditerranéen, légère baisse avec la chute de celui-ci, reprise médiévale avec l'essor du commerce, Grande Peste de 1347-1354 qui décime le tiers de la population, nouvelle croissance à partir du XVe siècle.
- Au XIXe siècle, elle inaugure la transition démographique : des progrès dans la médecine, l'alimentation, l'hygiène permettent de faire chuter notablement la mortalité. La natalité baisse plus tard. Cela débouche sur une véritable explosion démographique : l'Europe passe de 180 millions à 450 millions d'habitants.

Doc. **Croissance de la population mondiale**

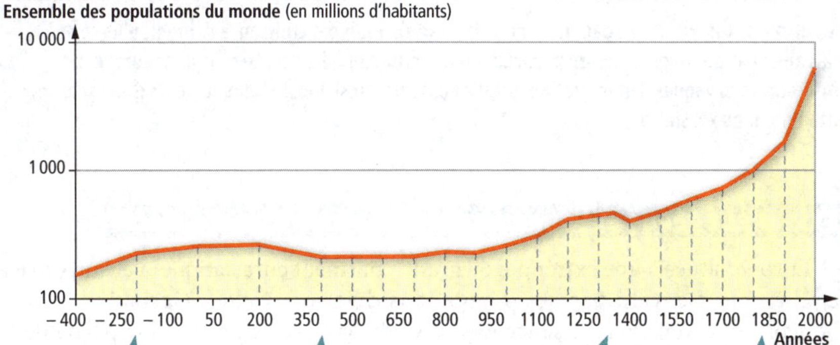

Source : chiffres tirés des travaux de J.-N. Biraben, « Essai sur l'évolution du nombre des hommes », *Population*, 1979.

Les empires romains et chinois apportent une sécurité qui permet une croissance agricole et démographique.

Période de désorganisation politique des empires.

Le commerce a repris presque à l'échelle planétaire, mais fait circuler aussi les épidémies comme la Grande Peste.

La transition démographique commence et fait décoller la croissance de la population mondiale.

Vocabulaire

Nomadisme : mode de vie d'une population se déplaçant dans un espace plus ou moins vaste pour y survivre.

Sédentarisation : phénomène d'installation de populations qui se fixent dans un espace précis qu'elles exploitent, cultivent et défendent.

Croissance démographique : augmentation de la population.

Pandémie : épidémie à l'échelle mondiale.

Notions-clés

Transition démographique : situation dans laquelle une population passe d'un niveau élevé à un niveau bas de natalité et de mortalité. C'est une période de forte croissance de la population (diminution de la mortalité / pas encore de baisse de la natalité). Elle se termine quand la natalité a baissé et rejoint le taux de mortalité.

2 Les émigrations européennes au XIXe siècle

De quoi s'agit-il ? **Le peuplement de la Terre s'est fait par croissance démographique, mais aussi par des migrations, en particulier d'un continent à l'autre. Le continent européen a ainsi connu des vagues d'immigration jusqu'à nos jours, ainsi que des mouvements d'émigration, notamment au XIXe siècle.**

1 Les Européens et le phénomène migratoire au XIXe siècle

- L'Europe, située à une extrémité du grand continent eurasiatique, a été un espace régulièrement envahi par des populations diverses : Celtes, Germains, Slaves, Mongols, etc. Mais la croissance explosive du XIXe siècle pousse une partie de la population, malgré le développement économique, à émigrer.
- L'émigration européenne se déverse sur toute la planète au XIXe siècle. Une partie du processus de colonisation a pour objet d'installer des Européens en Afrique ou en Asie. Les Amériques reçoivent près de 60 millions d'émigrants (Britanniques, Allemands, Slaves, Italiens…) dont plus de la moitié aux États-Unis, qui construisent alors leur espace national.

2 Un cas, celui des Italiens

- L'Italie comme le reste de l'Europe connaît la transition démographique à partir du milieu du XIXe siècle. À la même époque, la péninsule est le théâtre d'une forte instabilité politique, voire de guerres, dont l'objectif est de réaliser l'unité politique d'une Italie encore divisée jusqu'en 1871. Son niveau de développement économique reste moyen : il y a une coupure entre le Nord, qui s'industrialise et s'enrichit, et le Sud, agraire et pauvre.
- L'émigration italienne est donc suscitée par l'instabilité d'un pays qui se transforme politiquement et économiquement. Les émigrés sont surtout des ruraux pauvres qui tentent leur chance aux États-Unis (6 millions) ou en France (300 000 vers 1900).
- Leur intégration n'est pas aisée. Ils travaillent comme ouvriers agricoles ou prolétaires dans les mines et les usines. Des réactions xénophobes sont fréquentes (**Doc.**) et une communauté italienne très organisée conserve une identité forte, surtout aux États-Unis.

Doc. Un conflit lié à l'immigration italienne

La nouvelle de cette agression ne tarda pas à se propager dans les divers chantiers des Salins de Peccais et dans Aigues-Mortes.

Les ouvriers s'unirent. Armés de manches de pelle, ils commencèrent vers 4 heures une véritable chasse à l'homme. Plusieurs Italiens n'ont dû leur salut qu'à la généreuse hospitalité que leur ont accordée les citoyens d'Aigues-Mortes. [Des brigades de gendarmerie sont mobilisées pour ramener le calme] À midi, les gendarmes revenaient de Fangouse escortant 50 Italiens environ. Une bande de 150 ouvriers français les suivait. Tout à coup, sous les remparts d'Aigues-Mortes, la colonne a rencontré un bande compacte d'ouvriers venant de la ville. Malgré l'énergie et le tact intelligent des gendarmes, une collision sanglante s'est produite. [...] À 5 heures du soir, il y a 40 Italiens que l'on a enfermés dans la tour de Constance pour les soustraire à la populace en furie. Sur ce nombre, il y en a 33 de blessés, sur lesquels au moins 6 ne survivront pas à leurs blessures. À l'hôpital, c'est un spectacle hideux. 6 cadavres d'ouvriers, peut-être pères de famille, sont alignés dans une cour : sous un hangar, sur des paillasses, ils sont 8 blessés qui râlent.

Le Petit Méridional, 18 août 1893.

Les Italiens venaient travailler dans les marais salants du sud de la France.

Leur recrutement met en concurrence les ouvriers ce qui provoque une pression à la baisse des salaires, mécontentant les ouvriers locaux.

La population n'est pas unanimement xénophobe ! Ces conflits sont isolés, ponctuels mais il y en eut plusieurs.

Arrivée d'immigrants italiens en France.
Petit Journal, mars 1896.

Les émigrants italiens à la gare Saint-Lazare

Vocabulaire

Émigrer : quitter son pays / **Immigrer** : entrer dans un autre pays.

Agraire : à dominante agricole.

Prolétaire : ouvrier sans qualification, pauvre.

Xénophobie : peur, haine de l'étranger.

RÉVISION EXPRESS

LES DATES IMPORTANTES

LES MOTS IMPORTANTS

- croissance démographique
- émigration / immigration
- foyer de peuplement
- mortalité
- natalité
- sédentarisation
- transition démographique

LES PERSONNAGES IMPORTANTS

Envahisseurs : se déplaçant collectivement, les peuples migrants participent au mélange des cultures et à l'évolution des structures politiques (ex. : l'empire romain disparaît au ve siècle avec les invasions germaniques).

Émigrés : se déplaçant individuellement même si parfois en masse, ils quittent leur pays pour trouver une situation meilleure dans un autre pays.

Empire : sans être un « personnage », cette structure politique, en apportant une certaine stabilité politique, peut permettre la croissance démographique.

Edward Jenner
1749-1823

Médecin anglais ayant pratiqué la première vaccination en Europe.

Louis Pasteur
1822-1895

Biologiste français ayant expliqué le principe de vaccination.

LES POINTS IMPORTANTS À RETENIR

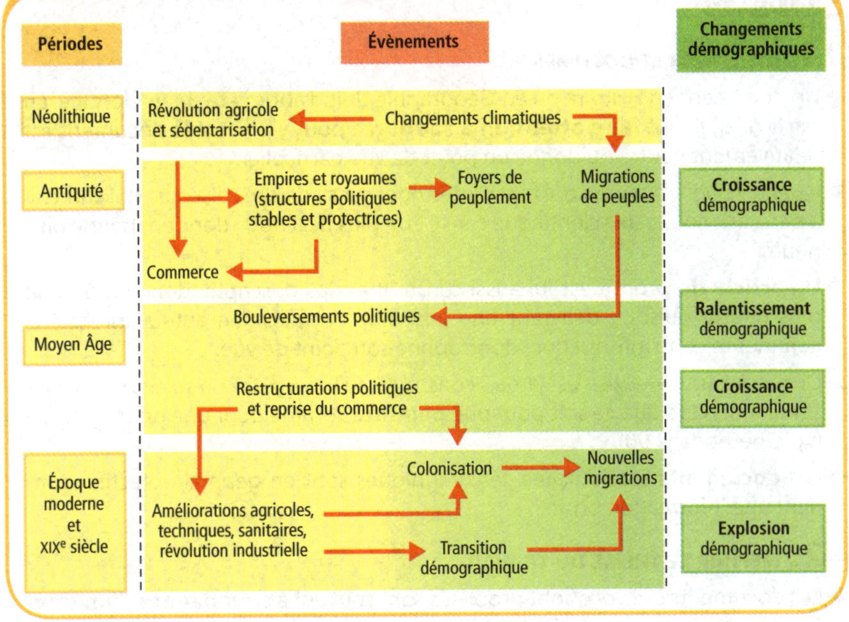

QuiZ

1. Quand la population mondiale a-t-elle dépassé le milliard ?
- ☐ Au début du XVIIIe siècle
- ☐ Au début du XIXe siècle
- ☐ Au début du XXe siècle

2. Quel empire a permis une croissance démographique en Europe dans l'Antiquité ?
- ☐ L'empire romain
- ☐ L'empire chinois
- ☐ L'empire arabe

3. Combien de millions d'habitants compte l'Europe à la fin du XIXe siècle ?
☐ 150 ☐ 450 ☐ 750

4. À la fin du XIXe siècle, les Italiens émigrent surtout vers la France.
☐ Vrai ☐ Faux

→ Réponses p. 21

Analyser un document

MÉTHODE

1. Identifier le document

- Un document en Histoire ou en Géographie doit d'abord être bien identifié. En particulier, il faut **faire attention à sa source** pour vérifier si le document est relativement neutre ou donne un point de vue particulier.
- Quand il s'agit d'**un texte**, il faut s'interroger sur sa nature : discours qui cherche à persuader ou texte scientifique censé être plus descriptif, donc en théorie plus neutre ?
- **Un article de presse** est lui aussi censé être plus descriptif, donc en théorie plus neutre puisque délivrant une information ; mais son auteur interprète, commente cette information, donc donne son point de vue.
- De même, **une image** n'est jamais construite au hasard, sa composition fait passer un message que ce soit pour une **peinture** comme pour une photographie (voir méthode p. 90).
- Les **documents statistiques**, les graphiques sont en général objectifs, donnant une information brute.

2. Définir le thème du travail

- Les documents qui vous sont proposés sont souvent **accompagnés d'un titre**. Ce titre est ajouté pour guider votre lecture.
- Il convient ensuite de **repérer les notions mises en jeu** par le document et de bien les définir en se posant **quelques questions préalables** : quel est son sujet principal, quelle(s) notion(s) d'Histoire ou de Géographie traite-t-il, de quelle période et/ou quel espace est-il question ?

3. Résumer puis analyser le document

- Dans un premier temps, il faut faire **ressortir l'idée essentielle du document**, la résumer en une phrase.
- Après avoir résumé l'idée générale du document, il faut **le décortiquer** pour en relever les différents éléments. **Un texte** peut donner différents arguments, surtout lorsqu'ils sont contradictoires, retraçant par exemple un débat ou une interrogation. Dans **un document statistique**, il faut relever les évolutions entre les chiffres d'une même donnée ou les écarts entre plusieurs données.
- Cette étape consiste à faire un **simple constat issu de l'observation**, de la lecture du document. Des explications peuvent être apportées pour commenter ces constats.

APPLICATION : EXERCICE CORRIGÉ

Analysez le graphique suivant :

Doc. Les évolutions de la population mondiale depuis l'Antiquité

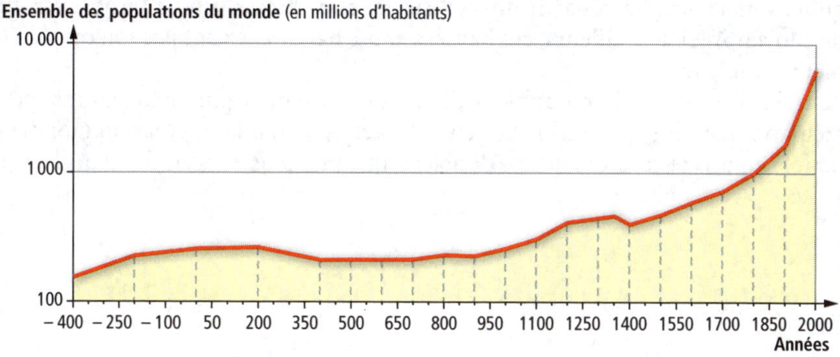

Source : chiffres tirés des travaux de J.-N. Biraben, « Essai sur l'évolution du nombre des hommes », *Population*, 1979.

CORRIGÉ

1. Identifier le document

Le document est un graphique construit à partir de données statistiques. Il est issu d'un travail scientifique et peut paraître objectif. Toutefois, il n'y a jamais eu de réelles statistiques fiables avant le XIXe siècle, voire, pour l'ensemble de l'humanité, le XXe siècle. Les chiffres indiqués ici sont donc des estimations. Dans un graphique, il faut faire bien attention aux unités. Ici, en abscisse, se trouvent les années. La période concernée, qui commence dans l'Antiquité pour aller jusqu'à nos jours, est longue : près de 2 500 ans. En ordonnée se trouvent les quantités d'hommes exprimées en millions : le chiffre 1 000 indiqué ici doit donc se lire 1 000 millions, soit 1 milliard.

2. Définir le thème du travail

Le document permet d'estimer les évolutions de la population mondiale depuis presque 2 500 ans. Le thème central est donc la croissance démographique (augmentation de la population) de l'humanité. Il s'agira de déterminer si celle-ci est rapide ou lente, continue ou variable.

3. Résumer et analyser le document

La population mondiale a globalement augmenté dans la période et a été multipliée par 10 jusqu'au XIXe siècle.
On constate que l'augmentation de la population mondiale, si elle est continue, connaît des variations, avec des moments de hausse par exemple (dans l'Antiquité, vers l'an mille, à partir du XVIe siècle) et de baisse (fin de l'Antiquité, fin du Moyen Âge). Par ailleurs, ces hausses et ces baisses ne sont pas toujours de la même ampleur.
Ainsi la croissance démographique de l'Antiquité semble plus lente, moins spectaculaire que celle qui commence au XIXe siècle, quand la population mondiale double en un siècle, alors que ce doublement a pris plusieurs siècles dans l'Antiquité.

Vérification des connaissances

1 Quelles conditions ont permis une croissance de la population mondiale à partir de l'Antiquité ?

2 Comment l'Europe s'inscrit-elle dans cette croissance de la population mondiale ?

3 Décrivez et expliquez l'émigration européenne au XIXe siècle.

Application de la méthode

SUJET

Analysez deux extraits de T.R. Malthus, *Essai sur le principe de population*, Londres, 1798, 2e édition.

Doc. 1 Analyse d'un texte sans questionnaire

Croissance des populations et croissance des moyens de les nourrir

L'homme est poussé par le même instinct que les autres êtres vivants ; mais il se sent arrêté par la voix de la raison, qui lui inspire le souci d'avoir des enfants dont il devra satisfaire les besoins. […] Ou il cède à ce noble souci, et c'est souvent aux dépens de la vertu ; ou au contraire l'instinct l'emporte et la population s'accroît au-delà des moyens de subsistance…

Mais une fois qu'elle a atteint un tel niveau, il faut bien qu'elle diminue ! Ainsi, la difficulté de se nourrir est un obstacle permanent à l'accroissement de la population humaine : cet obstacle existe partout où les hommes sont assemblés, et s'y présente sans cesse sous la forme de la misère et du juste effroi qu'elle inspire. […] Il est moins facile d'évaluer la croissance des produits de la terre. Cependant, nous sommes sûrs que celle-ci se fait à un rythme tout à fait différent de celui qui gouverne la croissance de la population. Ainsi, mille millions d'hommes doubleront en vingt ans selon le seul principe de population […]. Mais on n'obtiendra pas avec la même facilité la nourriture nécessaire pour faire face au doublement de mille millions d'hommes ! Une place limitée est accordée à l'être humain. Lorsque tous les arpents auront été ajoutés les uns aux autres jusqu'à ce que toute la terre fertile soit utilisée, l'accroissement de nourriture ne dépendra plus que de l'amélioration des terres déjà mises en valeur. Or cette amélioration ne peut faire des progrès permanents. […] Il est vrai que notre planète offre encore des terres non cultivées et presque sans habitants. Mais pour les occuper, il faudrait d'abord exterminer ces races éparses, ou les contraindre à se masser dans quelques parties isolées de leurs terres, insuffisantes pour leurs besoins. Avons-nous le droit moral de faire cela ? […]

Doc. 2 Analyse d'un texte avec questionnaire

L'émigration, une solution au problème de subsistance de l'humanité ?

Si dans les pays bien cultivés la population devient excédentaire, la nature offre une solution simple en ouvrant la voie de l'émigration aux peuples surchargés en les invitant à s'implanter dans les lieux encore incultes. Comme ces lieux sont immenses et très faiblement peuplés, cette solution peut apparaître, à première vue, comme très suffisante. [...] À peine trouverait-on en Europe un pays dont les habitants ne cherchent pas à améliorer leur sort en émigrant. Ces pays, qui ont plutôt trop que trop peu d'habitants par rapport à leur production, ne s'offrent aucune possibilité d'émigration réciproque. [...] Pouvons-nous croire que, dans les parties incultes de l'Asie, de l'Afrique ou de l'Amérique, les efforts les mieux organisés puissent suffire pour améliorer et préparer en aussi peu de temps les terres nécessaires à l'entretien d'une pareille population ? [...] Il est évident que l'émigration est absolument incapable de libérer assez de place pour une population qui augmente sans cesse. [...] Il n'y a donc pas lieu de craindre qu'elle entraîne une dépopulation : [...] on peut être certain [que l'homme] ne songera pas à émigrer s'il n'y est contraint par des mécontentements politiques ou l'extrême pauvreté ; et dans ce cas, il est même utile à sa patrie qu'il s'en aille. [...] Si le [revenu] est tel, dans un pays, qu'il permette aux basses classes de vivre sans éprouver de souffrances, nous pouvons être sûrs que les individus ne songeront pas à émigrer. Mais si ce [revenu] n'est pas suffisant, il est cruel et injuste de les empêcher de le faire.

1. Présentez le document.

2. Quel problème démographique est exposé dans le document et quelle solution l'auteur envisage-t-il ?

3. L'auteur soutient-il cette solution ?

Quiz

1 Au début du XIXe siècle
2 L'empire romain
3 450 millions
4 Faux (vers les États-Unis).

Vérification des connaissances

1 Plusieurs facteurs ont joué un rôle dans le déclenchement d'une croissance démographique générale de l'humanité. La sédentarisation progressive des populations, avec l'invention de l'agriculture, a permis de former des foyers de peuplement. Mais pour qu'il y ait croissance, il a fallu aussi une stabilité économique apportée par la mise en place de structures politiques solides, stables, permettant de défendre et développer l'espace mis en culture : royaumes, empires qui ont fondé des civilisations (chinoise, romaine, etc.). Mais la mortalité reste forte, compensée par une natalité tout aussi forte.

2 L'Europe a participé au rythme de la croissance démographique mondiale. Les civilisations agraires venues de la Méditerranée et fédérées par le grand empire romain ont apporté une stabilité qui a permis la croissance de ce foyer de peuplement. Sa chute coïncide avec une baisse de la population. La croissance reprend à l'époque médiévale où de nouvelles structures politiques se mettent en place (royaumes) et assurent une réorganisation économique, commerciale du continent. La Grande Peste du XIVe siècle décime cependant les Européens (au moins 1/3 de la population), mais ensuite la croissance reprend. Globalement, cette croissance est lente, comparée à l'explosion démographique qui commence fin XVIIIe siècle-début XIXe siècle, avec le phénomène de transition démographique.

3 L'explosion de la population européenne au XIXe siècle, malgré les améliorations socio-économiques de la révolution industrielle, pousse une partie des Européens à émigrer et s'installer sur d'autres continents. La première destination est les Amériques et en particulier les États-Unis, pays neuf en pleine construction : plus de 60 millions d'émigrants européens en un siècle, dont la moitié dans ce seul pays. La colonisation européenne qui redémarre dans ce siècle est aussi un moyen d'installer en Afrique et en Asie une partie de ce trop-plein de population (ex : Algérie, colonie de peuplement française ; Afrique australe et Kenya pour les Britanniques).

Application de la méthode

Le plan indiqué ici est un repère pour vous aider. Il ne doit pas figurer sur votre devoir.

Doc. 1 Analyse d'un texte sans questionnaire

1. Identification

T.R. Malthus, pasteur et économiste anglais né en 1766 et mort en 1834, publie en 1798 un ouvrage devenu célèbre, *Essai sur le principe de population*. À travers l'étude des rapports entre croissance de la population et nécessité de la nourrir, Malthus se penche sur l'organisation des sociétés et la place des pauvres.

2. Thème et idée générale

L'extrait présenté ici vient des premières pages, où il s'interroge sur la croissance de la population et la croissance de la production agricole. Il semble en tirer une conclusion inquiétante : la croissance de la population est plus rapide que la possibilité d'augmenter la production agricole (« Mais on n'obtiendra pas avec la même facilité la nourriture nécessaire pour faire face au doublement de mille millions d'hommes ! »), ce qui engendre la misère (fin du 1er paragraphe).

3. Analyse détaillée

Le premier paragraphe se penche sur la question de l'augmentation de la population mais plus particulièrement des obstacles qui permettent de la limiter : si la population augmente plus que les moyens de la nourrir, la misère s'installe, ce qui peut être un moyen efficace de limi-

Méthode

Quand il n'y pas d'indication sur l'auteur ou que celui-ci n'est pas connu, il faut de soi-même faire une recherche pour bien comprendre qui parle, de quoi il parle et surtout pourquoi il parle. Tout document est produit dans un but précis et peut refléter la pensée, les opinions de son auteur. Ici, l'auteur donne sa vision de la société de son époque et des moyens de l'améliorer. Ses propos ont été par la suite vivement discutés et critiqués, la réalité des siècles qui ont suivi ont en partie démenti ses suppositions.

L'astuce du prof

Le titre donné doit orienter la lecture du document : essayez de retrouver dans le texte les termes, les notions indiquées dans le titre (croissance des populations, croissance de l'alimentation). Vous verrez au passage que le document ne peut se résumer à ces seules notions qui sont une introduction au document ; d'autres éléments sont présents : c'est une façon d'entamer l'analyse détaillée !

Méthode

L'analyse consiste essentiellement en un relevé de l'information, en une reformulation, un résumé. Il faut au passage citer des extraits du document (une phrase, un chiffre...). Attention, l'analyse diffère de l'explication d'un document historique (voir méthode p. 118) qui nécessite d'apporter en plus des connaissances. Rien n'empêche cependant dans l'analyse de déjà faire le lien spontanément avec des connaissances ou de s'interroger sur ce qu'on lit.

ter cette augmentation, en poussant les hommes à faire moins d'enfants (« Ainsi la difficulté de se nourrir est un obstacle permanent à l'accroissement de la population humaine »). On peut se demander si Malthus parle de l'ensemble des hommes ou uniquement des plus pauvres : qui doit arrêter de faire des enfants ?
Le second paragraphe se consacre à la question de l'augmentation des moyens de subsistance – mais on retrouve encore la question de la croissance démographique, présentée ici comme explosive (l'auteur envisage un doublement en vingt ans de la population mondiale !).
La théorie de Malthus reposait sur une proposition simple : la population augmente à un rythme « géométrique », exponentiel (il constate déjà l'explosion démographique dans certains pays, comme en Angleterre ou aux États-Unis, et l'envisage à l'échelle du monde ; c'est ce qu'il appelle ici « le principe de population ») alors que la production ne pourra suivre ce rythme, augmentant au mieux de façon arithmétique.
Cette croissance de la production agricole lui semble insuffisante et le sera toujours malgré tous les moyens envisageables. Il en propose plusieurs :

- utiliser toutes les terres fertile, mais l'espace est limité.
- améliorer scientifiquement le rendement des terres cultivées, mais les progrès scientifiques ont des limites.
- trouver et cultiver de nouvelles terres fertiles sur la planète, mais au détriment des populations locales qu'il faudra repousser.

Dans cette dernière proposition, Malthus annonce déjà la seconde vague de colonisation européenne qui va suivre au XIXe siècle, en partie guidée par des impératifs économiques mais qu'il condamne à l'avance pour les conséquences sur la population locale (« Avons-nous le droit moral de faire cela ? »). En revanche, les progrès scientifiques, qui lui semblaient limités pour améliorer les rendements, ont été réels, en particulier au XXe siècle : s'il y a toujours une grande partie de l'humanité sous-alimentée, la proportion en diminue, alors que la population a considérablement augmenté – augmenta-

L'astuce du prof

Relevez les arguments et classez-les.

Méthode

Comme vous le voyez ici, vous pouvez déjà commenter les informations relevées avec vos connaissances, mais dans une analyse, cela n'a rien d'obligatoire.

L'astuce du prof

N'oubliez pas de toujours replacer un document historique dans un contexte. L'auteur écrit à la fin du XVIIIe siècle. La notion de transition démographique est totalement inconnue alors, elle résulte de l'observation d'un phénomène historique qui commence seulement. L'auteur constate que la population commence à augmenter plus vite et il s'en inquiète.

tion pas aussi rapide que le craignait Malthus, la natalité déclinant dans les situations de transition démographique, ce qui correspondait en partie à ses vœux. Mais la transition démographique avait à peine commencé quand son ouvrage a été publié et il ne pouvait en analyser ni en prévoir tous les éléments.

Doc. 2 **Analyse d'un texte avec questionnaire**

1. Identification

Question 1 – Le document est un texte extrait de l'*Essai sur le principe de population* écrit par le pasteur et économiste anglais T.R. Malthus en 1798. Dans cet ouvrage, il se penche sur la question de la croissance démographique et des conséquences économiques et sociales de celle-ci, en particulier, la pauvreté.

> **Méthode**
>
> Les questions demandant de présenter le document ont pour objectif de faire le travail d'identification du document : type de document, époque, auteur, position pour avoir un recul critique sur le document.

> **L'astuce du prof**
>
> On place conventionnellement en italique les titres d'ouvrage ou de revue mais à l'écrit, n'écrivant pas en italique, vous devez souligner ces titres.

2. Thème et idée générale

Question 2 – Dans ce texte, l'auteur se préoccupe des situations démographiques qu'on pourrait aujourd'hui qualifier de surpopulation : il parle de « peuples surchargés », de population « excédentaire » sous-entendu par rapport aux moyens disponibles pour les alimenter (si le pays est déjà « bien cultivé »). Il examine dans ce cas une solution envisageable pour alléger ce poids démographique : l'émigration.

> **L'astuce du prof**
>
> La 2e question proposée est bien du type : résumer l'idée générale du document. On a déjà rencontré Malthus dans l'exercice précédent, on voit qu'ici, dans son étude sur la croissance des populations et des moyens de subsistance, il aborde une des possibilités évoquées à son époque et qui sera effectivement utilisée massivement par les Européens au siècle suivant.

3. Analyse détaillée

Suite question 2 – L'émigration, c'est l'installation de population dans un autre espace. L'auteur signale d'ailleurs que cette tentation touche déjà beaucoup d'Européens (« À peine trouverait-on en Europe un pays dont les habitants ne cherchent pas à améliorer leur sort en émigrant ») mais, l'Europe n'offrant pas d'espace d'accueil, il précise que cette émigration doit aller vers d'autres continents (Asie, Afrique, Amérique sont

> **L'astuce du prof**
>
> La 2e question permet aussi d'approfondir l'analyse en creusant la notion centrale, celle d'émigration.

citées). Il cite comme facteurs essentiels de l'émigration : les difficultés sociales, la misère (causée selon sa théorie par le problème de la surpopulation) mais aussi des causes politiques (« on peut être certain [que l'homme] ne songera pas à émigrer s'il n'y est contraint par des mécontentements politiques ou l'extrême pauvreté »).

Question 3 – La solution de l'émigration ne semble pas convaincre l'auteur : il doute qu'on puisse aménager les espaces extra-européens (continents cités) assez vite pour accueillir le trop-plein européen et il estime que le rythme de croissance de la population européenne est tel que l'émigration sera insuffisante à l'alléger (« Il est évident que l'émigration est absolument incapable de libérer assez de place pour une population qui augmente sans cesse. [...] Il n'y a donc pas lieu de craindre qu'elle entraîne une dépopulation »).

Cependant, il ne s'oppose pas à l'émigration en soi : à la fin, il dit que les hommes n'émigreront pas s'ils ont chez eux des revenus suffisants, mais « si ce [revenu] n'est pas suffisant, il est cruel et injuste de les empêcher de le faire », estimant plus haut : « et dans ce cas, il est même utile à sa patrie qu'il s'en aille. »

Malthus n'est pas opposé à l'émigration des Européens, il estime simplement qu'elle n'est pas une solution efficace au problème de surpopulation qu'il annonce. Cependant, on sait que l'émigration européenne sera importante au XIXe siècle, dans le cadre de la colonisation mais surtout de l'installation en Amérique, États-Unis en tête. Le nombre total de migrants vers le monde a pu alors représenter entre 15 à 20 % de la population européenne.

Méthode

La 3e question nécessite une analyse plus poussée et déjà critique du document. L'auteur ne fait pas qu'une description neutre du phénomène d'émigration, il donne son avis sur le sujet. Il s'agit donc de relever les arguments qu'il utilise (citez le texte encore une fois).

L'astuce du prof

Concluez toujours votre analyse par une phrase qui résume l'essentiel de ce que le document peut apporter au sujet que vous examinez.

CHAPITRE 2

La citoyenneté dans l'Antiquité

1 La citoyenneté à Athènes

De quoi s'agit-il ? **Être citoyen c'est avoir la citoyenneté mais surtout se comporter en citoyen : participer au gouvernement de la cité, la défendre et honorer ses dieux. La guerre, la religion et la culture sont les moyens essentiels pour donner sa cohésion à la cité.**

1 Une démocratie

- La démocratie athénienne est née des réformes de Solon (594 av. J.-C), Clisthène (507 av. J.-C) et Périclès (463-429 av. J.-C). Les citoyens sont égaux devant la loi; ils se réunissent à l'Ecclesia pour voter les lois et être tirés au sort pour devenir magistrats. Ils peuvent prendre la parole devant l'assemblée (**Doc.**). L'ordre du jour leur est communiqué à l'avance.
- 500 magistrats préparent les lois à la Boulê et 6000 autres jugent à l'Héliée. Un citoyen pauvre peut exercer une magistrature car le magistrat perçoit une indemnité.
- Les seuls magistrats élus sont les 10 stratèges, chefs de l'armée; ils dirigent la cité mais doivent composer avec l'Ecclésia.
- Tous les magistrats sont contrôlés avant de prendre leurs fonctions et doivent rendre des comptes quand ils en sortent à la fin de l'année.

2 Assurer la cohésion de la cité

- Faire la guerre est un devoir du citoyen de 20 à 50 ans. Il achète son équipement et combat donc selon ses moyens; le pauvre comme rameur; le citoyen moyen comme fantassin et le riche comme cavalier. Les guerres médiques voient les citoyens moyens et les rameurs s'affirmer face aux cavaliers.
- Honorer les dieux permet de recréer le lien entre les citoyens tout comme entre les hommes et les dieux. Les Panathénées sont la principale cérémonie du culte poliade; elles ont lieu sur l'Acropole. Les temples de l'Acropole célèbrent la gloire des dieux d'Athènes (Athéna Nikê, Parthénon, Erechteion); cette œuvre d'art est aussi le symbole de la puissance et de la gloire d'Athènes, rebâtie par Périclès.
- Une seconde fête, les Dionysies, donne lieu à des concours de théâtre à la fonction religieuse, culturelle et politique puisque les riches doivent financer les chorégies.

Doc. **Le serment des éphèbes**

Je ne déshonorerai pas les armes sacrées ; je n'abandonnerai pas mon compagnon de combat là où je serai en ligne ; je combattrai pour la défense de ce qui est prescrit par les dieux et par les hommes ; je ne laisserai pas ma patrie amoindrie mais plus grande et plus forte, dans la mesure de mes forces et avec l'aide de tous : j'obéirai à ceux qui, tour à tour, exercent le pouvoir avec sagesse, aux lois établies, à celles qui seront établies avec sagesse. Si quelqu'un veut renverser ces lois ou les enfreindre, je ne le permettrai pas mais je les défendrai dans la mesure de mes forces et avec l'aide de tous et je respecterai les cultes ancestraux. Que connaissent ce serment les dieux […], les bornes de la patrie, les blés, les orges, les vignes, les olives, les figues.

Inscription du IVe siècle av. J.-C.

L'éphèbe est un jeune citoyen qui fait son service militaire de 18 à 20 ans.

Les fantassins combattent en rangs compacts, le flanc de chacun protégé par le bouclier du combattant placé à ses côtés. Si l'un d'eux rompt l'alignement, c'est tout le front qui est fragilisé et risque de rompre.

Ce passage fait référence au fonctionnement démocratique de la cité.

Monnaie d'Athènes vers 470 av. J.-C. BnF.

Vocabulaire

Guerres médiques : guerres opposant les Grecs aux Perses. La 1re s'achève par la victoire des fantassins grecs à Marathon (490 av. J.-C.) et la 2de par celle des marins grecs à Salamine (480 av. J.-C.).

Panathénées : fêtes en l'honneur d'Athéna, marquées par une procession qui monte au Parthénon et des concours sportifs ou musicaux.

Poliade : civique, qui concerne l'ensemble des habitants libres de la cité.

Dionysies : fêtes en l'honneur de Dionysos, dieu du retour de la lumière au printemps, de l'ivresse créatrice et de la poésie.

Chorégie : charge financière incombant aux citoyens les plus riches et consistant à entretenir un « chœur » (chanteurs et danseurs) et à assurer la création de pièces de théâtre. La chorégie est l'une des « liturgies » (sorte d'impôt), comme par exemple la triérarchie (entretien d'un bateau de guerre).

Notions-clés

Magistrat : citoyen tiré au sort ou élu qui remplit des fonctions exécutives, législatives ou judiciaires.

Indemnité : ce n'est pas un salaire, mais une compensation pour la charge de celui qui abandonne ses affaires privées pour se consacrer aux affaires publiques et se dévouer au bien commun.

Acropole : « ville haute » ; endroit sacré, habité par les dieux, où se trouve un ensemble de sanctuaires à vocation religieuse et politique.

2 Les limites de la démocratie athénienne

De quoi s'agit-il ? **La citoyenneté est en fait le privilège d'une petite minorité qui respecte mal les fondements mêmes de tout système démocratique. La démocratie, victime de ces dérives, va finir par disparaître.**

1 La citoyenneté est un privilège

- Les femmes « citoyennes » (au sens où leur père est citoyen) ont des droits mais limités. Elles participent aux Panathénées et aux Dionysies et les Thesmophories leur sont réservées. Cependant, elles n'ont aucun pouvoir politique ; ce sont des mineures face à leur père, puis à leur mari. Seules les femmes des pauvres travaillent et sortent.
- Les enfants de citoyens n'ont pas de droits politiques mais ils participent au culte civique. Comme futurs citoyens, les garçons reçoivent une éducation intellectuelle et physique alors que les filles restent confinées au gynécée.
- Le métèque n'a aucun droit politique. Cependant, il participe au culte civique, paie les impôts et combat comme rameur ou fantassin. L'Ecclésia, par une loi, peut faire d'un métèque un citoyen, mais à titre individuel et pour services rendus.
- Les esclaves sont plus nombreux que les citoyens. Ils n'ont aucun droit même si leur situation est meilleure qu'à Rome. Ceux qui travaillent dans les champs et dans les mines ont une vie plus difficile que ceux qui travaillent en ville ; ces derniers peuvent être affranchis.

2 Un idéal démocratique mal respecté

- Le pouvoir est monopolisé par des nobles comme Périclès ou de riches métèques, même si des citoyens d'origine plus modeste sont élus stratèges à la fin du ve siècle.
- Athènes exerce son impérialisme aux dépens des autres cités. Les alliés de la ligue de Délos et les cités conquises financent le fonctionnement de la démocratie athénienne (indemnité des magistrats, constructions de l'Acropole, dépenses militaires).
- Cela conduit à la guerre du Péloponnèse. Elle a le soutien des artisans et des pauvres, car le citoyen enrôlé comme soldat touche une indemnité assez élevée. Les nobles et les paysans, dont les terres sont pillées, lui sont hostiles en général.
- À la fin du ve siècle, les citoyens ne remplissent plus leurs devoirs. Ils sont remplacés par des mercenaires dans l'armée ; l'abstention est massive (5 000 votants sur 40 000) ; ils élisent des démagogues et la violence s'installe dans le débat politique.
- La démocratie athénienne finit par disparaître en 338, après la défaite de Chéronée face au roi de Macédoine.

Doc. La violence guerrière saisit la cité d'Athènes

La crainte alors saisit tous les barbares […] car ce n'était pas pour fuir que les Grecs entonnaient alors ce péan solennel mais pour s'élancer au combat pleins de courage et d'audace […]. Aussitôt, abattant leurs rames bruyantes avec ensemble, ils frappent l'eau profonde en cadence […]. On pouvait entendre un grand cri : « Allez, enfants des Grecs, délivrez votre patrie, délivrez vos enfants et vos femmes, les sanctuaires des dieux de vos pères et les tombeaux de vos aïeux : c'est pour tous vos bien que vous luttez aujourd'hui. » […] Alors les vaisseaux grecs se glissant adroitement autour [des navires perses], les frappent ; les coques se renversent et la mer disparaît toute sous un amas d'épaves et de cadavres sanglants ; les rochers du rivage regorgent de morts et toute la flotte des barbares s'enfuit en désordre à force de rames tandis que les Grecs les frappent comme des thons ou des poissons pris au filet et leur cassent les reins avec des tronçons de rames et des fragments d'épaves.

Eschyle, *Les Perses, in Théâtre complet*, trad. Émile Chambry.

Le péan est un chant de guerre en l'honneur d'Apollon.

La pêche au thon traditionnelle consiste à encercler un banc de thons avec les navires, à remonter les filets, puis à harponner les poissons pris dans la nasse avant de les jeter, tout sanglants, sur le pont des navires.

En 472 av. J.-C., le jeune Périclès a financé comme chorège la représentation de cette pièce jouée devant les anciens combattants de Salamine.

Vocabulaire

Thesmophories : fête de la fécondité en l'honneur de Déméter, célébrée au printemps, quand la végétation renaît.

Gynécée : partie de la maison réservée aux femmes, où ne pénètrent pas les hommes étrangers à la famille.

Métèque : étranger domicilié à Athènes.

Affranchi : esclave libéré par son maître.

Ligue de Délos : alliance organisée par Athènes contre la Perse après les guerres médiques, elle est devenue un moyen de l'impérialisme athénien.

Guerre du Péloponnèse : elle oppose Athènes et Sparte de 431 à 404 et se termine par la victoire de Sparte.

Notions-clés

Impérialisme : politique par laquelle un État place d'autres États dans sa dépendance, sur le plan politique, économique ou culturel.

Démagogue : homme politique qui fait des promesses, flatte et excite le peuple dans le but d'être élu.

3 La citoyenneté dans l'empire romain (Ier-IIIe siècle)

De quoi s'agit-il ? Octave a réussi là où César a échoué. Il devient empereur en cumulant toutes les magistratures de l'époque républicaine. Le citoyen n'est plus appelé à désigner les magistrats de Rome ; il n'a plus de pouvoir politique et se contente de jouir des privilèges que donne la citoyenneté.

1 L'empereur a tous les pouvoirs

- L'empereur porte tout d'abord des titres militaires. Il est « empereur », c'est le titre du général victorieux, acclamé sur le champ de bataille par ses troupes. Il ajoute éventuellement les titres qu'il porte pour avoir vaincu tel ou tel peuple (germanique, britannique).
- Il porte ensuite des titres politiques. Il exerce toutes les magistratures de l'ancienne Rome républicaine (tribun de la plèbe, consul). Il est aussi « César » puisque tous les empereurs sont censés descendre de Jules César (**Doc.**).
- Il porte enfin des titres religieux. Il est « Auguste », ce qui signifie qu'il a quelque chose de divin (Octave a régné sous ce nom). Si son père a bénéficié de l'apothéose, il ajoute qu'il est le fils du dieu. Il est le chef de la religion romaine (grand pontife) et se fait appeler *optimus* (le meilleur) comme Jupiter.

2 Une citoyenneté romaine sans pouvoir politique

- Être citoyen supposait d'être romain, fils de citoyen romain ; avec l'empire, des provinciaux libres, et même des esclaves, une fois affranchis, accèdent à la citoyenneté.
- Le Sénat n'a plus de pouvoir réel ; son rôle est désormais honorifique. L'empereur y nomme ceux qu'il veut récompenser. Certains empereurs ont même organisé la dévalorisation systématique du Sénat (Caligula nomme son cheval préféré « sénateur »).
- Les citoyens ne votent plus ; ils ne doivent plus se battre pour la cité, car une armée professionnelle assure la sécurité dans l'empire et aux frontières ; ils bénéficient des privilèges que dispense l'empereur ; ils sont les clients du patron qu'est l'empereur.
- L'empereur pratique l'évergétisme. Il distribue l'annone, offre l'accès aux thermes et aux spectacles et embellit Rome (construction de forums, de thermes par Caracalla, du Colisée par Vespasien, du Grand cirque).

Doc. **Inscription sur un bouclier en or offert à Octave Auguste en 27 av. J.-C.**

Le Sénat et le Peuple romain ont offert à l'empereur César, Auguste, fils du Divin, consul pour la 8e fois, ce bouclier en hommage à sa *virtus*, à sa clémence, à sa justice, à sa piété envers les dieux et la patrie.

Les mots Senatus PopulusQue Romanus (SPQR) représentent Rome. La mention SPQR accompagne tous les textes de lois et prouve qu'ils ont été adoptés dans les formes légales.

Octave est le fils adoptif de Jules César, qu'il a fait diviniser en 42 av. J.-C.

La *virtus* latine est ce qui fait un vrai citoyen ; courage sur le champ de bataille et dans le combat politique mais aussi respect des institutions et des lois.

Sesterce de bronze, portant l'effigie d'Auguste. BnF.

Vocabulaire

Tribun de la plèbe : représentant de la plèbe (les non nobles), il disposait d'un droit de veto face au Sénat et aux autres magistrats.

Consul : sous la République, il commandait l'armée et dirigeait la cité avec le Sénat.

Évergétisme : politique de dépenses publiques destinée à s'attirer le soutien du peuple.

Annone : blé gratuit distribué chaque jour à 200 000 citoyens inscrits sur les registres du Préfet de l'annone.

Notions-clés

Apothéose : divinisation de l'empereur après sa mort, sur vote du Sénat. De son vivant, l'empereur a seulement quelque chose de divin.

Client : pauvre qui se met au service d'un puissant pour bénéficier de sa protection et de son aide financière.

Patron : homme puissant et riche qui offre assistance et protection à ses clients en échange de leur soutien.

4 Une citoyenneté municipale active

De quoi s'agit-il ? À l'échelle municipale, l'empereur favorise l'accès à la citoyenneté pour mieux contrôler son empire ; le citoyen vote et décide mais à l'échelon local seulement. Cette citoyenneté municipale vise à transformer en Romains les habitants de l'empire mais elle n'y réussit que partiellement.

1 Un accès à la citoyenneté voulu par les empereurs

- Donner accès à la citoyenneté est le moyen de contrôler un immense empire. Auguste accorde la citoyenneté romaine aux habitants libres de l'Italie ; Claude en 47 la donne aux élites municipales de la Gaule et Caracalla en 212 à tous les habitants libres de l'empire qui n'étaient pas encore citoyens.
- L'administration a un rôle décisif car elle a besoin de personnel formé sur le même modèle. Ses carrières assurent la promotion et la romanisation des élites provinciales.
- L'armée a un rôle majeur. Les vétérans qui partent en retraite reçoivent la citoyenneté et un lopin de terre. Les camps de légions donnent naissance à des villes (Turin, Cologne). L'armée fait régner la *pax romana* qui assure la stabilité de l'empire.
- La religion a un rôle essentiel également. Elle unifie les populations de l'empire tout particulièrement par la diffusion du culte impérial.

2 Une vie municipale inspirée du modèle romain

- Les élites municipales sont organisées sur le modèle de la capitale avec une curie, des édiles et des duumvirs (**Doc.**). Ces élites ont un mode de vie inspiré de Rome ; elles possèdent une *villa* et une *domus*.
- L'urbanisme s'inspire de Rome avec un *cardo* et un *decumanus* et de nombreux monuments (forum, temples, thermes, théâtres, statues).
- Un riche décurion, un gouverneur, l'empereur lui-même pratiquent l'évergétisme et financent ces bâtiments, la distribution de blé gratuit, les jeux ou l'accès aux thermes.

3 Les limites de cette politique

- Les peuples de l'empire gardent leur langue, leurs coutumes, leurs dieux, tout en adoptant ceux des Romains (ex. : les Gallo-Romains).
- Si les villes sont romanisées, les campagnes ne le sont pas vraiment, surtout dans les provinces excentrées de l'empire.

Doc. **Un notable provincial**

À Quintus Voltedius Optatus Aurelianus, […] tribun de la 6e légion, triomphatrice, pieuse, heureuse […] revêtu du cheval public par le divin Trajan, […] édile, […] duumvir quinquennal qui, pour obtenir cet honneur, a promis 200 000 sesterces et a versé 38 000 sesterces au trésor municipal […]. Il a donné quatre jours durant un spectacle de gladiateurs et d'animaux africains.

Inscription de Carthage, 133 ap. J.-C.

Il a été remarqué par l'empereur, sans doute comme officier de la 6e légion, et intégré dans l'ordre des chevaliers créé par Auguste.

Le duumvir quinquennal est l'équivalent du censeur romain.

Ce texte est postérieur à la mort de l'empereur Trajan (98-117), qui fut divinisé.

Il a promis de dépenser 200 000 sesterces au bénéfice de la cité et en a payé 38 000 pour obtenir sa charge.

Buste de Caracalla.
Musée Pio Clementino, Rome.

Vocabulaire

Curie : équivalent local du sénat romain.

Édile : magistrat chargé de la police, des incendies, du ravitaillement et de la voirie.

Duumvir : équivalent local du consul romain. Il dirige la curie.

Villa : résidence rurale au milieu d'une exploitation agricole.

Domus : résidence urbaine.

Cardo : axe principal, nord-sud, d'une ville.

Decumanus : second axe, est-ouest, d'une ville, qui croise le cardo à angle droit.

Décurion : équivalent local du sénateur romain.

Notions-clés

Romanisation : processus d'assimilation des peuples de l'empire par l'adoption du système politique, du mode de vie, des dieux, etc. des Romains.

Pax romana : période de paix à l'intérieur des frontières de l'empire, qui s'étend du règne d'Auguste à l'invasion des Goths en 250.

Culte impérial : il s'adresse à la déesse Rome, aux empereurs morts et divinisés et à ce qu'il y a de divin dans la personne de l'empereur régnant.

RÉVISION EXPRESS

LES DATES IMPORTANTES

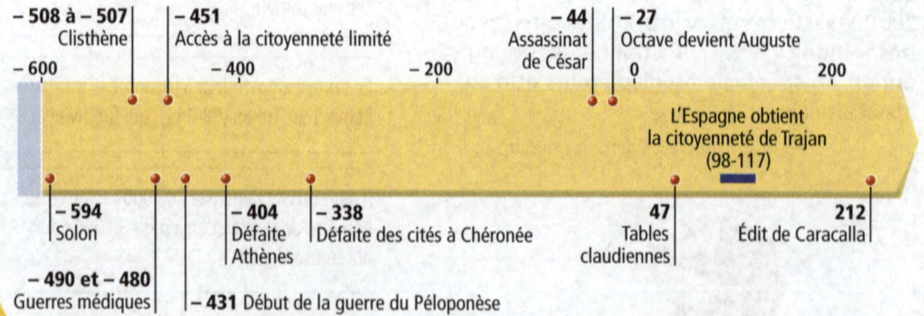

LES MOTS IMPORTANTS

- apothéose
- client
- culte impérial
- démagogue
- évergétisme
- impérialisme
- indemnité
- magistrat
- patron
- *pax romana*
- romanisation

LES PERSONNAGES IMPORTANTS

Auguste
63 av. J.-C.-14 ap. J.-C.

Fils adoptif de César et premier empereur.

Caracalla 188-217

Empereur de 211 à 217.

Claude 10 av. J.-C.-54 ap. J.-C.

Empereur de 41 à 54.

Clisthène fin du VIe siècle av. J.-C.

Homme politique athénien qui réduisit le pouvoir des nobles.

Périclès
495-429

Homme politique athénien qui gouverna Athènes quasiment sans discontinuer de 463 à 429 ; il a créé l'indemnité pour les magistrats.

Solon v. 640-v. 558 av. J.-C.

Homme politique athénien qui interdit que l'on réduise un citoyen en esclavage, supprima les dettes des petits paysans, fit graver les lois et rédigea la constitution d'Athènes.

LES POINTS IMPORTANTS À RETENIR

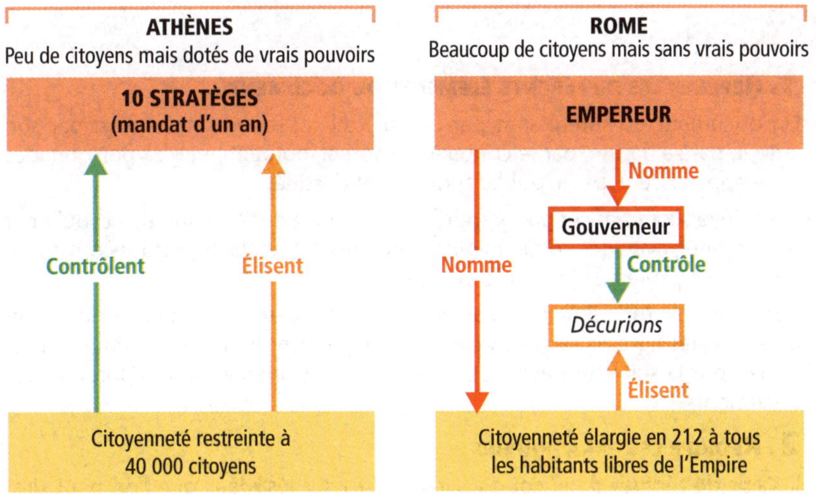

Quiz

1. Clisthène est un noble.
☐ Vrai ☐ Faux

2. Périclès est un noble.
☐ Vrai ☐ Faux

3. Les stratèges sont tirés au sort.
☐ Vrai ☐ Faux

4. Les citoyens les plus pauvres gagnent la 2de guerre médique.
☐ Vrai ☐ Faux

5. Un affranchi devient citoyen athénien.
☐ Vrai ☐ Faux

6. Depuis 451, un citoyen doit être né de deux parents citoyens.
☐ Vrai ☐ Faux

7. Le taux d'abstention moyen est supérieur à 75 % à l'Ecclésia.
☐ Vrai ☐ Faux

8. L'empereur régnant est un dieu.
☐ Vrai ☐ Faux

9. Les empereurs doivent être d'origine romaine.
☐ Vrai ☐ Faux

10. Un affranchi peut devenir citoyen à Rome.
☐ Vrai ☐ Faux

→ **Réponses p. 40**

Rédiger des paragraphes à partir des éléments de présentation de documents

MÉTHODE

1. Repérer les différents éléments du document

- Un document est intéressant par ce qu'il dit ou montre mais aussi par son auteur, par sa nature, par le contexte de son élaboration, par les personnages qui y apparaissent, par le public auquel il est destiné.
- Vous devez commencer par prendre connaissance des documents et souligner ou surligner, avec des couleurs différentes, les éléments importants qui apparaissent à mesure que la lecture avance.
- Dans votre lecture, il ne faut pas oublier le titre d'un document, le nom d'un auteur ou les notes d'accompagnement qui peuvent fournir des éléments précieux pour la suite du travail. Ces éléments vont orienter votre approche des documents.

2. Rédiger les paragraphes

- Il s'agit de rédiger deux courts paragraphes sur les idées que l'on peut tirer de la confrontation entre les documents et les données recueillies dans votre recherche.

APPLICATION : EXERCICE CORRIGÉ

Après avoir répondu aux questions suivantes, rédigez deux paragraphes à partir des éléments de présentation de documents sur le citoyen à Athènes au ve siècle av. J.-C.

1. Qui sont les auteurs des documents ?

2. Quelle en est la nature ?

3. Quel en est le contexte ?

4. Qui est Thésée ?

5. À quel public s'adresse *Les Suppliantes* ?

Doc. 1 La condition de la femme athénienne

Elle n'avait pas encore 15 ans quand elle entra chez moi. Auparavant, elle avait vécu, strictement surveillée, afin qu'elle ne vît, n'entendît, ne questionnât que le moins possible. […] « Dieu, lui dis-je, a selon moi approprié la nature de la femme aux travaux et aux soins de l'intérieur, et celle de l'homme à ceux du dehors. »

Xénophon, *Économique*, chap. VII, trad. P. Chambry, Garnier, 1967.

Doc. 2 **La démocratie athénienne selon Thésée**

Cette cité n'est pas gouvernée par un seul homme ; elle est libre. Le peuple y est roi ; chacun reçoit à tour de rôle le pouvoir pour un an. Elle n'accorde aucun privilège à la fortune, mais le pauvre et le riche y possèdent des droits égaux. [...] Avec des lois écrites, le faible et le riche ont des droits égaux. Il est permis aux plus faibles de répondre à l'homme favorisé de la fortune, quand il les insulte. La victoire est au petit sur le grand, quand il a le droit pour lui. La liberté, la voici : « Qui veut, pour le bien de la cité, apporter une proposition motivée ? » Alors qui désire parler se met en lumière ; qui ne le veut pas se tait. Où trouver plus d'égalité entre les citoyens ?

Euripide, *Les Suppliantes*, v. 404 et suivants, vers 422 av. J.-C., trad. H. Berguin et G. Duclos, Garnier, 1966.

CORRIGÉ

• Repérer les différents éléments du document

1. Xénophon (430-355 av. J.-C.) est un mercenaire et historien grec ; Euripide (480-406 av. J.-C.) est un auteur tragique plusieurs fois primé aux concours de théâtre organisés lors des Dionysies.

2. *Les Suppliantes* sont une tragédie dans laquelle les mères des Argiens tués devant Thèbes viennent demander aux Athéniens d'intervenir pour qu'on leur rende les corps de leurs fils ; l'*Économique* est un livre qui présente le fonctionnement d'une exploitation agricole et les relations entre le propriétaire, sa femme et leurs employés.

3. Xénophon écrit alors que les cités sont menacées de disparaître. Euripide écrit alors que le modèle de la cité athénienne vacille.

4. Thésée est le héros légendaire fondateur de la cité et de ses institutions.

5. *Les Suppliantes* flattent le patriotisme des Athéniens devant lesquels la pièce a été représentée.

> **Remarque**
> Une brève recherche dans un Petit Larousse ou un Petit Robert des noms propres suffit pour répondre.
> Une recherche sur Internet est possible mais risque de vous donner trop de détails. En cas de recherche sur Internet, il faut recouper pour les vérifier les informations d'un site (ex : Wikipedia) avec les données d'un autre site.

• Rédiger les paragraphes

Xénophon écrit un texte qui ne traite qu'incidemment de la place de la femme dans la cité grecque, mais où il est démontré que les droits politiques sont réservés aux hommes et interdits aux femmes.

Euripide écrit *Les Suppliantes* alors que la cité d'Athènes est en crise ; la pièce est jouée devant un public composé de citoyens d'Athènes ; la représentation est organisée à l'occasion d'une fête majeure du culte civique. Représenter une pièce où Thésée, le héros légendaire fondateur de la ville et de la démocratie, rappelle les valeurs fondatrices de la cité, permet donc de réaffirmer l'excellence du modèle démocratique athénien.

Vérification des connaissances

Doc. Diplôme militaire[1] de marins (9 février 71)

L'empereur, César, Vespasien[2], Auguste, empereur, grand pontife, revêtu de la puissance tribunicienne pour la deuxième fois, imperator pour la sixième fois, père de la patrie, donne la citoyenneté aux vétérans qui ont servi dans la flotte de Misène et qui ont effectué 26 ans de service ou plus[3] et qui ont reçu une terre à Paestum[4] et dont les noms sont inscrits ci-dessous, à eux-mêmes, à leurs enfants et descendants, ainsi que le droit de mariage[5] avec les femmes qu'ils avaient déjà quand la citoyenneté leur a été donnée, ou, dans le cas où ils étaient célibataires, avec celles qu'ils prendraient par la suite, du moment que chacun n'en épouse qu'une seule. Fait le 5ᵉ jour des Ides de Février, l'Empereur, César, Auguste étant consul pour la 3ᵉ fois et Marcus Cocceius Nerva étant consul. Centurion Hezbenus Sappaeus, fils de Dulazenus, et Doles, son fils[6] […].

1. Le soldat qui a accompli ses années de service et bien servi reçoit l'*honesta missio* avec un diplôme qui est une copie de la loi affichée à Rome.
2. Vespasien a régné de 69 à 79.
3. Les prétoriens font 15 ans, les légionnaires 20 ans et les marins 26 ans de service avant la retraite ; certains se rengagent après ces années de service.
4. Les vétérans reçoivent une terre où ils vont s'installer pour leur retraite.
5. Les soldats n'ont pas le droit de se marier avant la fin de leur temps de service et vivent souvent en concubinage auparavant.
6. Ce sont les récipiendaires de ce diplôme, d'origine thrace (nord de la Grèce).

1 Que signifient les divers titres de l'empereur cités dans ce document ?

2 Pourquoi donner la citoyenneté et une terre à ces militaires ?

Application de la méthode

SUJET

Répondez aux questions et rédigez deux paragraphes à partir des éléments de présentation des documents suivants.

Doc. 1 Discours de Périclès sur le citoyen

Les mêmes hommes peuvent s'adonner à leurs affaires particulières et à celles de l'État ; les simples artisans peuvent entendre suffisamment les questions de politique. Seuls nous considérons l'homme qui n'y participe pas comme un inutile et non comme un homme oisif. C'est par nous-mêmes que nous décidons des affaires.

Thucydide, *Histoire de la guerre du Péloponnèse*, L. II, chap. XL, trad. J. Volquin, Paris, Garnier, 1966.

Doc. 2 Le serment des éphèbes

Je n'abandonnerai pas mon camarade de combat ; je lutterai pour la défense de la religion et de l'État et je transmettrai à mes cadets une patrie non point diminuée, mais plus grande et plus puissante, dans toute la mesure de mes forces et avec l'aide de tous. J'obéirai aux magistrats, aux lois établies, à celles qui seront instituées ; si quelqu'un veut les renverser, je m'y opposerai de toutes mes forces et avec l'aide de tous. Je vénérerai les cultes de mes pères.

Inscription du IVe siècle av. J.-C.

1. Qui sont les auteurs des documents ?

2. Quelle en est la nature ?

3. Quel en est le contexte ?

4. Qui est Périclès ?

Exercice d'entraînement

Répondez aux questions suivantes portant sur les documents des pages 36, 37, 38 et 39.

1. Quels sont les arguments de Thésée pour démontrer que l'égalité des citoyens est garantie à Athènes ?

2. Quel est le régime politique qui garantit de tels droits ?

3. Pourquoi Périclès condamne-t-il le citoyen passif et le qualifie-t-il d'inutile ; donnez un argument issu de votre cours.

4. Quels sont les devoirs du citoyen selon le serment des éphèbes ?

5. Pourquoi les femmes n'ont-elles pas de droits politiques, comme le rappelle Xénophon ?

6. Que pourrait-on ajouter à ce dernier document pour mieux mesurer qui est citoyen à Athènes ?

Quiz

1 Vrai, il appartient à la famille des Alcméonides, mais c'est un réformateur.

2 Vrai, il est le neveu de Clisthène.

3 Faux, ce sont les seuls magistrats élus à Athènes.

4 Vrai, Salamine est une bataille navale gagnée en 480 par les rameurs, les citoyens les plus pauvres.

5 Faux, un affranchi ne devient en principe jamais citoyen. Cela n'a pu se produire qu'à titre tout à fait exceptionnel pour des services éminents rendus à la cité; il faut un vote favorable d'au moins 6000 citoyens, comme pour les métèques qui auront obtenu quant à eux plus souvent la citoyenneté.

6 Vrai, c'est la réforme que Périclès a fait voter.

7 Vrai. Entre 5 et 6000 votants sur 40000 citoyens en moyenne.

8 Faux. L'empereur régnant a cependant quelque chose de divin : son père, s'il a régné et si le Sénat a voté son apothéose, est considéré comme un dieu après sa mort.

9 Faux. Au IIe siècle, les empereurs sont des provinciaux comme Trajan (98-117), qui est espagnol ou Caracalla, d'origine syrienne.

10 Vrai. L'empereur fait les carrières et peut conduire un affranchi jusqu'à de hautes charges comme préfet du prétoire (chef de la garde impériale).

Vérification des connaissances

1 Vespasien cumule des titres militaires, religieux et politiques.

Il est empereur; c'est le titre que reçoit le général qu'acclament ses soldats, sur le champ de bataille, après une grande victoire. L'empereur est censé avoir apporté la victoire aux armées de Rome, même s'il ne les commandait pas personnellement le jour du combat. Il est précisé qu'il est *imperator* pour la 6e fois, il a donc eu droit 6 fois à cette acclamation.

Il est Auguste, titre religieux qui signifie approximativement que c'est un personnage sacré; il est grand pontife, c'est-à-dire chef des prêtres de la religion romaine.

Il est César, puisque tous les empereurs sont censés descendre de Jules César, père du fondateur de l'empire. Il est Père de la Patrie, un titre honorifique.

Il est consul et tribun de la plèbe, deux magistratures qui datent de l'époque républicaine et que les empereurs reprennent pour concentrer tous les pouvoirs dans leurs mains.

2 Les vétérans reçoivent la citoyenneté en même temps que le droit de partir en retraite, l'*honesta missio*, parce qu'ils ont bien servi. Ils reçoivent aussi une terre pour s'établir dans l'empire. Ils ont fait leurs preuves au service de Rome, ce qui les rend donc dignes de devenir citoyens.
En les installant dans l'empire, l'empereur dispose de combattants expérimentés qui peuvent être mobilisés en cas d'urgence par le commandement local ; il peut aussi renforcer le groupe de ceux qui sont citoyens, qui exercent les charges municipales et veillent à ce que les provinces soient soumises à Rome. Avant que Caracalla donne la citoyenneté à tous les habitants libres de l'empire qui ne la possédaient pas encore, cela permettait aux empereurs de romaniser leur empire et de renforcer leur autorité sur le très vaste territoire qu'ils devaient gouverner.

Application de la méthode

• Répondre aux questions

1. ***Auteurs :*** Thucydide (470-395) est un historien qui a travaillé sur des sources fiables pour restituer, par exemple, ce discours de Périclès.

> **Remarque**
> Le serment est anonyme ; vous ne pouvez rien dire sur son auteur.

2. ***Nature :*** *La Guerre du Péloponnèse* est un livre d'histoire qui décrit et analyse le conflit qui a opposé Athènes et Sparte entre 431 et 404 et la poussée de violence qui a marqué cette période. Le serment clôt la formation des jeunes citoyens qui finissent leur service militaire.

3. ***Contexte :*** Périclès parle lors des obsèques des soldats tués dans la 1re année de la guerre du Péloponnèse. Le serment des éphèbes est prononcé devant la cité.

4. ***Périclès :*** il a dirigé Athènes quasiment sans discontinuer de 463 à 429.

• Rédiger des paragraphes

Périclès prononce son discours alors que la cité enterre les premiers morts d'une guerre provoquée par l'impérialisme athénien. Honorer leur mémoire et rappeler que celui qui ne vote pas est un citoyen inutile permet de conforter la cité dans la conviction qu'elle est fidèle à ses valeurs. Périclès par ailleurs est stratège ; il dirige l'armée et la cité ; ce discours lui permet donc de donner un sens à la mort de ces soldats et de justifier la politique qui est la sienne.

Le serment des éphèbes a lieu lors d'une cérémonie qui marque l'achèvement de la formation des futurs citoyens et la fidélité de ces derniers à leurs devoirs politiques, voter, militaires, combattre, et religieux, honorer les dieux. Le serment exprime tout cela à la fois.

Méthode

Il s'agit ici de rédiger deux paragraphes courts sur les idées que l'on peut tirer de la confrontation entre les données recueillies à partir du questionnaire et les documents.

Exercice d'entraînement

1. Les magistrats ne disposent du pouvoir que pour une durée d'un an (durée du mandat de tous les magistrats) et aucun citoyen ne dispose de privilèges en raison de sa fortune. Les lois y sont écrites de façon à garantir à tous les mêmes droits quelle que soit leur fortune. Chacun peut s'exprimer devant l'assemblée et obtenir justice contre quiconque l'aura lésé, fût-il un puissant.

2. Un régime qui garantit de tels droits est de nature démocratique puisque le peuple, sans distinction de fortune, dispose du pouvoir politique.

Remarque

Une réponse peut être très courte et ne nécessite pas forcément de longs développements. Vous répondez ce qui vous semble nécessaire sans chercher à allonger artificiellement la réponse.

3. Ce qui fait le citoyen, c'est le respect d'un certain de nombre de devoirs, dont celui de participer à la vie politique de la cité. Cette participation est aussi la condition même de l'existence d'un système démocratique, comme le prouve la montée de l'abstention à la fin du ve siècle avant J.-C. et la disparition de la démocratie au IVe siècle avant J.-C., disparition à laquelle cette abstention n'est pas étrangère.

Gagnez des points !

Ne vous contentez pas de recopier ou paraphraser le document ; éclairez ce qu'il dit par des idées empruntées à vos connaissances de cours.

4. Il se doit de combattre pour sa cité; de ne pas abandonner son compagnon de combat pour ne pas rompre la ligne de bataille et éviter que le front athénien soit enfoncé. Il se doit de respecter les institutions et les lois de la cité et de les défendre en cas de besoin contre ceux qui les menaceraient. Il se doit d'honorer les dieux protecteurs de cette même cité.

5. Les femmes en sont privées dans la mesure où juridiquement, intellectuellement, socialement, économiquement et donc politiquement, elles sont considérées comme des mineures. Elles n'ont pas plus de capacité à décider qu'un enfant, moins même qu'un garçon, qui est un citoyen en puissance.

6. On pourrait ajouter un tableau qui donne la répartition de la population entre les esclaves, les métèques (et leur famille), les citoyens et leur famille. Ce tableau permettrait d'élargir la perspective sur la situation du citoyen athénien aux ve et ive siècles avant J.-C.

Méthode

Il faut porter un regard critique sur un document ou un ensemble de documents. Il peut être partial ou partiel ; dans l'un ou l'autre cas, à l'aide de vos connaissances, vous devrez compléter ou corriger ce qu'il dit ou ne dit pas pour donner un tableau complet de la situation.

CHAPITRE 3

Sociétés et cultures de l'Europe médiévale du XIe au XIIIe siècle

1 L'Église du XIe au XIIIe siècle

De quoi s'agit-il ? Au XIe siècle, l'autorité de l'Église s'exerce à une large échelle, mais des tensions surgissent avec les États en voie de reconstitution. Les réformes successives prouvent le dynamisme de l'Église mais aussi ses insuffisances, tandis que des hérésies contestent sa suprématie.

1 Le dynamisme de l'Église

- La réforme grégorienne impose la discipline et le célibat au clergé régulier et au clergé séculier ; elle interdit la simonie (**Doc. 1**) ; elle affirme l'autorité de l'Église face aux pouvoirs laïcs.
- La christianisation des campagnes s'achève ; elle progresse aux marges de l'Europe, pacifiquement ou non (Chevaliers teutoniques, ordre de Calatrava).
- Des centaines d'abbayes se constituent à travers l'Europe. Les monastères sont des foyers intellectuels (Cluny) et des centres économiques (Cîteaux).
- La trêve de Dieu et la chevalerie servent à encadrer la violence de la société. Les croisades en détournent le cours vers l'extérieur de l'Europe (**Doc. 2**).

2 Contestations et menaces

- Seigneurs, rois ou empereurs veulent avoir la maîtrise du pouvoir religieux, politique et économique qui va avec les charges d'évêque ou d'abbé.
- La réforme grégorienne est inégalement appliquée. Les dons des fidèles enrichissent les abbayes qui ne respectent plus leur pauvreté originelle. Les hérésies dénoncent ces dérives et contestent l'autorité de l'Église.
- Les papes sortent vainqueurs du conflit qui les oppose aux empereurs. Les États cependant refusent la théocratie et les rois s'opposent souvent aux papes.
- L'Église encadre les fidèles par les prêtres et les ordres mendiants. La croisade (1209) et l'Inquisition (1231) éliminent l'hérésie des Albigeois.
- La volonté de réforme ne disparaît pas, liée à l'aspiration à de nouvelles formes de dévotion.

Doc. 1 Qui a le pouvoir d'investir (= « nommer ») un curé, un abbé ou un évêque ?

1 – Nous décrétons que si quelqu'un a été ordonné par simonie, il soit totalement déchu de l'office qu'il a illégitimement usurpé […].

25 – Quiconque reçoit de main laïque des […] bénéfices ecclésiastiques sera privé du bénéfice injustement reçu […].

Décisions du IIe concile du Latran (8 avril 1139).

> Celui qui a acheté une charge ecclésiastique (paroisse, évêché, abbaye) en perd le bénéfice.

> Celui qui a reçu une charge ecclésiastique d'un seigneur laïc et non pas de l'Église en perd le bénéfice.

> On parle de « bénéfice » car une charge fournit des revenus (dîme, location de terres, etc.) qui permettent à son titulaire de tenir son rang.

Doc. 2 Le déclin de la croisade

La 1re croisade, en 1099, avait abouti à la prise de Jérusalem et s'était accompagnée d'un élan de ferveur populaire. En 1187, quand la ville est reprise, cet élan est retombé. La 4e croisade, en 1204, débouche sur le pillage de Constantinople, ville chrétienne, par les croisés ; elle creuse un fossé entre chrétiens orientaux et chrétiens occidentaux et discrédite définitivement la croisade. Et c'est en vain que Louis IX, au XIIIe siècle, essaya d'en réactiver l'esprit.

R. Foreville, *Histoire des conciles œcuméniques*, tome VI.

Vocabulaire

Réforme grégorienne : réforme de l'Église lancée par le pape Grégoire VII à la fin du XIe siècle.

Clergé régulier : moines qui suivent une règle organisant leur vie entre prière et travail.

Clergé séculier : prêtres qui vivent avec les laïcs dans le « siècle ».

Simonie : fait d'acheter ou de vendre une charge religieuse (d'évêque ou d'abbé) ou les sacrements.

Chevaliers teutoniques : ordre de moines-soldats installé en Prusse.

Ordre de Calatrava : ordre de moines-soldats espagnol.

Ordres mendiants : moines (franciscains, dominicains) qui se consacrent à la prédication, en ville surtout, et vivent dans la pauvreté.

Albigeois ou Cathares : hérétiques nombreux dans le sud-ouest de la France.

Notions-clés

Réforme : entreprise de transformation de l'Église, conçue comme un retour à l'Église primitive, censée être plus fidèle au message de Jésus que l'Église présente.

Hérésie : conception de la foi condamnée comme divergente par l'Église.

Théocratie (mot à mot « gouvernement par le divin ») : conception du pouvoir qui fait du pape le souverain universel, au-dessus des rois qu'il peut déposer s'ils ne respectent pas les droits et la volonté de l'Église.

Inquisition : tribunal religieux qui pourchasse les hérétiques.

2 Croyances et pratiques religieuses : le tympan de Conques

De quoi s'agit-il ? **Le tympan de la basilique romane de Conques est un catéchisme en images. Il était destiné à ceux qui venaient dans cette église de pèlerinage sur la route de Saint-Jacques-de-Compostelle, un des trois pèlerinages majeurs avec Rome et Jérusalem.**

1 Conques : un haut lieu de la chrétienté médiévale

- Au XIe siècle, le pèlerinage est une pratique qui se développe rapidement; il permet d'expier ses fautes et de se préparer à comparaître devant Dieu après sa mort.
- Conques est située sur la route de Compostelle et abrite les reliques d'une martyre, sainte Foy, qui attire de nombreux jacquets. Le plan de la basilique conduit les pèlerins de chapelle en chapelle le long des nefs latérales.
- Les pèlerins faisaient des dons à l'abbaye. Ils achetaient des reliques. Ils payaient leur logement et leur nourriture. Ainsi s'explique la richesse de la ville qui a permis aux moines de réaliser la basilique et le tympan.

2 Le tympan : un livre d'images

- Le tympan résume ce que les chrétiens croient sur la mort, la résurrection et le Jugement sous une forme compréhensible pour la masse des illettrés. Les chrétiens pensent en effet qu'à la fin du monde, tous les morts vont ressusciter et que le Christ va revenir juger tous les hommes.
- Le Christ règne sur le monde au milieu d'une mandorle où il est écrit « Roi et juge ». L'archange saint Michel intervient pour empêcher le diable de tricher lors de la pesée des âmes; le résultat de la pesée décide qui va en Enfer, à la gauche du Christ (*sinistra* en latin) ou au Paradis, à sa droite.
- Les damnés sont punis selon leurs péchés; le sculpteur a représenté les sept péchés capitaux (l'orgueil sous la forme d'un chevalier désarçonné par un diable). Les élus accèdent au Paradis car ils ont observé les vertus théologales.
- L'image permet aux moines de célébrer les uns (Charlemagne, qui avait fait une donation à Conques) et de punir les autres (le chevalier désarçonné est un seigneur qui avait voulu s'emparer de l'abbaye et qu'ils avaient excommunié).
- Les fidèles les plus pauvres peuvent trouver une forme de revanche à voir des puissants ainsi placés en Enfer.

Doc. ***Le Jugement dernier*, tympan de l'abbatiale de Conques, XIIe siècle**

Vocabulaire

Reliques : objets touchés par un saint, vêtements qu'il a portés, corps de ce saint ou fragments de ce corps, auxquels on voue un culte.

Jacquets : pèlerins qui vont à Saint-Jacques-de-Compostelle, reconnaissables à leur bourdon (bâton), à leur besace et à leur coquille.

Mandorle : auréole en forme d'amande (*mandorla* en latin) entourant le Christ, la Vierge, et parfois un saint.

Archange : ange (messager de Dieu) de rang supérieur.

Péchés capitaux : impureté, orgueil, paresse, avarice, colère, gourmandise et envie.

Vertus théologales : foi, espérance, charité.

Notions-clés

Pèlerinage : voyage accompli par un croyant vers un lieu sacré pour des raisons religieuses, mais parfois aussi pour fuir le quotidien, par goût de l'aventure ou de l'exotisme, etc.

Excommunier : exclure de l'Église un chrétien coupable d'une faute grave ; il n'a plus accès aux sacrements ; les chrétiens ne doivent ni le fréquenter ni lui obéir s'il s'agit d'un seigneur ou d'un roi.

3 Les ordres mendiants

De quoi s'agit-il ? Les ordres mendiants, comme de nombreux autres mouvements de réforme du Moyen Âge, entendent répondre aux manquements de l'Église et aux critiques qui lui sont adressées. Leur succès, considérable, explique que le pape leur ait confié l'Inquisition, mais ce même succès finit par les déstabiliser.

1 Réforme et pastorale

- François d'Assise (1182-1226), fils d'un riche marchand, décide de vivre dans la pauvreté absolue et de se consacrer à la prédication. Il fonde l'ordre des Franciscains. Dominique de Guzman (1170-1221) fonde celui des Dominicains.
- À l'inverse des ordres monastiques traditionnels qui s'installaient à l'écart, ces moines vivent en ville. Au XIIIe siècle, les villes sont en pleine croissance et attirent des migrants qui échappent au contrôle des paroisses ; cela crée des risques de désordre politique, social et religieux (hérésie).
- Les ordres mendiants construisent donc leurs églises en priorité hors les murs, dans les faubourgs (**Doc. 1**). Ils vivent de la charité des fidèles (**Doc. 2**), organisent une prédication adaptée au public auquel ils s'adressent et se déplacent de ville en ville.

2 L'Inquisition

- Les Dominicains se sont consacrés à la prédication contre l'hérésie albigeoise. Cela explique qu'en 1231, le pape leur confie l'Inquisition.
- L'Inquisition combat les hérétiques mais aussi les juifs, les musulmans, les sorciers et les apostats, bien qu'elle n'ait pas le monopole de cette lutte.
- Les tribunaux civils organisent eux aussi des poursuites ; ils sont d'ailleurs plus sévères que le tribunal religieux malgré la sinistre réputation de ce dernier. Le premier bûcher connu en Occident, en 1022 à Orléans, fait suite à une condamnation royale.

3 Tensions et divisions

- Le succès des ordres mendiants suscite un afflux de dons des fidèles qui veulent ainsi obtenir le pardon de leurs péchés et sauver leur âme. Les ordres mendiants vont donc s'enrichir, ce qui suscite des tensions. L'ordre franciscain va se diviser entre ceux qui refusent une telle évolution et les autres. Le fossé se creuse de façon radicale et aboutit à la condamnation des fraticelles pour hérésie en 1317.
- Dominicains et Franciscains s'affrontent pour le contrôle de l'Inquisition.

Doc. 1 Les églises des ordres mendiants à Florence

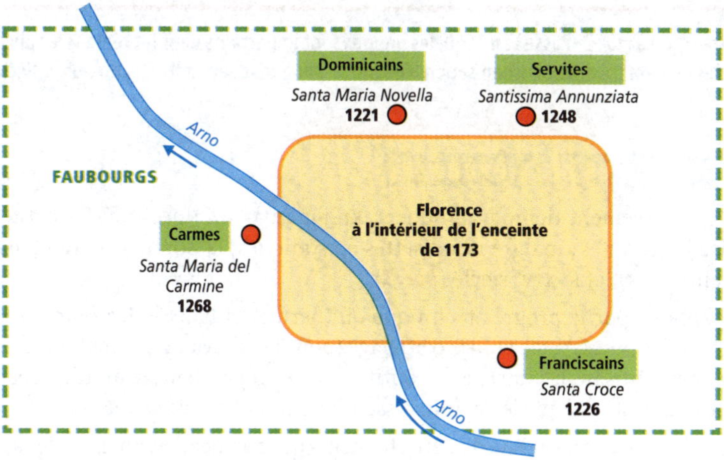

Doc. 2 Fondation d'un couvent dominicain à Cahors

Raymond Benoît, bourgeois de Cahors, infirme de corps et voyant s'approcher la mort, sur les conseils de son médecin, maître Arnaud de Segus, fit appeler de nuit les dits frères qui résidaient alors dans la maison de la dame de Concort […].

Ceux-ci […] vinrent donc chez le malade […] et reçurent la donation du jardin qu'il possédait […]. Ensuite, en l'an du Seigneur 1227, les frères se transportèrent dans le lieu qui leur avait été donné où ils firent quelques bâtiments pour y habiter […] hors des murs de la ville […].

Bernard Gui, *De fundatione et prioribus conventuum Tolosanae*, traduit du latin.

Bourgeois au sens de citadin mais aussi de personne aisée.

Ils n'ont rien et sont hébergés par une fidèle généreuse.

Ils se sont installés dans un faubourg.

Vocabulaire

Prédication : fait de répandre la parole divine.
Apostat : personne qui renie publiquement sa foi religieuse.
Fraticelles : Franciscains les plus attachés au principe de pauvreté et qui attaquaient l'Église pour ses manquements.

Notion-clé

Pastorale : ensemble des actions mises en œuvre pour encadrer les chrétiens.

4 Travailler la terre (XIe-XIIIe siècle)

De quoi s'agit-il ? Passé l'an 1000, les progrès sont importants dans les régions les plus favorisées et accompagnent l'urbanisation. Cependant, une crise se profile à la fin du XIIIe siècle.

1 Des hommes plus nombreux

- Cet accroissement démographique s'explique par un optimum climatique qui favorise les récoltes; malgré des disettes épisodiques, la population double quasiment entre le XIe et le XIVe siècle (**Doc. 1**).
- Il s'explique par le progrès technique qui permet la hausse des rendements. Le joug (pour les bœufs) et le collier d'attelage (pour les chevaux) permettent de mieux labourer en utilisant la charrue; les outils en fer se répandent; le moulin à eau, puis le moulin à vent, au XIIe siècle, fournissent une force motrice supérieure.
- Il s'explique par une vague de défrichements qui permet d'augmenter les surfaces cultivées.
- Il convient cependant de nuancer. La population augmente dès 900 en Méditerranée mais pas avant 1100 en Allemagne. Le progrès technique ne bénéficie pas aux régions pauvres qui ignorent la charrue ou même l'araire. Le progrès technique n'est plus suffisant vers 1300 alors que la population augmente toujours et que l'on met en culture des terres marginales.

2 Un début de spécialisation agricole

- Les céréales priment toujours car c'est la base de l'alimentation; mais celle-ci se diversifie peu à peu après l'an mille grâce à l'élevage.
- Cet élevage permet de fumer les terres; il occupe les communaux et les terres en jachère, cultivées en assolement biennal souvent encore ou en assolement triennal sur les terres les plus riches du Nord-Ouest européen.
- Une agriculture spéculative apparaît dans certaines régions après l'an mille (**Doc. 2**). C'est l'élevage du mouton pour la production de drap (Angleterre, Espagne, Languedoc); c'est l'horticulture autour des villes en pleine croissance; c'est la viticulture le long des fleuves comme le Rhin ou à proximité d'un port comme Bordeaux.
- Les campagnes qui se lancent dans cette agriculture spéculative se spécialisent; elles échangent avec les villes et d'autres régions qui leur fournissent les produits qu'elles ne produisent plus.

Doc. 1 Population estimée de l'Europe entre l'an mille et 1300

Date	Population en millions	Rythme d'accroissement
1000	42 M	
1050	46 M	9,5 %
1100	48 M	4,3 %
1150	50 M	4,2 %
1200	61 M	22 %
1250	69 M	13 %
1300	73 M	5,8 %

Jean Gimpel, *La Révolution industrielle du Moyen Âge*, © Seuil, 1975.

Doc. 2 Un moine franciscain italien, frère Salimbene, décrit la région d'Auxerre vers 1245

Les gens de ce pays ne sèment point, ne moissonnent point, n'amassent point dans les greniers. Il leur suffit d'envoyer leur vin à Paris par la rivière toute proche qui précisément y descend. La vente du vin en cette ville leur procure de beaux profits qui leur paient entièrement le vivre et le vêtement.

Cité in George Duby, *L'Économie rurale et la vie des campagnes dans l'Occident médiéval*, © Aubier, 1962.

Vocabulaire

Joug : barre de bois fixée à la tête d'un bœuf et qui permet de l'atteler.

Collier d'attelage : il permet de faire tracter une lourde charge par un cheval en prenant appui sur ses épaules.

Araire : charrue primitive.

Communaux : fossés et chemins, bois, landes ou étangs qui sont propriété collective de la communauté paysanne.

Jachère : terre qui n'est pas en culture ; elle est labourée, débarrassée des mauvaises herbes et préparée pour être remise en culture.

Drap : tissu de laine au Moyen Âge.

Notions-clés

Optimum climatique : période de climat plus chaud, qui s'étend du IXe au XIVe siècle et favorise les récoltes.

Terres marginales : terres de qualité médiocre ; leur défrichement, après celui des meilleures terres, se traduit par une baisse des rendements.

Assolement : fait de faire tourner les cultures d'une année à l'autre sur un même champ (blé, puis jachère quand il est biennal ; blé d'hiver, blé de printemps, puis jachère quand il est triennal).

Agriculture spéculative : agriculture qui produit pour un marché urbain ou pour l'exportation.

5 Sociabilités, tensions et crises

De quoi s'agit-il ? La seigneurie s'est imposée comme la base de l'organisation économique et sociale ; cependant, le pouvoir du seigneur est contesté de l'intérieur par les villageois mais aussi de l'extérieur par la concurrence des autres seigneurs comme par les interventions des villes ou de l'État royal.

1 Le cadre de base : la seigneurie

- Aux IXe et Xe siècles, le seigneur, profitant de l'effacement du pouvoir royal, s'est imposé comme protecteur de la communauté. Puisqu'il protège, il a pris le contrôle de la terre.
- La terre qu'exploite le paysan est une tenure, pour laquelle il doit verser une redevance au seigneur (cens, champart). Passé l'an mille, le tenancier obtient qu'elle devienne héréditaire mais il doit payer pour cela des droits au seigneur. Il doit aussi payer des péages et des droits banaux.
- La communauté villageoise est très hiérarchisée. Les agents du seigneur comme le meunier ou le sergent sont des privilégiés. Les paysans riches (laboureurs, viticulteurs) gagnent en indépendance. Le forgeron est important car il fabrique le fer. Les paysans sans terre sont au bas de l'échelle.

2 Un cadre marqué par des tensions et des crises

- Il existe des tensions entre le seigneur – ou ses agents – et les paysans à propos des corvées et des droits seigneuriaux (**Doc.**). Elles surgissent aussi quand le seigneur remet en cause un droit d'usage, par exemple pour protéger les bois de la réserve contre des défrichements excessifs.
- Il existe aussi des tensions entre paysans pauvres et paysans aisés (« les coqs de village ») qui peuvent profiter du progrès technique et se spécialiser.
- Ces tensions peuvent prendre une forme religieuse, avec des hérésies ; l'hérésie ne conteste pas seulement l'ordre établi religieux mais également l'ordre social, économique et politique.
- Les seigneurs sont en compétition avec d'autres seigneurs qui accordent des exemptions d'impôts ou la liberté pour attirer la main-d'œuvre nécessaire aux défrichements. Ceci conduit au recul du servage.
- Ces conflits font le jeu des villes (en Italie) ou de l'État royal (France, Angleterre) qui se développent après l'an mille et profitent de ces tensions pour intervenir.

Doc. **Révolte des serfs de l'abbaye Saint-Arnoul de Crépy-en-Valois (1102)**

Certains serfs et serves […] s'étaient ameutés ; ils affirmaient qu'ils ne paieraient plus du tout la taxe qu'il faut verser pour épouser une femme et la part de leurs biens que nous appelons biens de mainmorte. Ils soutenaient qu'ils prendraient des épouses libres sans se préoccuper le moins du monde du monastère et qu'ils donneraient les filles qu'ils en auraient, libres, à des hommes venus d'ailleurs. […] Nous avons porté plainte contre cela et défendu nos droits devant dame Adèle, notre comtesse […]. Les serfs ont avoué, leur culpabilité a été démontrée et ils ont été réduits au silence en vertu d'un jugement légal en présence de la comtesse, de tous les barons et de la foule de tous ceux qui participaient à cette polémique. Ils ont reconnu être à perpétuité, tout comme leurs descendants, les serfs et les serves de l'église de Saint-Arnoult. Ils ont prêté serment de fidélité (à l'église de Saint-Arnoult) devant le peuple. […]

AD de l'Oise (Beauvais), original sur parchemin, trad. du latin.

Sans être un esclave, le serf n'est pas libre ; il est attaché à la terre qu'il cultive.

Les biens de mainmorte sont les biens du serf ; à sa mort, ils reviennent au seigneur.

La comtesse est la belle-sœur du roi de France ; elle a fixé le jour où l'affaire serait plaidée devant elle et les seigneurs de la région. L'affaire est d'importance puisqu'elle remet en cause l'ordre social.

L'abbaye a obtenu l'humiliation publique de ceux qui ont osé braver son autorité.

Vocabulaire

Cens : redevance fixe, en argent ou en nature.

Champart : part des récoltes (entre 1/6 et 1/15) versée au seigneur.

Tenancier : paysan qui détient une tenure.

Droits banaux : droits qui portent sur l'utilisation du moulin, du four et du pressoir banal que possède le seigneur.

Droits d'usage : droits dont les paysans disposaient en vertu de la coutume.

Réserve : partie de la seigneurie que le seigneur exploite lui-même avec des serfs ou en imposant des corvées ; elle comprend aussi des bois protégés du défrichement.

Notions-clés

Seigneurie : ensemble des terres, droits et impôts que possède le seigneur.

Tenure : partie de la seigneurie qu'un paysan exploite moyennant une redevance au seigneur.

6 La féodalité

De quoi s'agit-il ? L'effondrement de l'État après 850 avait ouvert la voie à l'affirmation de relations d'homme à homme ritualisées ; après l'an mille, l'État royal qui se reconstitue va les utiliser pour se renforcer.

1 Liens d'homme à homme et obligations réciproques

- Le vassal doit à son seigneur « la sécurité » : ne pas porter atteinte à son pouvoir, à son honneur, à sa famille et à ses biens. Il lui doit aussi « le conseil » : participer à sa cour, le conseiller et l'assister quand il rend la justice. Enfin, il lui doit « l'assistance » : une aide en cas de guerre et de l'argent pour l'adoubement de son fils, le mariage de sa fille, son départ en croisade ou le versement d'une rançon s'il est capturé.
- Le seigneur en contrepartie fournit un fief au vassal ; le vassal qui ne respecte pas ses obligations (le « félon ») se voit confisquer ce fief. Le seigneur doit garantir la sécurité du vassal, assurer le respect de ses droits et l'aider à trouver une épouse digne de son rang.
- Passé l'an mille, le fief est devenu héréditaire moyennant le paiement au seigneur d'une taxe, le « relief ». De même, le vassal peut vendre tout ou partie de son fief moyennant le versement d'un droit au seigneur.
- Les vassaux prêtent hommage à plusieurs seigneurs et reçoivent ainsi plusieurs fiefs (**Doc.**). L'hommage-lige permet alors de désigner le seigneur auquel le vassal devait prioritairement fidélité ; le pouvoir royal utilise ce moyen pour s'affirmer au XIIe siècle et décider en dernier ressort.

2 Un lien ritualisé ; les cérémonies

- Le lien d'homme à homme peut se nouer par des gestes : le vassal place ses mains dans celles du seigneur ; ainsi il se soumet et se place à la merci du seigneur.
- Il peut se nouer par un écrit, surtout au sud de l'Europe où se maintient la tradition du droit romain.
- Il est parachevé, dans un cas comme dans l'autre, par un serment et la remise d'une motte de terre, ou d'un objet qui symbolise la remise du fief.
- Le seigneur légitime le pouvoir qui est le sien par son comportement et son mode de vie. Il est puissant : il prend, taxe et impose. Il dépense sans compter. Généreux, il donne à ceux qu'il protège. Tout cela se traduit dans les cavalcades et les fêtes de la cour.

Doc. Le lien d'homme à homme se noue par la cérémonie de l'hommage

Des hommages furent de nouveau rendus au comte. En premier lieu, ils firent les hommages de la façon suivante. Le comte demanda [au futur vassal] s'il voulait devenir son homme sans réserve et celui-ci répondit « Je le veux » : puis, ses mains étant jointes dans celles du comte, qui les étreignit, ils s'allièrent par un baiser. En second lieu, celui qui avait fait hommage engagea sa foi en ces termes : « Je promets en ma foi d'être fidèle, à partir de cet instant, au comte Guillaume, et de lui garder contre tous et entièrement mon hommage, de bonne foi et sans tromperie ». En troisième lieu, il jura cela sur les reliques des saints. Ensuite, avec la verge qu'il tenait à la main, le comte leur donna des investitures à tous qui, par ce pacte, lui avaient promis sûreté, fait hommage et en même temps prêté serment.

Galbert de Bruges, *Histoire du meurtre de Charles le Bon*, 1127, cité in Michel Kaplan, Patrick Boucheron, Christophe Picard, *Le Moyen Âge*, © Bréal, 1994.

Il engage sa parole, son honneur. Le serment a un caractère sacré car prêté devant Dieu et ses saints.

La verge est un bâton de commandement, un sceptre, symbole du pouvoir du seigneur, en ivoire ou en métal.

Les investitures, dans ce cas, sont les fiefs que le seigneur remet à ses vassaux. Il les investit, les place à la tête de ces fiefs.

Cérémonie de l'hommage, miniature (XIIe s.). BnF.

Vocabulaire

Vassal : seigneur lié à un seigneur plus puissant, son suzerain.

Adoubement : cérémonie par laquelle un jeune noble devenait chevalier. Il passait une nuit en prière, prêtait serment sur les Évangiles et devait supporter la collée (un coup porté à l'épaule du plat de l'épée) avant de recevoir ses armes.

Cavalcade : défilé à cheval, par lequel on montre sa puissance, sa richesse et sa noblesse.

Notions-clés

Fief : il est constitué de terres ou de revenus d'un impôt, d'un péage, d'une abbaye (on peut toucher les revenus d'une abbaye sans être abbé), etc.

Hommage : engagement personnel, d'homme à homme. Le vassal fait le don de sa personne au suzerain qui doit lui donner une contrepartie.

7 Réalités et imaginaire de l'idéal chevaleresque

De quoi s'agit-il ? La chevalerie s'est peu à peu identifiée à la noblesse. Être chevalier suppose de respecter un code de conduite. Le chevalier devient une figure centrale dans la conception de l'amour courtois, jeu amoureux qui le distingue de ceux qui ne sont pas nobles.

1 Du guerrier au chevalier

- Avec la fin de l'empire carolingien et les invasions des IXe et Xe siècles, celui qui sait manier les armes et possède un cheval, animal fragile et coûteux, a du pouvoir. Il peut protéger les non-combattants et aider un seigneur à imposer son autorité.
- Le chevalier, peu à peu, se distingue du guerrier qui n'est qu'un expert dans le maniement des armes. Au XIe siècle, il est devenu un noble.

2 Le chevalier, l'idéal du combattant

- Le chevalier respecte un code élaboré par l'Église pour canaliser la violence des guerriers. Il prête serment sur les Évangiles de défendre les faibles et de servir l'Église (**Doc.**).
- L'Église va pouvoir ensuite imposer la trêve de Dieu : les chevaliers ne doivent pas combattre du mercredi soir au lundi matin, ni pendant l'Avent, le temps de Noël, le Carême et le temps de Pâques.
- Une littérature chevaleresque célèbre cet idéal. Elle abonde au XIIe siècle (Chrétien de Troyes) au moment même où la féodalité décline ; elle représente une réponse à ce que les nobles ressentent comme une perte de l'idéal chevaleresque et leur permet de réaffirmer leur supériorité.

3 L'imaginaire chevaleresque : l'amoureux courtois

- L'amour courtois, appelé aussi « fin'amor », codifie les relations et le jeu amoureux entre un homme de qualité, le chevalier, et une femme de noble origine, sa dame. Cette dame est en général supérieure à lui ; c'est par exemple la femme de son seigneur.
- L'amour courtois ne doit pas déboucher sur des relations sexuelles. Cependant, il a une dimension physique réelle et peut s'accompagner de jeux amoureux.
- Cette idée raffinée de l'amour permet au noble de se différencier des vilains, incapables de contrôler leur pulsion, et des bourgeois, riches mais incapables de s'exprimer et de se comporter noblement.

Doc. **Un adoubement en Italie du Sud, à la fin du XIIe siècle**

Seigneur écoute nos prières, et daigne bénir de ta droite majestueuse cette épée dont ton serviteur, ici présent, a désiré être ceint, pour qu'il puisse être le protecteur et le défenseur des églises, des veuves, des orphelins et de tous les serviteurs de Dieu contre les sévices des païens, et qu'il inspire aux perfides la peur, la terreur et la crainte. […] Quant à toi, alors que tu es sur le point de devenir chevalier, souviens-toi de la parole du Saint Esprit : « Ceins ton glaive sur ta cuisse, ô très vaillant guerrier. » Le glaive, en effet, c'est l'Esprit Saint, qui est la parole de Dieu. […] Reçois l'épée, au nom du Père, du Fils et du Saint Esprit (Réponds : Amen). Reçois la lance, au nom du Père, du Fils et du Saint Esprit. Reçois le bouclier, au nom du Père, du Fils et du Saint Esprit. Reçois les éperons au nom du Père, du Fils et du Saint Esprit.

Traduction DR.

Le Christ bénit de la main droite (voir le tympan de Conques, p. 47).

Sont perfides ceux qui ne respectent pas le serment qu'ils ont prêté ou la foi qui est la leur.

Le chevalier boucle autour de sa taille la ceinture qui porte cette épée.

Cérémonie d'adoubement, enluminure, XIIe siècle. BnF.

Vocabulaire

Invasions : aux IXe et Xe siècles, les envahisseurs ont été les Maures, les Normands et les Hongrois.

Avent : période qui précède Noël.

Carême : période qui précède Pâques, marquée par le jeûne et la pénitence.

Chrétien de Troyes : auteur français de romans de chevalerie du XIIe siècle, comme *Perceval ou le Conte du Graal*.

Vilain : paysan libre.

Notions-clés

Chevalerie : il s'agit d'abord d'une force militaire ; elle devient ensuite un groupe social et une institution avec ses rites.

Serment : engagement pris devant Dieu ; il a un caractère sacré et est le propre des hommes d'Église ; les chevaliers, parce qu'ils sont nobles, sont capables de le respecter et peuvent jurer.

8 L'essor urbain

De quoi s'agit-il ? **La ville est le lieu où s'exprime de la façon la plus visible le dynamisme retrouvé de l'Occident après l'An mille. Cet essor s'accompagne de tensions entre les villes et les seigneurs, et à l'intérieur des villes.**

1 La ville : un pôle des échanges

- Le renouveau des villes après l'an mille est lié à la croissance des campagnes ; la ville est avant tout le lieu où s'échangent les produits des campagnes et où le seigneur dépense l'argent qu'il retire de sa seigneurie.
- Les villes héritées de l'Antiquité recommencent à se développer (Paris) et des villes nouvelles (bastides du Sud-Ouest en France) sont fondées pour sécuriser une frontière ou à la suite de défrichements.
- Ce renouveau est amplifié par le développement du commerce oriental.

2 Le pouvoir croissant des bourgeoisies

- Les seigneurs sont contraints d'accorder des chartes de franchise. Les villes ont un gouvernement, des murailles et un campanile au Sud, un beffroi au Nord, qui concurrence la tour du seigneur et le clocher de l'évêque (**Doc.**). Dans les villes d'Italie du Nord naissent même des républiques marchandes.
- Les contrastes sociaux s'accroissent et les relations se tendent entre les nobles, les grandes familles bourgeoises, les artisans et boutiquiers, la masse des pauvres (*popolo minuto* face au *popolo grasso*) et enfin les exclus, qui vivent aux franges de la ville.

3 L'élargissement de l'espace

- La ville se développe en fonction du marché local ; elle fournit de l'outillage, des produits textiles et commercialise les produits de l'agriculture locale.
- La ville commerce aussi à plus longue distance, le long des fleuves en particulier ou par mer (commercialisation du vin vers Paris par la Seine ou vers l'Angleterre depuis Bordeaux).
- La ville prospère encore plus quand elle peut s'insérer dans les circuits du grand commerce international ; c'est celui des foires de Champagne dans le royaume capétien, où s'échangent les produits de l'Europe du Nord et ceux qui arrivent du Sud ; c'est surtout celui des épices et des produits de l'Orient en général, dont les villes italiennes (Venise, par exemple) s'assurent le contrôle.

Doc. **Les tours, marques de l'orgueil et des affrontements des grandes familles de San Gimignano**

Les tours Salvucci, 51 m à l'origine, dépassaient la limite autorisée, la hauteur de la tour communale.

Les tours, détruites quand une famille perdait la lutte pour le pouvoir, étaient reconstruites à la génération suivante.

Vocabulaire

Popolo minuto : le « peuple maigre », c'est-à-dire les pauvres qui mangent essentiellement du pain et souffrent périodiquement de la faim.

Popolo grasso : le « peuple gras », c'est-à-dire les riches à l'alimentation riche et diversifiée.

Notions-clés

Charte de franchise : document qui exempte une ville de taxes, de droits, etc., à l'égard du seigneur.

Foires de Champagne : foires qui se tiennent sur les terres du roi de France et où viennent s'échanger les produits de l'Europe du Nord, comme les draps, et les produits de l'Orient, comme les épices qu'apportent les marchands italiens. Les taxes perçues sur ce commerce ont fait la fortune et la puissance des premiers Capétiens. Elles déclinent après 1300.

Épices : tous les produits coûteux sous un faible volume (épices au sens moderne, mais aussi colorants, sucre de canne, etc.).

9 Deux villes européennes

De quoi s'agit-il ? Grenade devient capitale du royaume musulman d'Andalousie quand s'effondre le califat de Cordoue, et le restera jusqu'en 1492. En Sicile, au peuplement de culture grecque et de religion chrétienne s'ajoute une immigration musulmane et juive ; l'arrivée des Normands fait de Palerme une ville originale par l'intégration de tous ces apports culturels.

1 Grenade, une ville de l'islam jusqu'en 1492

- Une fois passée la porte d'entrée monumentale, gardée par des soldats, le voyageur découvre un dédale de rues étroites et tortueuses bordées de maisons organisées autour d'une cour intérieure (le patio).
- Les marchands et artisans se regroupent par rues et forment le souk. Des caravansérails (*Corral del carbón*) servent d'entrepôts et de halte pour les marchands.
- Il existe trois types d'édifices publics : des palais qui abritent l'autorité politique (Alhambra avec ses jardins) ; des mosquées avec leur madrasa (école coranique) ; des bains publics (bañuelo), alimentés par un aqueduc.
- La ville est un centre commercial prospère, au centre d'une riche région agricole irriguée. C'est aussi une capitale culturelle et artistique.

2 Palerme, une ville métissée aux XIe et XIIe siècles

- Palerme est une petite cité romaine antique avant de devenir byzantine. En 831, la conquête musulmane en fait la capitale de la Sicile ; elle compte 300 mosquées à la fin du Xe siècle et brille d'un éclat inégalé.
- Les rois normands maintiennent le métissage qui caractérisait l'île. On trouve des mosquées, un souk, des thermes et un caravansérail dans le quartier musulman (**Doc.**). La cathédrale, auparavant transformée en mosquée, est rendue au culte orthodoxe. Monreale, en revanche, est une église latine.
- Les rois font appel à des artisans grecs et arabes pour leurs palais et la chapelle palatine (mosaïques grecques, plafonds en bois arabes, plan en croix latine). Les jardins du palais royal sont comparables à ceux de l'Alhambra de Grenade. À Monreale, l'influence des artistes venus de France se fait fortement sentir dans la cathédrale et dans le cloître.
- Palerme est située au milieu d'une région agricole prospère grâce à l'irrigation ; son port la met en relation avec toute la Méditerranée.

Doc. La situation des musulmans de Palerme décrite par un voyageur arabe à la fin du XIIe siècle

En cette cité, les musulmans conservent quelques restes de leur foi ; ils fréquentent la plupart de leurs mosquées et ils y célèbrent la prière rituelle sur un appel clairement entendu. Ils ont des faubourgs qu'ils habitent seuls, à l'exclusion des chrétiens. Les souks sont fréquentés par eux et ils en sont les marchands [...]. Ils ont un cadi devant lequel ils élèvent leurs procès [...]. Nous demeurons en cette ville pendant sept jours, installés dans l'un des foundouks que fréquentent les musulmans. »

Ibn Jubayr, *Voyages* (1184), traduction Gaudefroy-Demombynes, 1948.

Les mosquées, sauf exception, sont encore ouvertes au culte musulman, et le muezzin peut lancer son appel à la prière du haut du minaret.

Ils ont gardé le contrôle économique de leur marché.

Le cadi est un juge musulman ; il se base sur la loi coranique.

Le foundouk est un caravansérail.

L'Alhambra de Grenade.

Vocabulaire

Normands : ces cadets de famille noble de Normandie, engagés comme mercenaires en Italie, ont ensuite conquis la Sicile.

Souk (arabe) ou bazar (turc) : marché organisé par rue : rue des orfèvres, des tisserands, etc.

Monreale : site de la banlieue de Palerme ; les rois normands y ont fait bâtir une cathédrale qui est leur nécropole comme Saint-Denis l'est pour les rois de France.

RÉVISION EXPRESS

LES DATES IMPORTANTES

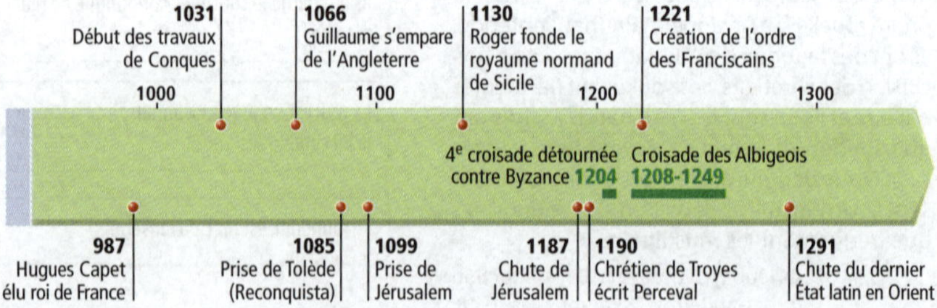

LES MOTS IMPORTANTS

- agriculture spéculative
- assolement
- charte de franchise
- chevalerie
- épices
- excommunier
- fief
- hérésie
- hommage
- inquisition
- optimum climatique
- pastorale
- pèlerinage
- réforme
- seigneurie
- serment
- tenure
- terres marginales
- théocratie

LES PERSONNAGES IMPORTANTS

Dominique de Guzman
1170-1221

Fondateur de l'ordre des Dominicains.

François d'Assise
1182-1226

Fondateur de l'ordre des Franciscains.

Chrétien de Troyes
1135-1185

Auteur de *Lancelot ou le Chevalier de la charrette*, de *Perceval ou le Conte du Graal*, sur les chevaliers de la Table ronde.

Roger II
1095-1154

Fondateur du royaume normand de Sicile.

LES POINTS IMPORTANTS À RETENIR

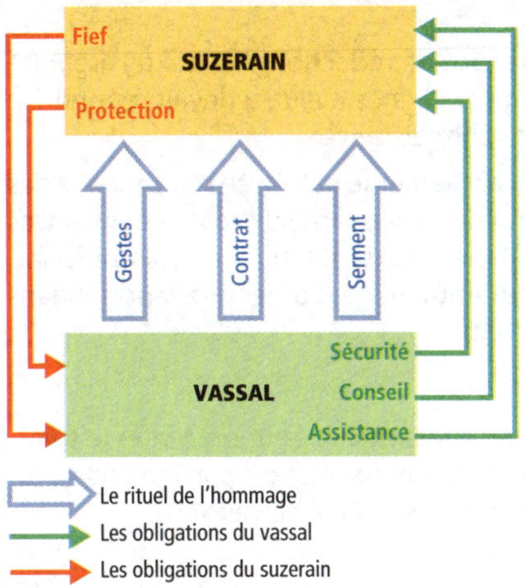

L'hommage et ses conséquences

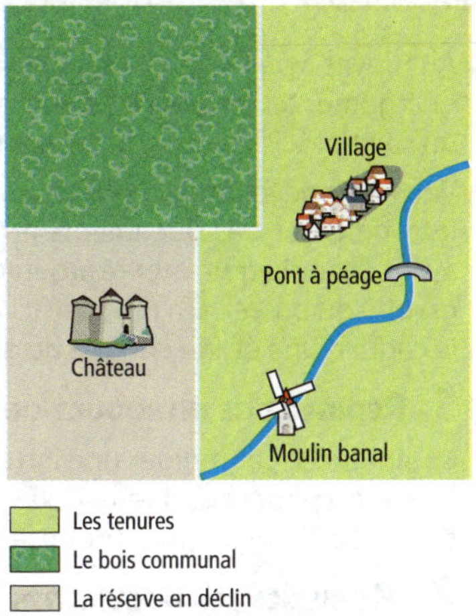

La seigneurie

Quiz

1. La population de l'Europe triple entre 1000 et 1300.
☐ Vrai ☐ Faux

2. Le défrichement débute par les terres marginales.
☐ Vrai ☐ Faux

3. L'assolement triennal est le plus pratiqué au xe siècle.
☐ Vrai ☐ Faux

4. Le cens est un impôt seigneurial.
☐ Vrai ☐ Faux

5. Les reliques sont l'objet d'un véritable culte.
☐ Vrai ☐ Faux

6. Le blé est l'objet d'un commerce à longue distance.
☐ Vrai ☐ Faux

7. Le clergé séculier regroupe les moines.
☐ Vrai ☐ Faux

8. Le fief est la propriété du vassal.
☐ Vrai ☐ Faux

9. Le félon est celui qui ne paie pas la rançon du suzerain.
☐ Vrai ☐ Faux

10. Une franchise est une exemption d'impôt.
☐ Vrai ☐ Faux

→ Réponses p. 69

Rédiger un texte argumenté (type 2de)

MÉTHODE

- Au brevet, vous aviez à effectuer un exercice de rédaction d'un texte, organisé et argumenté, en général d'une vingtaine de lignes. Celui-ci devait répondre à un sujet précis en vous appuyant sur vos connaissances.
- Vous allez devoir au lycée réaliser un travail de même nature en répondant à des questions sur des documents et/ou en vous appuyant sur vos connaissances avant de rédiger un « texte argumenté » beaucoup plus long que le simple paragraphe du brevet. On propose ici de vous entraîner à rédiger une réponse dans le cadre d'une étude critique de documents.

1. Rédiger une introduction

Commencez par rédiger une introduction : une phrase pour présenter le sujet; une autre pour la problématique (qui est souvent formulée à partir d'une question); une dernière pour proposer un plan en deux ou trois parties.

2. Mobiliser les documents

Utilisez ensuite les documents (qu'il ne faut surtout pas oublier à ce stade) et vos connaissances pour rédiger un développement en deux ou trois parties.

3. Rédiger une conclusion

Terminez par une conclusion : une phrase résume votre démarche; une seconde ouvre la conclusion.

APPLICATION : EXERCICE CORRIGÉ

En vous appuyant sur les documents et vos connaissances, vous rédigerez un texte argumenté sur le sujet suivant :
Les paysans, un monde soumis au seigneur (IXe-XIIIe siècle) ?

Doc. 1 Un moine franciscain décrit la région d'Auxerre

Les gens de ce pays ne sèment point, ne moissonnent point, n'amassent point dans les greniers. Il leur suffit d'envoyer leur vin à Paris par la rivière toute proche qui précisément y descend. La vente du vin en cette ville leur procure de beaux profits qui leur paient entièrement le vivre et le vêtement.

Cité in George Duby, *L'Économie rurale et la vie des campagnes dans l'Occident médiéval*, © Aubier, 1962.

Doc. 2 La rébellion des serfs

Certains serfs et serves […] s'étaient ameutés ; ils affirmaient qu'ils ne paieraient plus du tout la taxe qu'il faut verser pour épouser une femme et la part de leurs biens que nous appelons biens de mainmorte. Ils soutenaient qu'ils prendraient des épouses libres sans se préoccuper le moins du monde du monastère et qu'ils donneraient les filles qu'ils en auraient, libres, à des hommes venus d'ailleurs. […] Nous avons porté plainte contre cela et défendu nos droits devant dame Adèle, notre comtesse […]. Les serfs ont avoué, leur culpabilité a été démontrée et ils ont été réduits au silence en vertu d'un jugement légal en présence de la comtesse, de tous les barons et de la foule de tous ceux qui participaient à cette polémique. Ils ont reconnu être à perpétuité, tout comme leurs descendants, les serfs et les serves de l'église de Saint-Arnoult. Ils ont prêté serment de fidélité (à l'église de Saint-Arnoult) devant le peuple. […]

AD de l'Oise (Beauvais), original sur parchemin, trad. du latin.

Doc. 3 Affrontement autour d'un moulin

Herbert installa un moulin à Habardun. Quand l'abbé Samson l'apprit, il étouffa de rage et ne pouvait plus ni manger, ni parler. Au petit matin, aussitôt la messe entendue, Samson dépêcha son sacristain dire au charpentier d'aller sans délai démolir le moulin et d'en placer l'armature sous bonne garde.

Chronique de Jocelyn de Brakelonde sur la vie de Samson, abbé du monastère de Saint-Edmond, cité dans J. Gimpel, *La Révolution industrielle du Moyen Âge*, Le Seuil, 1975.

CORRIGÉ

1. Rédiger une introduction

Les paysans entre le IXe et le XIIIe siècles sont des vilains, des hommes libres, tenanciers d'une terre qu'ils cultivent moyennant redevance au seigneur, ou des serfs soumis à des redevances plus lourdes et attachés à la terre qu'ils cultivent. Le seigneur est un noble laïc (comte, etc.) ou un religieux (abbé ou évêque), voire le roi. Peut-on dire pour autant que ce monde paysan est soumis ? Il apparaît que, s'il est infériorisé, il conteste cette situation et que les rapports ne sont pas de simples rapports de dominants à dominés.

Gagnez des points !

Par rapport au paragraphe type 3e, définissez plus précisément les termes du sujet, ajoutez une problématique, et exposez un plan plus précis sous la forme d'une phrase.

2. Mobiliser les documents

Les documents montrent que le seigneur dispose du pouvoir politique, social et économique. Quand il ne rend pas la justice lui-même, il peut compter, comme dans le doc. 2, sur la justice qu'exercent d'autres nobles qui ne veulent pas que l'ordre social soit remis en cause. Il dispose de droits banaux et a les moyens de les faire respecter, comme l'abbé Samson qui fait détruire le moulin qui menace le monopole qu'il détient (doc. 3); il peut percevoir des péages sur les ponts ou les routes; les documents ne mentionnent par contre pas les autres droits comme le cens, le champart, etc. Les documents n'évoquent pas non plus les agents dont dispose le seigneur : les sergents qui ont sans doute démoli le moulin d'Habardun, le meunier qui travaille dans le moulin banal et les gardes qui surveillent le bois de la réserve et empêchent les paysans d'y couper les arbres ou d'y chasser le gibier (doc. 3).

> **Gagnez des points !**
> Compléter ce que ne disent pas les documents ou ce qu'ils disent mal permet d'alimenter votre réflexion et d'étoffer votre texte.

> **Gagnez des points !**
> Vous pouvez formuler des hypothèses logiques à partir de que disent les documents et de vos connaissances.

Ce pouvoir n'est cependant pas sans limite. Les serfs du doc. 2 essaient de faire passer dans la coutume leur liberté; ils échouent, mais leur tentative n'était pas vouée à l'échec; souvent on naît serf ou libre mais on le devient aussi si l'on s'appauvrit ou si l'on s'enrichit ou si l'on est tenu pour tel. Les situations sociales ne sont donc pas figées. La révolte dont parle le document est d'ailleurs un moyen classique de remise en cause de cet ordre social; c'est bien pourquoi les moines insistent sur l'humiliation publique des serfs qui ont osé contester leur pouvoir; ils ont dû craindre de les voir réussir. Les documents ne traitent pas du tout de l'intervention des villes (Italie) ou du pouvoir royal (France, GB) qui profitent de ces conflits pour intervenir et imposer leur médiation. De même, ils n'évoquent pas la concurrence des autres seigneurs qui accordent des privilèges pour attirer de la main d'œuvre sur leurs terres.

> **Gagnez des points !**
> Utilisez vos connaissances pour expliquer ce qu'est un serf, comment on le devient mais aussi comment on peut échapper à la servitude ; ces connaissances éclairent les documents et permettent de mieux répondre au sujet.

Les rapports sont en fait complexes. Les paysans du doc. 1, qui ont des terres, ont développé une agriculture spéculative : ils se spécialisent et s'enrichissent en vendant du vin à Paris. Comme les «laboureurs», qui ont une charrue et pratiquent l'assolement triennal, ils tirent plutôt profit du système de la seigneurie; ce cadre leur permet d'organiser au mieux les cultures.

> **Remarque**
> Les connaissances de cours permettent de faire des comparaisons dans l'espace et dans le temps avec ce que montrent les documents.

Ces « coqs de village » imposent leur pouvoir aux autres paysans, avec lesquels les relations peuvent être tendues, et négocient avec le seigneur. Des « communes rurales » apparaissent sur le modèle des communes urbaines en France du Nord ou en Italie et obtiennent certains transferts de pouvoir du seigneur. Il arrive cependant que ces communautés rurales fassent front avec leur seigneur contre les immixtions des villes ou du roi, comme on le voit en 1247 quand Louis IX lance une enquête.

3. Rédiger une conclusion

Dans les rapports entre communauté rurale et seigneur, ce dernier n'est pas toujours le plus fort. De son côté, la communauté rurale n'est pas monolithique ; elle est travaillée par des tensions entre paysans et artisans ruraux. Leur rapport de force est compliqué par l'intervention des villes ou du roi qui pèsent désormais sur leurs relations au XIIIe siècle.

Gagnez des points !

Ouvrez votre conclusion non pas en disant ce qui va se passer ensuite, mais en présentant un élément qui va peser fortement sur l'évolution future.

Vérification des connaissances

Complétez ces schémas des assolements.

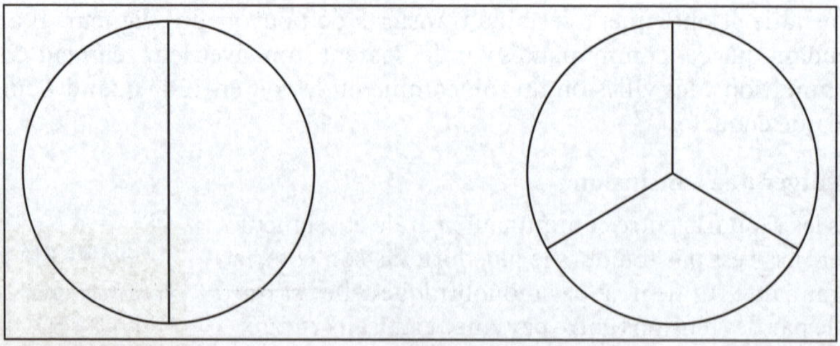

Application de la méthode

Doc. 1 **La cérémonie de l'hommage, p. 55**

Doc. 2 **Enluminure de l'adoubement d'un chevalier, p. 57**

Doc. 3 **Un adoubement en Italie du Sud à la fin du XIIe siècle, p. 57**

SUJET

En vous appuyant sur les documents et vos connaissances, vous rédigerez un texte argumenté sur le sujet suivant :
Quelle différence le Moyen Âge fait-il entre le chevalier et le guerrier ?

Exercice d'entraînement

Questionnaire sur les documents p. 64-65

1. De quel type d'agriculture témoigne le doc. 1 ?

2. Quels sont les droits seigneuriaux qui apparaissent dans les documents ?

3. Pourquoi l'abbé Samson est-il hostile à la construction d'un moulin ?

Quiz

1 Faux. Elle double, ce qui est déjà un rythme rapide pour l'époque.

2 Faux. Quand les meilleures ont été défrichées, on passe aux terres marginales

3 Faux. Il progresse mais ne s'est pas généralisé.

4 Vrai. Le cens « recognitif » rappelle que le seigneur est le propriétaire « éminent » de la terre.

5 Vrai. Un roi comme Louis IX dépense des fortunes pour en acquérir et fait construire la Sainte-Chapelle à Paris pour les abriter.

6 Faux. Le blé est un produit lourd et encombrant qu'avec les moyens techniques de l'époque on ne peut pas transporter au loin.

7 Faux. Il regroupe les prêtres ; les moines appartiennent au clergé régulier.

8 Faux. Le fief appartient au suzerain.

9 Vrai. C'est l'une des obligations d'un vassal.

10 Vrai.

Vérification des connaissances

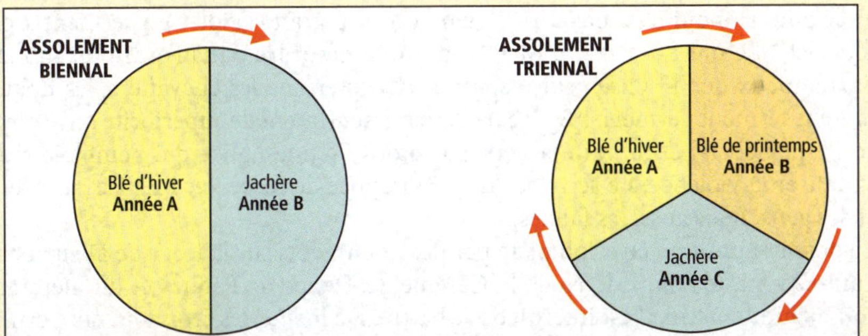

Application de la méthode

Le chevalier se différencie du cavalier (*knight* et *rider*, *caballero* et *jinete*, *ritter* et *reiter*), du guerrier qui est un simple expert dans le maniement des armes. Sur quoi cette différence repose-t-elle ? Elle repose sur un sentiment de supériorité sociale, sur l'action de l'Église et sur une image idéalisée de la réalité.

Le chevalier n'était souvent pas noble à l'origine (aspect qui n'est pas abordé par les documents) mais il l'est devenu au XIe siècle. Avec l'effondrement de l'empire carolingien et les invasions des IXe-Xe siècles, ceux qui avaient des armes et pouvaient protéger une population ou se mettre au service d'un seigneur ont pu s'assurer une promotion sociale. Avec le temps, ils ont fini par devenir des nobles ; ils ont alors cherché à ritualiser la supériorité qu'ils avaient acquise pour se distinguer du reste de la population. Cela se traduit par des cérémonies (doc. 1, 2 et 3) qui permettent de montrer la puissance d'un lignage. La richesse s'exprime dans les vêtements visibles dans l'enluminure ; être noble suppose de vivre noblement, de dépenser son argent dans ces fêtes, sans compter, et de la façon la plus ostensible. L'armement (doc. 1 et 3) est fort coûteux : il faut un cheval, animal fragile, des armes et une armure en fer, dont le poids va croissant à mesure que les armes se font plus perfectionnées, ce qui en renchérit considérablement le prix. Le serment prêté en tant que chevalier (doc. 3) et en tant que vassal (doc. 1) prouve aussi la supériorité du noble chevalier sur les manants.

Gagnez des points !

Une des façons de travailler sur les documents est de porter un regard critique sur ce qu'ils montrent ou ne montrent pas par rapport à un sujet donné.

Le serment, prêté devant Dieu, est en effet le propre des clercs ; l'Église se défie de laisser les laïcs jurer fidélité sur les Évangiles ; le risque que le serment soit violé par celui qui n'est pas un religieux est trop grand ; violer un serment, c'est toucher à ce qui est sacré, c'est introduire le désordre dans l'ordre du monde harmonieux que l'Église veut instaurer. Accepter que les chevaliers, les nobles prêtent serment permet à l'Église de flatter le sentiment de supériorité qui anime ce groupe social et lui faire accepter l'autorité d'une Église qui s'emploie à en canaliser la violence. Le serment (doc. 3) impose de respecter l'Église, ses biens et ses gens, mais aussi les faibles.

Le dossier aurait pu être complété par des documents sur la trêve de Dieu : pendant l'Avent, le temps de Noël, le Carême, le Temps de Pâques et du mercredi soir au lundi matin, il est interdit de se battre. De même, les croisades ont permis de canaliser la violence de la caste guerrière en l'entraînant hors d'Europe ; la création de l'ordre des chevaliers du Temple, des moines-soldats, démontre quel modèle l'Église entendait promouvoir à travers la chevalerie.

Cependant, la situation décrite dans les documents correspond à un idéal contesté. Le pouvoir de la chevalerie se heurte à l'affirmation du pouvoir du roi, qui dans un premier temps va se placer comme le suzerain à

Méthode

Les connaissances de cours sont ici indispensables pour compléter, puis critiquer ce que montrent les documents.

qui on prête hommage et qui se sert du code féodal pour sanctionner les vassaux déclarés félons ; dans un second temps, le roi va s'imposer à tous comme le souverain.

La formation des communes rurales et plus encore urbaines remet aussi en cause le pouvoir des chevaliers. Les bourgeoisies urbaines, en Italie en particulier grâce au grand commerce, sont assez riches pour le contester et affirmer le pouvoir que leur donne la maîtrise des techniques financières ; la richesse de Florence lui permet d'embaucher des mercenaires qui maîtrisent les armes nouvelles, les armes à feu qui transpercent les cuirasses.

Les romans de chevalerie, qui auraient pu figurer dans ce dossier, sont l'expression de la nostalgie à l'égard d'un univers idéalisé qui disparaît au XIIIe siècle, comme la féodalité.

Exercice d'entraînement

1. Le moine italien décrit un processus de spécialisation viticole lié au marché parisien accessible par l'Yonne, un affluent de la Seine. Paris est une grande ville, pour l'époque, et concentre une clientèle à fort pouvoir d'achat puisqu'elle est le siège du pouvoir royal et un centre commercial. Il s'agit donc d'une agriculture spéculative.

> **L'astuce du prof**
> Une rapide consultation du dictionnaire permet de préciser quelle est cette rivière.

> **Remarque**
> Une agriculture spéculative alimente un marché plus ou moins lointain (grande ville, pays étranger) en produits à plus forte valeur ajoutée que les produits alimentaires de base.

2. Il s'agit du moulin banal, le seul des droits banaux cités dans ces documents, du droit de mainmorte et de la taxe que les serfs doivent payer pour se marier.

> **Méthode**
> La question permet de vérifier que vous savez repérer une information mais aussi d'attirer votre attention sur le fait qu'il en existe d'autres qu'il faudra aborder dans le texte argumenté.

3. L'abbé Samson possède un monopole ; chacun est obligé de faire moudre son blé au moulin banal qui est sa propriété. En construisant son propre moulin, Herbert lui fait de la concurrence et remet en cause un droit seigneurial, ce qui créerait un précédent fâcheux que d'autres risqueraient de suivre, mettant en péril les revenus de l'abbé.

> **Méthode**
> La réponse à la question suppose de recourir à votre cours.

CHAPITRE

4 Nouveaux horizons géographiques et culturels des Européens (XVe-XVIIIe siècle)

1 De Constantinople à Istanbul

De quoi s'agit-il ? À partir du XVe siècle, le monde chrétien connaît de nombreux bouleversements dont la disparition de l'empire byzantin et la montée en puissance d'un empire turc, de religion musulmane.

1 La chute de l'empire byzantin

- L'empire byzantin avait survécu à la chute de l'empire romain en Occident au Ve siècle et avait prolongé celui-ci pendant un millénaire. Son territoire s'étendait sur toute la Méditerranée orientale, faisant de sa capitale, Constantinople, un carrefour commercial majeur.
- L'empire fut toutefois soumis à une double pression, celle des chrétiens d'Occident et surtout celle de l'islam qui, dès le VIIe siècle, s'était emparé de la Terre Sainte. L'empire musulman, passé sous le contrôle des Turcs Ottomans, se lance dans un processus de conquête de l'empire byzantin à partir du XIe siècle. En 1453, l'empire, réduit à Constantinople et sa région, disparaît lorsque le sultan Mehmet II prend la ville.

2 Istanbul, carrefour de civilisations

- Constantinople est alors islamisée. Le sultan fait de la ville sa nouvelle capitale sous le nom d'Istanbul et de nouveaux palais y sont construits. La basilique Sainte-Sophie devient une mosquée (**Doc.**). Sous le sultan Soliman Ier, au XVIe siècle, Constantinople est la capitale d'un empire puissant et centre de cultures diverses.
- Pour les chrétiens orthodoxes restés sur place et toujours majoritaires dans la ville, la liberté du culte est assurée, même si une partie de la population conquise a été réduite en esclavage et les savants grecs se sont enfuis vers l'Italie. Toutefois, à la chute du dernier royaume musulman d'Espagne en 1492, Constantinople reçoit des réfugiés musulmans et juifs, qui fuient les conversions forcées au catholicisme et apportent leur savoir. L'accueil des juifs fut conseillé par le grand rabbin Moshe Capsali, conseiller de Mehmet II et grande figure intellectuelle de son époque.

Doc. La basilique Sainte-Sophie transformée en mosquée

Vocabulaire

Ottomans : clan turc qui prend le pouvoir dans l'empire arabo-musulman.

Sultan : chef musulman, en théorie inférieur au plus puissant d'entre eux, le calife.

Orthodoxes : courant du christianisme développé en Méditerranée orientale, refusant le pouvoir du pape de Rome.

Notion-clé

Terre Sainte : région de Jérusalem, espace considéré comme sacré par les trois religions monothéistes (judaïsme, christianisme, islam).

2 L'élargissement du monde aux XVe et XVIe siècles

De quoi s'agit-il ? Des voyages effectués à partir du XVe siècle amènent les Européens à entrer en contact avec des parties du monde qui leur restaient inconnues : on appelle l'ensemble de ces voyages les Grandes Découvertes.

1 Magellan : un Européen à la découverte du monde

- Pour éviter l'obstacle de l'empire ottoman, les Européens ont cherché, à partir du milieu du XVe siècle, des routes commerciales directes vers l'Orient (Inde, Chine...). Les Portugais partirent vers le Sud et contournent l'Afrique (voyages de Diaz et Vasco de Gama). Christophe Colomb, marchand génois, obtint le soutien de la cour d'Espagne pour partir vers l'Ouest, découvrant les Amériques qui barrent le passage.
- Petit officier portugais, Fernand de Magellan se met au service du roi d'Espagne pour découvrir une nouvelle route continuant au-delà des Amériques. Il part en 1519 avec plusieurs centaines d'hommes et cinq navires.
- Il arrive à contourner l'Amérique du Sud par un détroit auquel il donne son nom et arrive dans le Pacifique, découvrant plusieurs îles dont les Philippines. Il réussit à y imposer la souveraineté espagnole mais y trouve la mort en 1521.
- Un seul navire, commandé par Elcano, arrive en 1522 à rejoindre Lisbonne par l'Afrique. Le premier tour du monde vient d'être accompli, prouvant définitivement que la Terre est bien ronde (**Doc.**).

2 Séville, un grand port européen au XVIe siècle

- Avec les Grandes Découvertes, l'Espagne construit un immense empire. Ses ports servent de plaque tournante entre l'Europe et le Nouveau Monde.
- Le port fluvial de Séville prend une importance particulière au XVIe siècle. En 1503 y est créée la *Casa de Contratacion* qui contrôle le monopole du commerce avec les Amériques. Le port attire ainsi marchands et banquiers de toute l'Europe, une université y est créée.
- Diverses matières premières y passent : argent des mines du Potosi, or de Colombie, mercure, bois rares, sucre de canne ainsi que cuirs et teintures qui viennent soutenir la production textile locale déjà reconnue au Moyen Âge. Le monarque espagnol prélève au passage un cinquième du produit des importations. Il exporte aussi des produits manufacturés vers les Amériques.
- Séville connaît cependant une forte concurrence et son monopole est souvent contourné, son port ensablé décline au profit de Cadix ou de la France.

Doc. Le voyage de Magellan, à partir d'une carte d'Ortelius[1], 1570

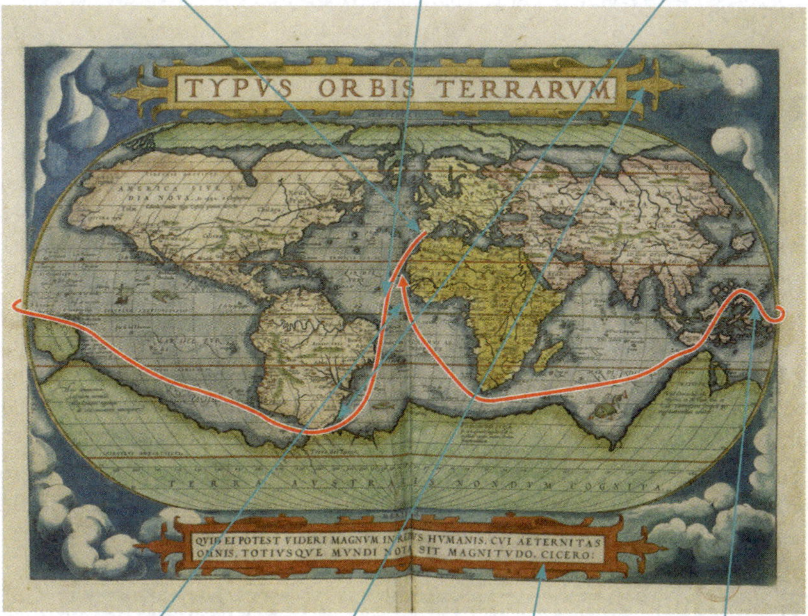

1. **Ortelius :** cartographe néerlandais (1527-1598).

Vocabulaire

Détroit : passage maritime étroit permettant de passer d'un océan ou d'une mer à un autre.
Souveraineté : autorité, pouvoir politique.
Port fluvial : port situé sur un fleuve, en arrière du littoral (Séville est à près de cent kilomètres de l'Atlantique).

3 D'autres civilisations s'épanouissent au XVe siècle

De quoi s'agit-il ? **À partir du XVe siècle, en Asie et en Amérique, de grandes civilisations s'engagent aussi dans une ère de changements. Puis la Chine se ferme aux influences étrangères et la civilisation aztèque disparaît à la suite des guerres de conquête et de la colonisation menées par les Européens.**

1 Pékin, une capitale d'empire

- La Chine a alterné unité, sous la direction de grandes dynasties impériales, et division, entre le Nord et le Sud, en particulier à cause de régulières invasions mongoles qui, sous l'impulsion de Gengis Khan puis de Qubilaï, refont l'unité du pays au XIIIe siècle. Au siècle suivant, une révolte nationale partie du Sud chasse les Mongols et instaure une dynastie chinoise, les Ming.
- En 1409, l'empereur Yong-le décide de faire de Pékin sa capitale (Bei-Jing, la capitale du Nord). Il y fait construire une cité palatiale, la Cité interdite, inaugurée en 1421. Elle est construite sur un plan géométrique, orienté sud/nord, dans le respect de traditions symboliques : la Cité interdite est aussi surnommée la Cité polaire, en référence à l'étoile polaire, considérée comme le centre de l'univers (**Doc.**).
- Yong-le fait aussi construire des temples et allie traditions bouddhiques et confucéennes. Il lance d'éphémères expéditions maritimes sur tout l'océan Indien, mais la Chine de ses successeurs se replie sur son territoire continental.

2 Tenochtitlan : une civilisation confrontée à la colonisation

- L'Amérique centrale a connu le développement de grandes civilisations au moment où l'Europe sort de l'Antiquité. Héritiers de la civilisation toltèque de Teotihuacan, les Aztèques fondent un empire vers 1300. Leur capitale, Mexico-Tenochtitlan, est située sur une île au milieu d'un lac, entourée de jardins flottants, et regroupe plusieurs centaines de milliers d'habitants.
- Les expéditions maritimes espagnoles, lancées par Christophe Colomb en 1492, ont permis aux Européens d'entrer en contact avec ces territoires et leurs populations. Mais très vite ce contact se transforme en conquête militaire : d'abord accueillis comme des dieux des légendes aztèques, les *conquistadores* dirigés par Hernan Cortés, attirés par les trésors de l'empereur, prennent la ville en 1521.
- La civilisation aztèque est anéantie et sur les ruines de Tenochtitlan, Mexico devient la capitale de la Nouvelle-Espagne. La population subit évangélisation et esclavage dans les mines et les champs. Elle passe en un siècle d'environ vingt millions à cinq millions.

Doc. **Plan de la Cité interdite**

On pénètre dans la cité par quatre portes situées aux quatre points cardinaux.

Dans le quart sud-est, les bâtiments administratifs et culturels (secrétariat, bibliothèques).

Dans le quart nord-est, palais et jardins.

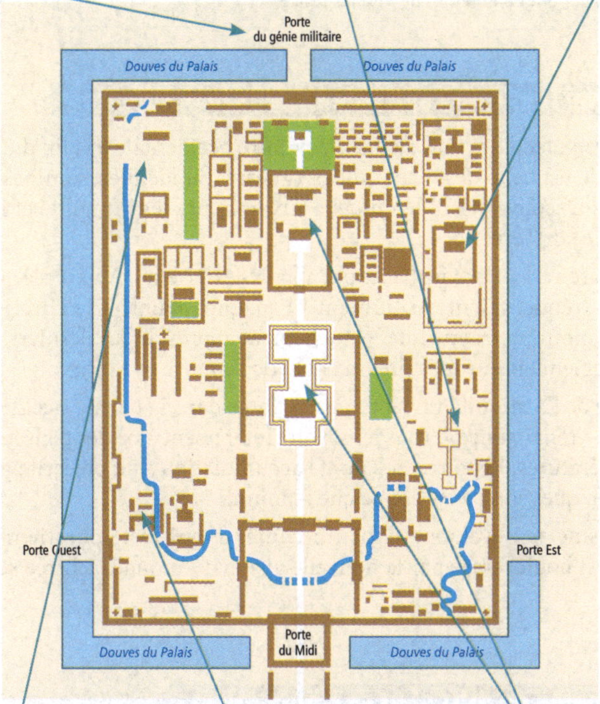

Dans le quart nord-ouest, palais et temples.

Dans le quart sud-ouest, palais et jardins.

Dans le méridien central, palais principaux, salles impériales (trône, banquets…).

Vocabulaire

Mongols : peuple originaire d'Asie centrale.

Cité palatiale : ensemble architectural comprenant plusieurs palais, résidence d'un souverain.

Bouddhisme, confucianisme : philosophies nées en Asie suivant l'enseignement de Bouddha ou de Confucius.

Conquistador : conquérant (en espagnol).

Évangélisation : conversion au christianisme.

4 L'humanisme (XVe-XVIe siècles)

De quoi s'agit-il ? À partir du XVe siècle, la culture de l'Europe occidentale connaît une évolution majeure qui fait naître une nouvelle façon de penser : l'humanisme. Conscients de ces changements culturels dans les domaines littéraire, scientifique comme artistique, les humanistes parlent eux-mêmes de « Renaissance ».

1 L'Homme remis au centre de la pensée occidentale

- De nombreux facteurs font évoluer la culture occidentale à la fin du Moyen Âge. Cette période est celle des « calamités » (guerres, épidémies, famines) mais aussi des Grandes Découvertes. Elle rappelle aux hommes leur fragilité et les interroge sur leur place sur Terre.
- Cette culture s'est aussi construite par apports extérieurs. Au XIIe siècle, les moines catholiques fréquentaient assidûment l'Espagne, peuplée de chrétiens, juifs et musulmans, pour s'enrichir intellectuellement auprès de ces derniers. Les savants grecs se réfugient en Europe après la chute de l'empire byzantin.
- La culture de l'Antiquité revient ainsi en force dans la pensée occidentale – d'où cette idée de « renaissance ». Tous les savoirs intéressent alors les penseurs (sciences, langues, littératures, histoire, etc.) dont l'accumulation a un objectif : permettre de répondre à la question : « Qu'est-ce que l'Homme ? »
- L'humanisme se développe dans un contexte qui reste chrétien. La religion elle-même est bouleversée par la nouvelle vision du monde, centrée sur l'Homme (**Doc.**).

2 Les moyens de diffusion de l'humanisme

- L'imprimerie permet publication et circulation de millions d'exemplaires de livres à moindre coût. Les humanistes ont des relations fréquentes par leur correspondance ou leurs voyages. Ils ont à cœur d'éduquer les élites qui se font en retour leurs mécènes (la famille Médicis à Florence, le pape à Rome ou François Ier en France).
- En un sens, les arts sont un révélateur de la nouvelle culture. La peinture connaît ainsi une révolution technique qui emprunte au savoir humaniste (géométrie, anatomie...). Elle met aussi en avant l'Homme comme sujet principal, dans les traditionnelles scènes religieuses comme dans les scènes tirées de la mythologie ou de la vie quotidienne, ou encore dans les portraits.

Doc. Érasme, « prince des humanistes » (1469-1536) publie un texte rénové de la Bible

Je désirerais que les Évangiles soient traduits dans toutes les langues. Le Christ souhaite que sa philosophie soit propagée le plus largement. Il est mort pour tous. Une contribution à cela serait que les livres soient traduits dans toutes les langues de toutes les nations […].

Pourquoi paraît-il inconvenant que quelqu'un prononce l'Évangile dans cette langue où il est né et qu'il comprend : le Français en français, le Breton en breton, le Germain en germanique, l'Indien en indien ? Ce qui me paraît bien plus inconvenant, ou mieux, ridicule, c'est que des gens sans instruction et des femmes, ainsi que des perroquets, marmonnent leurs psaumes et leurs oraisons dominicales en latin, alors qu'ils ne comprennent pas ce qu'ils prononcent.

Érasme, *Préface à la paraphrase de saint Mathieu*, 1516.

Érasme, humaniste hollandais, a travaillé sur des versions anciennes de la Bible, en différentes langues anciennes, pour retrouver le texte originel.

Les humanistes restent des savants chrétiens, leur recherche sur l'Homme reste motivée par une religion où celui-ci est une création divine.

Érasme souhaite ouvrir les progrès du savoir au plus large public. Cependant, le savoir reste une affaire des élites alphabétisées.

Il fait imprimer ses travaux et les commente.

Érasme, par Holbein le Jeune (1497-1543). Musée du Louvre.

Vocabulaire

Mécène : personnage puissant (politiquement, socialement, économiquement) qui offre sa protection à des savants, écrivains, artistes…

Anatomie : science qui décrit le corps, son fonctionnement.

Notion-clé

Mythologie : ensemble des légendes propres à une civilisation, à une religion, et décrivant sa vision du monde.

5 Les hommes de la Renaissance : un réformateur, Luther

De quoi s'agit-il ? Les humanistes espèrent une réforme du christianisme, mais le pape condamne les propositions de Luther. Ce dernier développe sa réforme, qui trouve des adeptes dans une grande partie de l'Europe.

1 L'espoir d'une réforme du christianisme

- L'humanisme, en déplaçant la réflexion de Dieu vers l'Homme, n'a pas ignoré la religion. Une partie du travail des humanistes, comme Érasme, consistait à retrouver, par leurs connaissances notamment linguistiques, le texte originel de la Bible. Ils espéraient aussi une réforme du christianisme pour répondre aux attentes et interrogations de la fin du Moyen Âge.
- L'attente de réforme avait régulièrement créé au Moyen Âge des conflits débouchant sur des condamnations des papes. De nombreuses critiques touchent de nouveau l'Église au début du XVIe siècle, en particulier le scandale des indulgences, destinées à financer les travaux d'embellissement de Rome.

2 Un nouveau rapport de l'Homme à Dieu

- Martin Luther, un moine allemand, soumet en 1517 une réforme en 95 propositions. Le pape Léon X la rejette et excommunie Luther en 1521. Mais ce dernier obtient le soutien de la population et la protection de princes allemands.
- Il développe ainsi sa réforme, qui s'inspire en partie de l'humanisme. Elle cherche à faire du christianisme une religion reliant plus intimement l'Homme à Dieu, notamment en diminuant l'importance du clergé qui servait d'intermédiaire. La Bible est traduite dans les langues populaires pour être lue et surtout comprise des croyants. Enfin, fondamentalement, pour Luther, le Paradis se gagne par la foi plutôt que par l'accumulation d'actes et de pratiques, qu'il simplifie (**Doc.**).

3 L'essor du « protestantisme »

- Les « réformés », ou « protestants », se divisent en trois courants : luthériens dans le monde germanique, calvinistes (de Calvin, disciple français de Luther) en France, Suisse et Écosse, anglicans enfin dans l'Angleterre d'Henry VIII, qui utilise la réforme pour renforcer son pouvoir.
- Les conflits entre catholiques et protestants, attisés par le pape, dégénèrent en guerre civile dans le monde allemand et en France, débouchant finalement sur des décisions de tolérance et de cohabitation (édit de Nantes en 1598).

Doc. Obtenir le pardon selon Luther

Concernant la Rédemption, l'article premier et fondamental est celui-ci : Jésus-Christ, notre Seigneur et Dieu, est mort pour nos offenses et a été ressuscité pour notre justification. Lui seul est l'Agneau de Dieu qui ôte les péchés du monde ; Dieu a mis sur lui tous nos péchés ; tous les hommes sont pécheurs et ne peuvent obtenir la justification que par la grâce de Dieu, par la Rédemption de Jésus-Christ mort sur la croix ; nous ne devenons participants de cette justification que par la foi ; nulle œuvre, nul acte, nul mérite ne saurait nous la procurer ; la foi seule nous en donne la possession. […] Avec cet article fondamental se trouve en opposition flagrante la doctrine de nos adversaires sur la messe. Ils enseignent que le prêtre […] a le pouvoir de racheter, par la célébration de la messe, tous les péchés des hommes. […] Jamais non jamais, je n'accorderai qu'un prêtre opère, par la messe, ce que le Seigneur et Sauveur a seul opéré par sa passion et par sa mort. Ce ne sont ni nos cérémonies, ni notre argent, ni le pouvoir papal qui nous rendent participant du pardon acquis par Christ ; mais Dieu accorde ce pardon gratuitement. Nous l'obtenons par la foi, et cette foi nous arrive par la lumière de la parole de Dieu.

Luther, *Articles de Smalkalde*, 1537.

La Rédemption, c'est-à-dire le pardon divin permettant l'accès au Paradis, est fondamentale dans la croyance chrétienne.

Luther veut revenir à une religion plus fidèle à ses origines, centrée sur la personne, la vie et le message de Jésus, présenté ici comme l'homme qui s'est sacrifié pour racheter les péchés des hommes, le « Sauveur », l'« Agneau de Dieu », et donc comme un exemple à suivre.

Les adversaires désignés ici sont évidemment les catholiques avec en tête le pape, qui réaffirment l'importance du clergé dans le christianisme.

Luther insiste sans cesse sur un point fondamental de sa doctrine : la croyance (foi) est plus importante que les actes (œuvres).

Vocabulaire

Linguistique : science des langues.

Indulgences : texte accordant le pardon des pêchés ; ce document, qui doit être donné par l'Église, a été vendu (d'où le scandale).

Notions-clés

Réforme : changement important, sans violence, destiné à apporter une amélioration.

Excommunier : exclure de la communauté chrétienne (peine qui a pu être considérée comme plus grave que la mort).

Tolérance : attitude d'acceptation de l'autre malgré ses différences, notamment de pensée ou d'action.

6 Les hommes de la Renaissance : des imprimeurs et un artiste

De quoi s'agit-il ? L'humanisme connaît plusieurs moyens de se propager : à travers les livres grâce à la révolution de l'imprimerie, mais aussi dans les arts, les artistes étant le plus souvent imprégnés de la culture humaniste.

1 Les Plantin : le livre et l'humanisme

- L'imprimerie, technique perfectionnée par Gutenberg vers 1450, est abondamment utilisée par les humanistes pour publier et enrichir leurs connaissances. De nombreux ateliers d'imprimerie couvrent rapidement l'Europe.
- Christophe Plantin (1520-1589), originaire de Tours, s'installe à Anvers comme imprimeur à partir de 1555. Il fonde son atelier avec l'aide de la bourgeoisie flamande en 1563. Il publie aussi bien des ouvrages religieux que des textes antiques, des livres de science ou de droit (50 titres/an en moyenne), souvent illustrés de gravures. Parmi ses ouvrages principaux, le recueil cartographique d'Ortelius et une Bible polyglotte (en hébreu, araméen, grec et latin).
- Il fonde avec ses gendres des succursales (Paris, Leyde). Son gendre Jan Moretus reprend à sa mort l'atelier d'Anvers, l'un des plus fameux d'Europe.

2 Léonard de Vinci et le rayonnement de Florence

- Au XVe siècle, sous l'impulsion de la famille Médicis qui la dirige, Florence apparaît comme une des principales cités d'Italie. Les Médicis se font mécènes (construction de monuments, protection d'humanistes comme Marsile Ficin, propagateur de la pensée de Platon). Ils s'allient aussi aux grandes cours d'Europe, en particulier la France, et donnent deux papes au XVIe siècle.
- Parmi les artistes formés à Florence se trouve Léonard de Vinci. Né en 1452, il intègre à 17 ans l'atelier du maître Verrochio, impressionné par ses grandes capacités de dessin. Il fréquente Botticelli, Le Pérugin… Peintre, il est aussi humaniste : intéressé par les sciences, la médecine, les techniques pour perfectionner son art, il produit tableaux et fresques célèbres dès son époque mais aussi des projets d'inventions (char, hélicoptère, etc.) et d'aménagements spatiaux. Ses carnets (plusieurs dizaines de milliers de documents) sont la plupart perdus (**Doc.**)
- Il est appelé hors de Florence par des mécènes : artiste auprès de Ludovic Sforza à Milan, ingénieur militaire à Venise, de nouveau artiste à Rome auprès du pape Médicis Léon X, enfin en France, où il meurt à la cour de François Ier en 1519.

Doc. ***L'homme de Vitruve*, dessin de Léonard de Vinci**

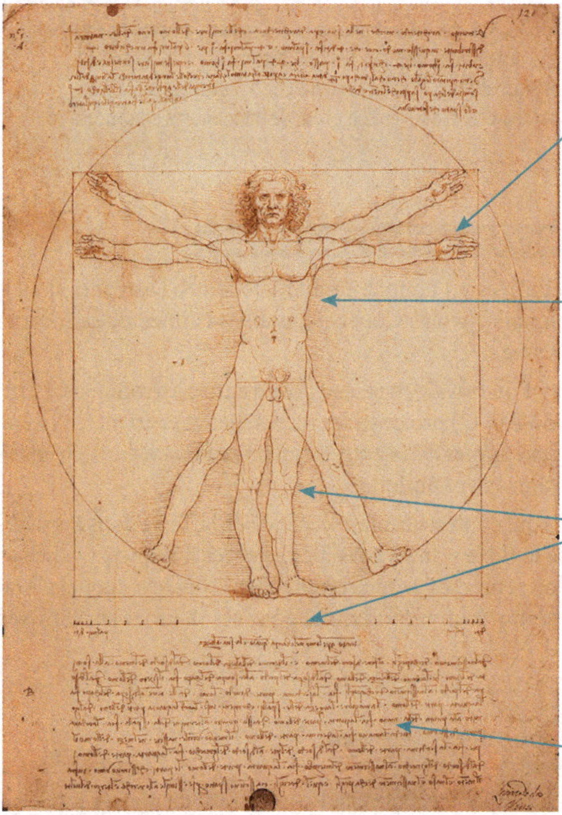

Le dessin de Léonard s'appuie sur des passages d'un traité d'architecture de l'Antiquité romaine, celui de Vitruve, qui évoque les proportions du corps humain.

Le dessin du corps nécessite des connaissances en anatomie ; Léonard a pratiqué plusieurs dissections.

Les proportions sont indiquées par des traits sur le corps et une réglette au bas du dessin. Les liens entre géométrie et art montrent la volonté de réalisme et de perfectionnisme des artistes de la Renaissance et leur culture humaniste.

Léonard de Vinci s'était entraîné à écrire à l'envers, « en miroir », dans ses carnets.

Vocabulaire

Bourgeoisie : habitants des villes, détenant le pouvoir économique (marchands, entrepreneurs…).
Polyglotte : comprenant plusieurs langues.
Araméen : langue antique parlée en Méditerranée orientale au temps de Jésus-Christ.
Succursale : ici, atelier créé ailleurs à partir d'un premier atelier et plus ou moins dépendant de celui-ci.
Mécène : voir p. 79.
Fresque : technique de peinture directe sur un mur.

7 L'essor d'une nouvelle culture scientifique (XVIe-XVIIIe siècle)

De quoi s'agit-il ? **L'humanisme, par son intérêt pour tous les savoirs, amorce une véritable révolution scientifique et technique qui permet d'élargir les connaissances sur la nature et la maîtrise de celle-ci. L'Église, porteuse du savoir et de la recherche scientifique au Moyen Âge, accepte mal ces évolutions qui remettent souvent en cause de nombreuses croyances fondamentales.**

1 Galilée, le divorce entre la science et la religion

- Parmi les disciplines réétudiées à l'époque humaniste figure l'astronomie. Les travaux de l'astronome polonais Nicolas Copernic, publiés l'année de sa mort en 1543, prouvent l'héliocentrisme.
- Ses travaux sont le résultat d'un travail en réseau avec d'autres astronomes. Parmi d'autres, l'Italien Galilée (1564-1642) prolonge les recherches et soutient le système copernicien dans son *Dialogue sur les deux grands systèmes du monde*. Il invente la première lunette d'observation astronomique.
- L'Église rejette ce discours qui conteste la place centrale de la Terre dans l'univers, née d'une interprétation de la Bible – mais aussi des sciences antiques. Galilée est condamné par l'Église et doit renier ses propos pour éviter le bûcher, auquel n'avait pu échapper le moine Giordano Bruno, condamné pour ses théories sur l'univers infini.

2 Diffusion des sciences au XVIIIe siècle

- Le travail des humanistes, tel Galilée, fait naître un courant de pensée fondé sur la raison dont l'Anglais Newton (1643-1727) est un symbole. Des espaces se forment pour étudier et diffuser les idées nouvelles, en rupture avec l'Église : salons tenus par la noblesse ou la bourgeoisie, clubs à l'anglaise ou loges maçonniques et surtout, académies royales de sciences comme en France, en Angleterre ou en Prusse.
- Les philosophes des Lumières, rationalistes, dignes successeurs des humanistes, prolongent l'impulsion scientifique donnée par ceux-ci. Ainsi, l'*Encyclopédie* rassemble non seulement la pensée philosophique et politique de son époque mais aussi toutes les nouvelles connaissances scientifiques et techniques accumulées depuis le XVe siècle (**Doc.**).
- La réflexion théorique se double d'une pratique expérimentale cherchant à prouver les nouvelles lois physiques ou naturelles (ex : le chimiste Lavoisier).

Doc. Les philosophes des Lumières défendent l'œuvre scientifique humaniste

L'Ouvrage, dont nous donnons aujourd'hui le premier volume, a deux objets : comme Encyclopédie, il doit exposer, autant qu'il est possible, l'ordre & l'enchaînement des connaissances humaines : comme Dictionnaire raisonné des Sciences, des Arts & des Métiers, il doit contenir sur chaque Science & sur chaque Art, […] les principes généraux qui en sont la base, & les détails les plus essentiels qui en font le corps & la substance. […] Mais parmi ces mêmes hommes [d'Église], quelques-uns avaient un intérêt beaucoup plus réel de s'opposer à l'avancement de la Philosophie. Faussement persuadés que la croyance des peuples est d'autant plus ferme, qu'on l'exerce sur plus d'objets différents, […] ils cherchaient à ériger en dogmes leurs opinions particulières […]. Quoique la religion soit uniquement destinée à régler nos mœurs & notre foi, ils la croyaient faite pour nous éclairer aussi sur le système du monde […]. Un tribunal devenu puissant dans le Midi de l'Europe, dans les Indes, dans le nouveau Monde […], condamna un célèbre Astronome pour avoir soutenu le mouvement de la Terre, & le déclara hérétique, à-peu près comme le pape Zacharie avait condamné quelques siècles auparavant un Évêque, pour n'avoir pas pensé comme S. Augustin sur les Antipodes, & pour avoir deviné leur existence six cents ans avant que Christophe Colomb les découvrît. C'est ainsi que l'abus de l'autorité spirituelle réunie à la temporelle forçait la raison au silence ; & peu s'en fallut qu'on ne défendît au genre humain de penser.

D'Alembert, *Discours préliminaire à l'Encyclopédie*, 1751.

L'Encyclopédie veut réunir toutes les connaissances humaines de son époque.

Les philosophes des Lumières dénoncent l'obscurantisme de l'Église catholique qui était par ailleurs hostile à leurs travaux.

L'auteur désigne ici le tribunal de l'Inquisition créé dès le Moyen Âge par le pape pour combattre les hérésies.

Le célèbre « Astronome » désigné ici peut très bien être Galilée ou Giordano Bruno.

Autorité spirituelle (l'Église) et temporelle (les monarques) défendent leur pouvoir face à la vérité établie par la raison.

Vocabulaire

Club : lieu de rencontre dont les membres sont sélectionnés par le groupe.

Loge maçonnique : lieu de rencontre dont les membres, sélectionnés et tenus au secret, mènent une réflexion philosophique et morale sur l'Homme et sur la société (voir p. 101).

Académie : regroupement de savants.

Notions-clés

Héliocentrisme ; théorie plaçant le Soleil – et non plus la Terre – au centre de l'univers.

Rationalisme : méthode de pensée fondée sur la raison, la réflexion et non la croyance comme mode de détermination des connaissances.

8 Une révolution technologique : la machine à vapeur

De quoi s'agit-il ? À la suite des découvertes de pionniers comme Denis Papin, Joseph Cugnot ou James Watt, la production industrielle va prendre son essor à la fin du XVIIIe siècle, entraînant la modification radicale des modes de travail avec la naissance du capitalisme moderne au XIXe siècle.

1 L'amélioration des techniques

- L'intérêt pour l'expérimentation, les nécessités de l'observation scientifique, permettent l'amélioration des techniques. La pression exercée par la vapeur d'eau avait déjà été souvent observée et est maîtrisée par Denis Papin à la fin du XVIIe siècle pour diverses inventions. Un ingénieur français, Joseph Cugnot, mit ainsi au point une automobile à vapeur en 1769.
- L'exploitation du travail de Denis Papin se fait en Angleterre – où il s'était réfugié, car calviniste. Thomas Newcomen fait breveter en 1712 une pompe à vapeur pour faciliter l'exploitation des mines, souvent inondées. L'Écossais James Watt (17361819), considéré comme l'inventeur de la machine à vapeur, lance à Birmingham la production de ces machines à une échelle qu'on peut déjà qualifier d'industrielle : près de 500 entre 1775 et 1800. Elles vont équiper divers secteurs de production : les mines (charbon, fer…), la métallurgie, le textile.
- En 1801 est conçue la première locomotive (la *Rocket* de Stephenson) qui révolutionne les transports. La production explose : multiplication par cinq de la production de charbon au XVIIIe siècle, par huit de la fonte entre 1760 et 1800.

2 Une transformation du travail

- La machine à vapeur permet de remplacer la force animale et humaine et de produire plus vite et en plus grande quantité. Elle oblige aussi à changer de cadre de travail, donnant naissance à l'usine, où sont employés des prolétaires (**Doc.**). Usines, main-d'œuvre, machines, terrains : tout cela nécessite des sommes importantes apportées par de riches propriétaires terriens intéressés par les possibilités de l'industrie naissante. Les capitaux sont vite concentrés, réinvestis et permettent la création de banques. C'est l'apparition du capitalisme moderne.
- Le Royaume-Uni reste au début du XIXe siècle l'espace principal de la Révolution industrielle. Il sera suivi plus tard par la France et les pays allemands ainsi que la Belgique, qui disposent de mines mais aussi d'un marché intérieur suffisant.

Doc. **La machine à vapeur et la naissance de l'industrie moderne**

La mécanisation ne fait pas disparaître les ouvriers, au contraire : ils doivent être nombreux pour actionner les machines et manipuler les matières premières, produits, etc.

Le marteau géant permet de travailler et forger de grandes pièces métalliques, il était actionné par une machine à vapeur via un système de poulies.

L'espace qui doit accueillir hommes et machines en nombre doit être vaste, c'est l'usine : on en aperçoit plusieurs à l'extérieur.

James Nasmyth, *Marteau-pilon à vapeur à l'œuvre*, 1871.

Vocabulaire

Fonte : métal alliant fer et carbone.

Prolétaire : ouvrier n'ayant pas de qualification particulière et n'ayant pour ressources que son salaire, souvent très bas.

Notion-clé

Capitalisme : système économique et social fondé sur l'accumulation d'un capital par les profits tirés de l'investissement de celui-ci. Ce capital, souvent, n'appartient pas à ceux qui produisent par leur travail.

RÉVISION EXPRESS

LES DATES IMPORTANTES

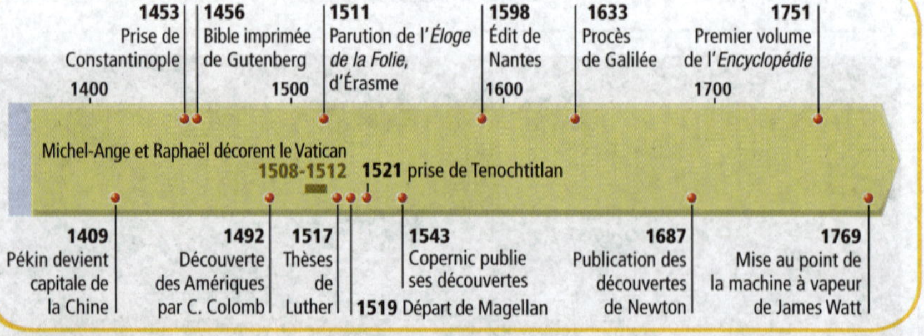

LES MOTS IMPORTANTS

- arts
- colonisation
- explorateurs
- humanisme
- imprimerie
- Lumières
- machine à vapeur
- réforme
- religion
- Renaissance
- techniques
- sciences

LES PERSONNAGES IMPORTANTS

Descartes 1596-1650

Philosophe et savant français, qui fonde la science et la philosophie sur la raison.

Léonard de Vinci 1452-1517

Peintre, architecte, théoricien des arts, ingénieur florentin : un exemple accompli d'homme de la Renaissance.

Diderot 1713-1784

Philosophe français des Lumières, qui initia et dirigea l'*Encyclopédie* avec d'Alembert.

Newton 1642-1727

Mathématicien, physicien et astronome anglais, représentant d'une pensée scientifique fondée sur la raison.

Érasme 1469-1536

Humaniste hollandais, partisan de la tolérance en matière de religion.

Watt 1736-1819

Ingénieur anglais, inventeur de la première machine à vapeur.

Galilée 1564-1642

Physicien et astronome italien, condamné par l'Inquisition pour sa théorie héliocentriste, qu'il renia pour échapper au bûcher.

Luther 1483-1546

Réformateur religieux allemand, excommunié par l'Église, et fondateur de la religion réformée, surnommée « protestantisme » par ses adversaires catholiques.

LES POINTS IMPORTANTS À RETENIR

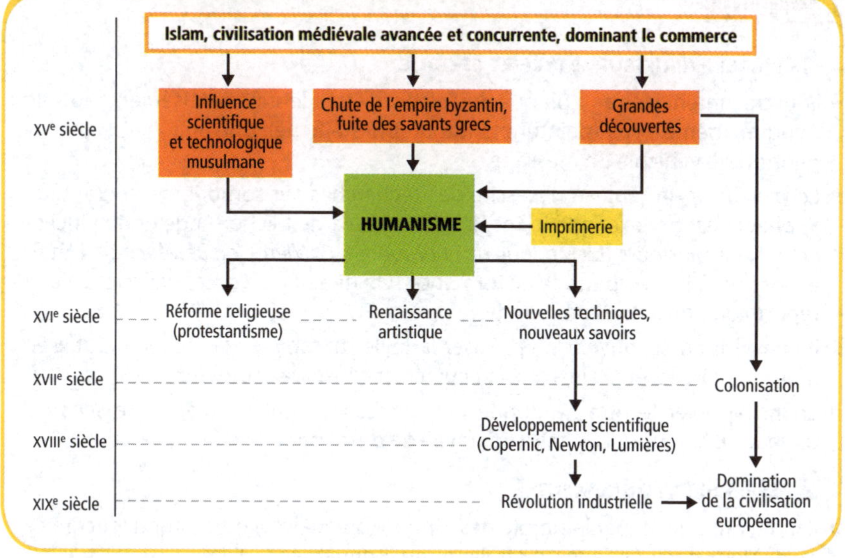

Quiz

1. En quelle année Constantinople est-elle prise par les Ottomans ?
a. ☐ 1409 **b.** ☐ 1453 **c.** ☐ 1492

2. Citez deux noms de navigateurs des Grandes Découvertes.

3. Dans quelle région du monde s'était développée la civilisation aztèque ?
a. ☐ Chine
b. ☐ Philippines
c. ☐ Mexique

4. À quelle date Luther propose-t-il une réforme du catholicisme ?
a. ☐ 1517 **b.** ☐ 1543 **c.** ☐ 1633

5. Parmi ces œuvres, laquelle n'est pas de Léonard de Vinci ?
a. ☐ *La Joconde*
b. ☐ *La Cène*
c. ☐ *L'École d'Athènes*

6. Galilée est le découvreur moderne de l'héliocentrisme.
☐ Vrai ☐ Faux

7. La Révolution industrielle naît au Royaume-Uni.
☐ Vrai ☐ Faux

→ Réponses p. 94

Analyser un document iconographique

MÉTHODE

1. Préciser auteur, style et époque

- Tout document iconographique doit d'abord être identifié précisément : auteur, époque, thème, type (peinture, photographie, affiche). Une image n'est jamais neutre, elle véhicule un message.
- Le travail sur un tableau nécessite des recherches sur son origine, son auteur. Raphaël s'est par exemple ici inspiré des travaux de Michel-Ange et de Vinci et en a peint plusieurs (*La Madone au chardonnet*, *La Vierge du Belvédère*) – c'était encore pour lui une période de formation. On ne sait par contre par si le tableau répond ou non à une commande.
- Il convient aussi souvent de préciser la taille du tableau, la technique utilisée (huile, aquarelle, etc.) ainsi que le lieu où est conservée l'œuvre.
- Enfin, rappeler le titre ne donne pas nécessairement le sujet ou le sens du tableau : il faut pour cela faire un travail de description et d'interprétation.

2. Décrire le document

- Il faut commencer par la simple description (ou analyse) du contenu (décrire ce qu'on voit : personnages, objets, lieux, environnement…).
- La description doit ici conduire à s'interroger pour interpréter ensuite : pourquoi le visage de la femme est-il dans le ciel ? Quel est ce livre ? Pourquoi ce contact visuel et physique entre la femme et l'enfant ? Qui est le second enfant ?

3. Repérer la composition

- Vient ensuite l'étude de la composition de l'œuvre (décrire la construction de l'image : plans, parties, droites et formes qui composent l'œuvre, perspective, etc.) et de la réalisation (travail sur les couleurs, la lumière).
- La construction d'une image, y compris photographique, n'est en effet jamais faite au hasard. Elle a un sens que l'interprétation devra dégager : pourquoi ce triangle ? Pourquoi ces regards croisés ? L'objectif de l'auteur est esthétique, certes, mais il veut aussi faire passer un message.

4. Interpréter le document

- Enfin, vient le moment de l'interprétation : d'abord « réaliste » (quelle est la scène représentée, quelle sensation se dégage de l'œuvre ?), mais aussi parfois plus complexe, symbolique : y a-t-il un message, un sens caché, des symboles utilisés ?
- Analyser une image nécessite souvent une bonne culture générale, l'auteur faisant appel à des symboles, des événements historiques ou mythologiques.

APPLICATION : EXERCICE CORRIGÉ

Analysez ce tableau :

Doc. **Raphaël, *La Belle Jardinière* (1507), huile sur bois, Louvre, 122 × 80.**

CORRIGÉ

1. Préciser auteur, style et époque

La Belle Jardinière est un des grands chefs-d'œuvre de la Renaissance, peint par un des jeunes maîtres de cette période, l'Italien Raphaël (1483-1520). Celui-ci fut formé par Le Pérugin à Urbino avant de rejoindre Florence, puis Rome où il travaille pour le pape. C'est à Florence, où il rencontre Vinci et Michel-Ange, qu'il peint en 1507, en partie sous leur influence, *La Belle Jardinière*, panneau de taille moyenne peint à l'huile et aujourd'hui conservé au musée du Louvre à Paris, qui représente la Vierge, Jésus et Jean-Baptiste. C'est le dernier d'une série de tableaux montrant une recherche sur le même thème.

2. Décrire le document

La scène est centrée au premier plan sur trois personnages dans un champ, une jeune femme habillée au centre et deux enfants nus à ses pieds, de chaque côté, ressemblant presque à des anges. À l'arrière-plan se trouve un paysage de campagne avec des collines et d'un côté un arbre, de l'autre un village, le visage de la femme se détachant dans le ciel. Les regards de ces personnages se succèdent : l'enfant à droite regarde l'enfant à gauche qui regarde la femme qui regarde celui-ci à son tour, leurs mains étant enlacées. La mère empêche en fait l'enfant d'atteindre un livre. L'enfant de droite tient une croix.

Remarque

On voit bien ici comment les éléments du paysage permettent de bien mettre en relief les personnages, en plus de leur présence au premier plan.

3. Repérer la composition

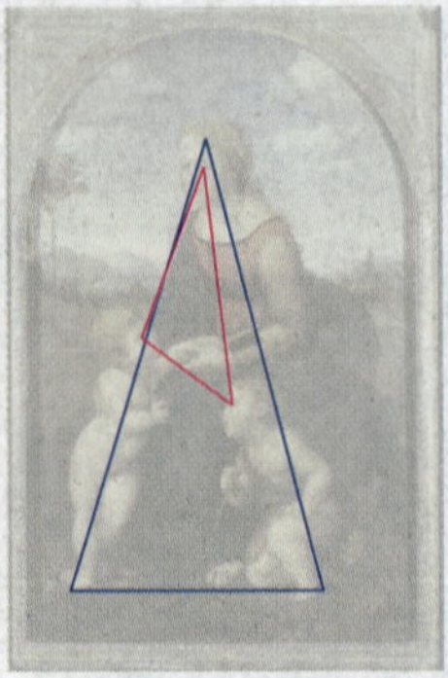

La composition du tableau est centrée sur un objet géométrique simple : un triangle. La pointe se trouve sur la chevelure de la femme et les deux autres aux pieds des enfants. Cette construction pyramidale est renforcée par les trois regards qui forment les pointes d'un autre triangle intérieur. L'arrondi du panneau mais aussi des traits des personnages vient adoucir la composition, le paysage encadrant les personnages comme dans un écrin.

Remarque

L'utilisation de la géométrie était essentielle dans la construction des œuvres de la Renaissance, en recherche d'une représentation à la fois réaliste et pafaite de l'harmonie contenue en l'homme et dans la nature.

4. Interpréter le document

Le peintre a voulu représenter la relation entre Jésus enfant et sa mère Marie. La construction du tableau montre un rapport maternel très protecteur : contact, regards, inscription dans une pyramide dominée par le doux visage de la Vierge. Mais celle-ci ne sourit pas et arrête un geste de son fils. Celui-ci veut prendre son livre, qui ne peut être que la Bible, qui contient son histoire et, notamment, sa fin tragique. Cette fin est rappelée encore par la présence de Jean-Baptiste qui, selon les textes évangéliques, avait annoncé la mort de Jésus. Il tient une croix, celle sur laquelle aura lieu son martyre. Le geste de la Vierge est bien un geste poignant de protection maternelle, qui souhaite protéger l'enfance de son fils et repousser le destin auquel Dieu l'a promis – elle reste l'intermédiaire entre Dieu et son fils, entre Terre et Ciel.

Remarque

Si cette scène est religieuse, elle n'est pas à proprement parler tirée d'événements décrits par la Bible. Il s'agit d'une scène hautement symbolique voulant représenter plusieurs éléments de la vie de Jésus et plus généralement d'une réflexion philosophique sur la mort, l'enfance, le destin.

Vérification des connaissances

1 Les Européens forment-ils la civilisation dominante du monde au XVe siècle ?

2 En quoi les Grandes Découvertes bouleversent-elles l'Europe ?

3 Définissez ce qu'est l'humanisme.

4 Expliquez les bouleversements religieux en Europe au XVIe siècle.

5 Pourquoi parle-t-on pour l'époque moderne (XVIe-XVIIIe siècle) d'un nouvel esprit scientifique et technique ?

Application de la méthode

SUJET

Analysez ce tableau :

Botticelli, *La Vierge à l'Enfant avec le jeune saint Jean-Baptiste* (vers 1470-1475), huile sur bois, Louvre, 67 × 91.

QuiZ

1 1453 – **2** Christophe Colomb, Magellan, Vasco de Gama… – **3** Mexique – **4** 1517 – **5** *L'École d'Athènes* (Raphaël) – **6** Faux (il a repris les travaux de Copernic) – **7** Vrai.

Vérification des connaissances

1 Les Européens sont loin de former la civilisation la plus brillante au XVe siècle. D'autres civilisations peuvent rivaliser avec eux, à commencer par la civilisation voisine, l'islam, qui a une grande avance culturelle, scientifique, technique et surtout qui est en expansion politiquement (elle achève la conquête de l'empire byzantin avec la prise de Constantinople en 1453). Plus éloignée, la civilisation chinoise connaît un nouveau dynamisme avec l'arrivée à la fin du XIVe siècle de la dynastie Ming, qui fait de Pékin sa nouvelle capitale (1409) avec la construction de la Cité interdite. Enfin, isolées du reste du monde, les civilisations d'Amérique dites précolombiennes (avant l'arrivée de Colomb) connaissent aussi des développements brillants comme en témoigne la riche capitale aztèque Tenochtitlan avec son urbanisme original.

2 Les Grandes Découvertes ont d'abord pour objectif d'établir des relations commerciales directes entre l'Europe et le reste du monde. Elles sont donc un mode d'exploration et de découverte de territoires, mais aussi de peuples. Le choc de la découverte des Amériques renforce l'interrogation sur la nature de l'Homme et sa place sur Terre. Il entraîne aussi une expansion économique par l'exploitation, au profit des Européens, des ressources de ce continent, débouchant sur une colonisation qui entraînera la mise en esclavage de populations africaines.

3 L'humanisme est un courant de pensée qui met l'Homme au centre de la réflexion, du savoir. Il est le centre d'intérêt de tous les savants, écrivains de l'époque. Par rapport à la pensée médiévale plus centrée sur la religion, ce courant de pensée essaye de répondre à des interrogations liées aux nombreux fléaux de la fin du Moyen Âge qui provoquait une surmortalité et aux découvertes de nouvelles civilisations : qu'est-ce qu'un Homme ? Le discours qui en ressort est optimiste et cherche à mettre en valeur les capacités de l'Homme. Les sources d'inspiration restent profondément chrétiennes, mais vont puiser à l'extérieur, vers d'autres civilisations, dans l'espace comme dans le passé (en particulier, la civilisation gréco-romaine de l'Antiquité, remise à l'honneur). Enfin, ce courant de pensée est « ouvert » : il se nourrit de nombreux échanges et cherche à se diffuser dans l'élite de son époque, pour mieux la former.

4 L'humanisme, apparu dans le monde catholique, a bousculé l'édifice intellectuel religieux construit durant tout le Moyen Âge en offrant de nouveaux points de vue – sans nécessairement remettre en cause la croyance religieuse. Il pousse à une réforme de la religion catholique, qui se heurte aux résistances des structures et du pouvoir religieux avec à sa tête le pape. La réforme vient alors de la base : en 1517, Luther, moine allemand, fait 95 propositions de réforme qui sont rejetées par le pape, entraînant un conflit et une rupture entre les catholiques, qui restent fidèles au pape, et les « réformés » ou « protestants », qui veulent la rupture et construisent leur propre structure ecclésiastique. Ceux-ci se divisent ensuite en trois grands courants (luthérien, calviniste, anglican). Des conflits armés éclatent entre catholiques et protestants (guerres civiles allemande et française du XVIe siècle).

5 L'humanisme s'intéresse à toute forme de savoir, notamment scientifique : mathématiques, architecture, anatomie, médecine, physique, astronomie, etc., afin de mieux décrire le monde et l'Homme. Il repose sur l'observation et l'expérience pour fonder le raisonnement et dégager des vérités solides. Cela nécessite souvent le développement de nouveaux matériels qui font avancer les techniques (ainsi Galilée met au point la première lunette d'observation astronomique). Cet esprit scientifique et technique se perpétue au-delà du XVIe siècle et a pour grand représentant l'Anglais Isaac Newton. Les philosophes des Lumières au XVIIIe siècle en sont les continuateurs et les défenseurs, à travers l'*Encyclopédie* publiée à partir de 1751. Une des conséquences majeures en est le début de la Révolution industrielle, quand les avancées techniques commencent à s'appliquer à l'activité économique et plus seulement à l'accumulation de savoir.

Gagnez des points !

Il faut être capable de dater les événements, les phénomènes décrits pour bien les inscrire dans la chaîne du temps : c'est à cela – et uniquement à cela – que servent les chronologies.

Application de la méthode

• Préciser auteur, style et époque

Botticelli (1444-1510) est un des principaux peintres de la Renaissance artistique italienne, né et formé à Florence, alors capitale de la Renaissance sous le mécénat des Médicis, qu'il fréquente. Il peint aussi bien des scènes mythologiques que religieuses, en particulier des *Annonciation* ou des *Vierge à l'Enfant* (ou *Madone*) comme ici, dans ce tableau de taille moyenne, qui fait partie de ses débuts comme maître à Florence.

- **Décrire**

On y voit une représentation de la Vierge et de Jésus enfant, accompagnés de Jean-Baptiste à gauche, thème souvent réalisé par d'autres auteurs comme Raphaël ou Vinci. La Vierge tient l'enfant dans ses bras, celui-ci la regarde intensément, elle lui rend son regard, plus tristement. Jean-Baptiste regarde en revanche en-dehors du tableau vers le spectateur. Les trois personnages portent une auréole de sainteté. La scène semble se dérouler dans un jardin, on voit des fleurs et des arbres. Il y a près de Jean-Baptiste un autel sur lequel est posé un livre. Jean-Baptiste porte une croix.

- **Repérer la composition**

Le tableau est centré sur l'enfant Jésus et le regard qu'il lance à sa mère. Une diagonale y passe qui traverse tout le tableau, passant par le regard de Marie en haut à droite jusqu'au livre en bas à gauche. La partie à droite de la diagonale contient les deux corps rapprochés de la mère et de son fils et est dominée par la couleur sombre de sa robe, la partie gauche contient surtout Jean-Baptiste, habillé en rouge, ainsi qu'une bonne partie du paysage. Une ligne droite coupe la diagonale et contient deux regards actifs mis au même niveau mais contrastés : celui de Jésus vers sa mère, celui de Jean vers l'extérieur.

> **Méthode**
>
> On retrouve une construction géométrique simple : une diagonale qui donne la dynamique au tableau et, on va le voir, porte le sens du message. Elle est cassée par la ligne droite qui oblige le spectateur à aller du regard accrocheur de Jean vers celui de Jésus qui va vers Marie qui va vers le livre. Le sens de lecture est donné par la construction.

• Interpréter

Le thème de la Madone avec saint Jean-Baptiste renvoie au geste maternel de protection vis-à-vis de son fils, ici nourrisson, promis à une mort tragique mais destiné à purifier les hommes selon la tradition chrétienne. Cette mort est symbolisée ici par le livre, la Bible – les Évangiles décrivent la crucifixion –, et la présence de Jean-Baptiste, qui annonce la mort et porte la croix. Le rouge renvoie au sang de la mort, le blanc, contenu dans la diagonale (visages, enfant, autel et livre) renvoie à la pureté. Il y a deux échanges de regard sur ce tableau, celui de Marie et de Jésus dans la diagonale (le regard de Marie se prolonge tristement sur le livre qui contient le destin de son fils) mais aussi celui de Jean et du spectateur : son regard prend le spectateur à témoin et nous entraîne dans le tableau, nous y fait participer. C'est une invitation à la réflexion.

> **Remarque**
>
> La connaissance du thème, des symboles, acquise avec le tableau de Raphaël a permis d'interpréter ce tableau mais en apportant des nuances : la construction n'est pas la même. Le message reste le même mais ici, Botticelli nous invite à partager son sentiment quand Raphaël semblait plutôt nous le livrer tout en s'entraînant dans sa technique.

CHAPITRE 5

Révolutions, libertés, nations

1 Le modèle des révolutions anglaise et américaine

De quoi s'agit-il ? Fondées sur un refus de la tyrannie, les révolutions anglaise et américaine aboutissent à la naissance de modèles politiques, l'un monarchique, l'autre républicain, qui influencent la France de la fin du XVIIIe siècle. Si elles conduisent à une démocratisation, celle-ci reste relative.

1 Un modèle monarchique : l'Angleterre

- Traditionnellement, le roi anglais devait obtenir l'accord du Parlement pour lever les impôts. Au XVIIe siècle, quand les rois tentent de s'en passer et d'imposer un pouvoir absolu, deux révolutions ont lieu.
- En 1649, le Parlement se révolte contre Charles Ier, qui est jugé, puis décapité. En 1679, le Parlement vote un texte, l'*Habeas corpus*, qui met fin à l'arbitraire.
- En 1689, Jacques II est renversé par le Parlement, qui offre la couronne au prince Guillaume d'Orange à condition qu'il jure de respecter le *Bill of rights*. La démocratisation reste cependant relative car le suffrage censitaire réserve le droit de vote à la noblesse et à la bourgeoisie.

2 Un modèle républicain : les États-Unis

- À la fin du XVIIIe siècle, les treize colonies anglaises d'Amérique se révoltent contre les taxes que Londres veut leur imposer.
- En 1773, des insurgés jettent à la mer une cargaison de thé anglais lors de la « Boston Tea Party ». Le 4 juillet 1776, les colonies rédigent la Déclaration d'indépendance qui proclame leur droit à se révolter contre un pouvoir tyrannique.
- Les « insurgents » aidés par la France (La Fayette) battent les Anglais en 1781. Le traité de Paris (1783) leur donne l'indépendance.
- La constitution des États-Unis d'Amérique adoptée en 1787 est fondée sur la séparation et l'équilibre des pouvoirs, exécutif, législatif et judiciaire (**Doc.**). Les constituants n'ont cependant pas donné de droits aux femmes et aux Noirs ; ils ont limité les effets du suffrage universel masculin par un scrutin à deux degrés.

Doc. La constitution des États-Unis (1787)

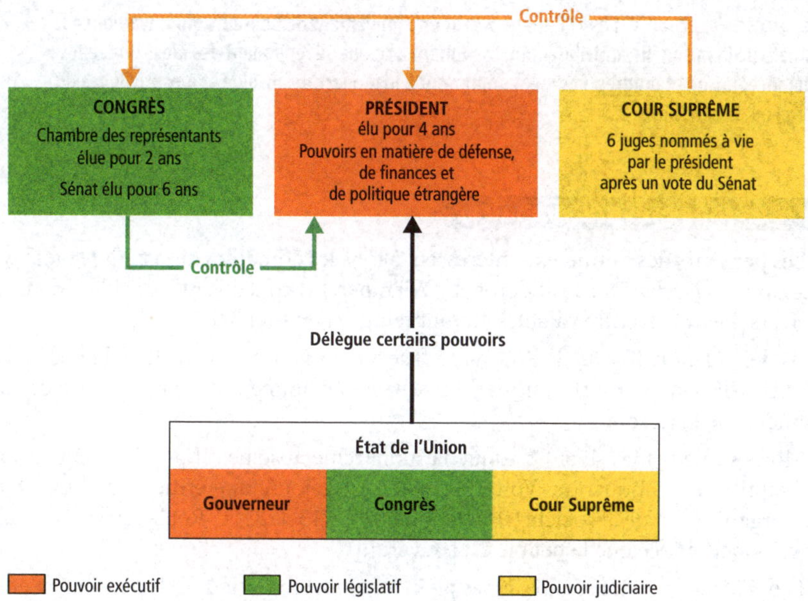

Vocabulaire

Habeas corpus : texte qui prévoit que nul ne peut être arrêté et maintenu en prison sans qu'un juge ait décidé si cela est juste au regard de la loi.

Bill of rights : déclaration des droits, selon laquelle il est interdit au roi de lever les impôts sans l'accord du Parlement et d'avoir une armée en temps de paix. Il doit respecter la loi, accepter les critiques que lui oppose le Parlement et réunir régulièrement ce dernier.

Suffrage censitaire : il limite le droit de vote aux citoyens assez riches pour payer assez d'impôts.

Scrutin à deux degrés : scrutin dans lequel l'électeur vote pour un grand électeur qui vote à son tour pour un président.

Notions-clés

Tyrannie : gouvernement d'un tyran, qui ne reconnaît aucune limite à sa volonté, pas même celle de la loi.

Pouvoir arbitraire : qui agit sans respecter aucune limite.

Séparation des pouvoirs : les pouvoirs de décider (exécutif), de voter les lois (législatif) et de juger (judiciaire) n'appartiennent pas à un seul homme ou à un seul organe politique. L'équilibre entre ces pouvoirs est nécessaire pour éviter que l'un puisse empiéter sur les deux autres.

2 Les Lumières

De quoi s'agit-il ? Les « Lumières » sont un mouvement de penseurs qui travaillent à la lumière de la raison. Ils contribuent puissamment à ce que se répandent des idées nouvelles : tolérance, raison et progrès. Ces idées s'opposent à la monarchie absolue et aux privilèges du clergé ou de la noblesse.

1 Des idées révolutionnaires

- Les penseurs des Lumières s'intéressent à tous les domaines de la pensée (voir par exemple l'*Encyclopédie* de Diderot et d'Alembert) et conçoivent leurs idées comme universelles, c'est à dire valables en tout temps et en tout lieu.
- Ils défendent la liberté de l'individu face au pouvoir du roi, de la noblesse ou de l'Église. Ils pensent que l'homme peut accéder au bonheur et au progrès grâce aux lumières de la raison.
- Montesquieu (1689-1755) critique la monarchie absolue : il prône la séparation et l'équilibre des pouvoirs. Voltaire (1694-1778) ajoute une critique de l'Église et de l'organisation de la société (**Doc. 1**). Diderot (1713-1784) et Rousseau (1712-1778) développent l'idée que le peuple est souverain.
- Leurs idées ne sont cependant pas pleinement démocratiques. Ils pensent en effet que seule une élite a l'instruction nécessaire pour décider et que les pauvres ou les femmes ne peuvent avoir de droits politiques. Voltaire est ainsi partisan d'un despotisme éclairé.

2 Des idées qui séduisent

- Ces idées se diffusent en France dans les milieux aisés, par le biais des sociétés de pensée (franc-maçonnerie), des salons (celui de Mme Geoffrin), des cafés et des clubs.
- Elles séduisent aussi les élites cultivées du reste de l'Europe, qui pour la plupart parlent le français, langue de la culture et de la diplomatie.
- Grâce aux cafés, aux chansons et aux images, elles se diffusent également dans les milieux populaires (**Doc. 2**).

Doc. 1 Article « torture » du *Dictionnaire philosophique* de Voltaire (1764) à propos du chevalier de la Barre, un noble condamné pour impiété

Lorsque le chevalier de La Barre [...] fut convaincu d'avoir chanté des chansons impies, et même d'avoir passé devant une procession de capucins sans avoir ôté son chapeau, les juges d'Abbeville, gens comparables aux sénateurs romains, ordonnèrent, non seulement qu'on lui arrachât la langue, qu'on lui coupât la main, et qu'on brûlât son corps à petit feu ; mais ils l'appliquèrent encore à la torture pour savoir combien de chansons il avait chantées, et combien de processions il avait vu passer, le chapeau sur la tête.

« Impie » signifie méprisant et offensant pour la religion.

Les capucins sont des moines franciscains.

Doc. 2 Une chanson sur Louis XVI : « Le bon roi Dagobert » (fin XVIIIe siècle)

Le bon roi Dagobert
A mis sa culotte à l'envers ;
Le grand saint Éloi
Lui dit : Ô mon roi !
Votre Majesté
Est mal culottée.
C'est vrai, lui dit le roi,
Je vais la remettre à l'endroit.
[...]
La reine Dagobert
Choyait un galant assez vert ;
Le grand saint Éloi
Lui dit : Ô mon roi !
Vous êtes cornu,
J'en suis convaincu.
C'est bon, lui dit le roi,
Mon père l'était avant moi.

La reine a un amoureux assez jeune.

« Cornu » signifie « cocu ».

Vocabulaire

Franc-maçonnerie : société de pensée qui recrute principalement dans une élite sociale et veut des réformes dans l'esprit des Lumières. La Franc-maçonnerie regroupe des « loges maçonniques » (voir p. 85).

Salon : cercle où se réunissent écrivains, artistes et personnalités du monde politique et scientifique.

Notion-clé

Despote éclairé : gouvernant qui réalise des réformes en matière économique, sociale, etc., mais ne fait aucune concession politique.

3 Le déclenchement de la Révolution française

De quoi s'agit-il ? L'aspiration aux réformes politiques était forte en France avant 1789. Le pouvoir royal avait brièvement tenté d'y apporter une réponse. La Révolution est donc le résultat de ces aspirations, des réponses insuffisantes qui leur furent apportées et de l'affirmation par les Français d'une volonté politique.

1 Le pouvoir royal échoue à réformer

- Des réformes sont lancées en 1774 par le contrôleur général des Finances, Turgot. Il supprime le contrôle sur le commerce du blé, ce qui provoque la « guerre des farines » : les Français ont peur de manquer de nourriture et contestent la politique du Gouvernement. Louis XVI renvoie alors Turgot et interrompt les réformes.
- L'absence de réformes, la disette de la fin des années 1780 et la hausse du chômage en ville alimentent le mécontentement. Ce mécontentement grandit encore quand le Gouvernement, accablé de dettes, annonce un projet de réforme fiscale.

2 Les Français prennent la parole

- Pour trouver une solution, le roi est contraint de convoquer des États généraux pour le 1er mai 1789. En vue de leur réunion, des cahiers de doléances sont rédigés (**Doc. 1**) ; ceux du tiers état réclament de profondes réformes (**Doc. 2**) ; ceux des ordres privilégiés défendent leurs privilèges ; certains membres éclairés de la noblesse (La Fayette) ou du clergé (Talleyrand) acceptent cependant des réformes.
- Après l'ouverture des États généraux, les députés réformateurs (Mirabeau) imposent au roi la transformation de ces États en Assemblée nationale chargée de rédiger une constitution (serment du jeu de Paume, 20 juin 1789).

3 Les Français arrachent les réformes

- Une révolte urbaine se produit à Paris et en province ; le peuple est mécontent du chômage et de la hausse du prix du pain, et s'inquiète de la concentration de soldats autour de Paris ; la Bastille est prise le 14 juillet 1789.
- Les campagnes se révoltent à leur tour par peur de la disette et des pillards : c'est la Grande Peur. Les châteaux sont pillés et les registres des impôts brûlés.
- La nuit du 4 août 1789, l'Assemblée nationale supprime les privilèges, les droits seigneuriaux et la dîme. La Déclaration des droits de l'Homme et du Citoyen du 26 août 1789 proclame l'égalité, la liberté et la souveraineté du peuple.

Doc. 1 Cahier de doléances de la noblesse d'Amont (Haute-Saône), 1788

La conservation des exemptions personnelles et des distinctions dont la noblesse a joui de tous temps sont des attributs qui la distinguent essentiellement et qui ne pourraient être attaqués et détruits qu'en opérant la confusion des ordres. […] La noblesse n'entend en aucune manière se dépouiller des droits seigneuriaux honorifiques et utiles […].

- Ce sont les privilèges fiscaux.
- Seuls les nobles peuvent porter l'épée, être officiers et accéder aux responsabilités les plus hautes, être décapités plutôt que suppliciés…
- Ces droits sont considérés comme immémoriaux, donc nul ne peut les contester.
- Tout comme Dieu dans la Bible sépare le ciel et la terre, il convient de séparer les nobles de ceux qui ne le sont pas.

Doc. 2 Abbé Siéyès, *Qu'est-ce que le tiers état ?*

1. Qu'est-ce que le tiers état ? – Tout.

2. Qu'a-t-il été jusqu'à présent dans l'ordre politique ? – Rien.

3. Que demande-t-il ? – À y devenir quelque chose.

Brochure éditée par l'abbé Siéyès, député du tiers état aux États généraux, janvier 1789.

Vocabulaire

Guerre des farines : émeutes contre les spéculateurs sur les céréales et les représentants du pouvoir royal.

Disette : pénurie de vivres, qui provoque une hausse des prix alimentaires ; elle pèse sur les plus pauvres qui n'ont pas les moyens d'y faire face.

Cahiers de doléances : recueils des souhaits et des plaintes (doléances) des trois ordres (noblesse, clergé et tiers état), rédigés dans toute la France pour préparer les États généraux de l'été 1789.

Grande Peur : mouvement de panique et de colère qui agita les campagnes françaises durant l'été 1789.

Notions-clés

États généraux : réunion des représentants des trois ordres, distincts les uns des autres, convoquée par le roi en cas de crise grave.

Privilège : droit dont jouit un individu, un groupe social, une ville ou une province et dont les autres ne disposent pas. Noblesse et clergé cumulent les privilèges, mais ne sont pas les seuls à en disposer.

Assemblée nationale : assemblée qui représente la Nation, le peuple souverain, face au roi, sans distinction entre les trois ordres.

4 L'échec de la monarchie constitutionnelle

De quoi s'agit-il ? Les fêtes de la Fédération (Doc.), à Paris et en province, marquent l'union entre la Nation et le Roi : une nouvelle France, issue de 1789, apparaît. Le processus révolutionnaire cependant ne peut être interrompu ; les passions politiques ne retombent pas et sont ravivées par la fuite du roi, puis la guerre.

1 La nouvelle France

- La Constitution (3 septembre 1791) fait de Louis XVI « le roi des Français » ; il a un pouvoir exécutif limité. L'Assemblée a le pouvoir législatif, mais limité par le veto du roi. Le suffrage est censitaire. La justice est réorganisée avec l'adoption de l'*Habeas corpus* anglais, la création du jury et la suppression des supplices.
- La carte administrative est réorganisée (communes, cantons et 83 départements). Les juges et la plupart des fonctionnaires sont élus. Avec la Constitution civile du clergé (12 juillet 1790), les prêtres et les évêques ont un statut de fonctionnaires.

2 Une stabilisation impossible

- Dans l'Assemblée, ceux qui siègent à droite, les aristocrates, affrontent ceux qui siègent à gauche, les patriotes. Les aristocrates sont hostiles aux réformes ; les patriotes considèrent qu'elles ont atteint leur but et que la Révolution est finie.
- Dans la presse, dans les clubs et sociétés populaires, émerge une gauche plus radicale qui, inspirée par l'égalitarisme, veut parachever la Révolution. Elle séduit les citoyens inactifs à qui on a refusé le droit de s'exprimer par le vote.
- La Constitution civile du clergé provoque un schisme parmi les catholiques.
- La disette et l'inflation (assignat) alimentent le mécontentement.

3 La chute de la monarchie

- Le roi est arrêté à Varennes le 21 juin 1791 alors qu'il fuyait pour rejoindre les Autrichiens. Cette fuite en fait un traître aux yeux de l'opinion.
- La France déclare la guerre à l'empereur d'Autriche, mais ses armées sont écrasées. Les révolutionnaires y voient l'effet d'un complot organisé contre la Révolution.
- Le 11 juillet 1792, l'Assemblée décrète la « patrie en danger » et une levée de volontaires (dont les Marseillais). Le général prussien Brunswick menace les Parisiens de représailles s'ils s'attaquent au roi. Mais les sans-culottes prennent d'assaut les Tuileries, le 10 août 1792, et Louis XVI est incarcéré à la prison du Temple.
- Une nouvelle Assemblée, la Convention, est élue au suffrage universel le 20 septembre 1792 et proclame la République le 22 septembre.

Doc. Serment prêté lors de la fête de la Fédération à Lyon le 30 mai 1790

Nous, députés des détachements des différentes gardes nationales rassemblées sous les murs de Lyon, pénétrés de l'importance de la mission sacrée qui nous a été confiée par nos commettants, jurons sur l'autel de la patrie, et en présence de l'Être suprême, de maintenir de tout notre pouvoir la Constitution du royaume, d'être fidèles à la nation, à la loi et au roi, d'exécuter et de faire exécuter les décrets de l'Assemblée nationale, sanctionnés ou acceptés par le roi. Nous jurons d'être inviolablement attachés à ce grand principe de la liberté individuelle, de protéger les propriétés particulières et les propriétés déclarées nationales, d'assurer la perception de tous les impôts ordonnés pour le maintien de la force publique, d'entretenir la libre circulation des subsistances dans toute l'étendue du royaume, de maintenir, partout où nous serons appelés, l'ordre et l'harmonie, sans lesquels les sociétés se détruisent au lieu de se perpétuer.

La garde nationale est composée de volontaires qui jurent de défendre la Constitution et la liberté.

L'Être suprême désigne Dieu dans le déisme, forme de religion rationnelle élaborée par les philosophes des Lumières.

Ce sont les biens du clergé devenus des biens nationaux.

Le mot « subsistances » désigne la nourriture.

Vocabulaire

Veto : disposition constitutionnelle permettant au roi de s'opposer à une loi, pendant quatre ans maximum.

Jury : groupe de citoyens qui jugent au nom du peuple.

Inactif : citoyen qui n'a pas le droit de vote car il n'est pas assez riche.

Schisme : séparation au sein de l'Église ; en 1790, entre prêtres constitutionnels et prêtres réfractaires.

Assignat : monnaie de papier qui a rapidement perdu toute valeur.

Sans-culotte : révolutionnaires issus du peuple (artisans, petits commerçants) ; ils portaient des pantalons longs et non la culotte courte de l'aristocratie et des bourgeois.

Notions-clés

Constitution : loi qui détermine la forme du gouvernement d'un pays, qui organise les divers pouvoirs et les relations entre ces derniers.

Égalitarisme : doctrine ou système qui vise à une égalité absolue en matière politique, économique et sociale.

5 La République et ses contradictions (1792-1799)

De quoi s'agit-il ? La République est proclamée, mais les difficultés de 1793 et 1794 conduisent à la mise en place de la Terreur. Après Thermidor, la violence recule en France, alors que la guerre se déploie à l'étranger.

1 L'échec des Girondins (1792-1793)

- La Convention ne compte que des députés républicains : on ne parle plus de droite ou de gauche, mais de Plaine, de Montagnards et de Girondins.
- Les Girondins gouvernent. Ils voulaient une simple destitution de Louis XVI, mais ne peuvent empêcher son procès et son exécution (21 janvier 1793).
- Malgré la victoire contre les Prussiens à Valmy (20 septembre 1792), la situation militaire vire au désastre au printemps 1793. Les sans-culottes poussent alors les Montagnards à faire arrêter et exécuter les Girondins (2 juin 1793).

2 Le gouvernement révolutionnaire (1793-1794)

- La Convention prend des mesures d'exception : militaires (l'armée est réorganisée), économiques (peine de mort pour les accapareurs, édit du maximum) ou religieuses (déchristianisation).
- La Terreur s'installe avec la loi des suspects (200 000 arrestations) (**Doc.**), le tribunal révolutionnaire (Fouquier-Tinville) et la guillotine (16 000 morts).
- Début 1794, l'armée triomphe à l'intérieur (contre les révoltes de Toulon, Lyon, Vendée) et à l'extérieur (victoire de Fleurus contre les Autrichiens).
- Robespierre élimine les « enragés » de Hébert et les « indulgents » de Danton au printemps, mais la grande Terreur de l'été inquiète les députés modérés de la Convention qui le font arrêter, puis guillotiner le 9 thermidor (27 juillet 1794).

3 Apaisement intérieur, guerre extérieure (1794-1799)

- Une nouvelle constitution confie l'exécutif à cinq directeurs et le législatif à deux assemblées. Ce nouveau régime, le Directoire, est faible.
- La Terreur s'achève ; Fouquier-Tinville est jugé ; les sans-culottes sont réprimés tout comme les royalistes qui espéraient revenir au pouvoir.
- La Révolution se poursuit à l'extérieur par la guerre. Bonaparte y bâtit sa renommée, puis réalise le coup d'État du 18 brumaire (9 novembre 1799) qui instaure le Consulat.

Doc. **Loi des suspects du 17 septembre 1793**

[Sont suspects] Ceux qui, soit par leur conduite, soit par leurs relations, soit par leurs propos ou leurs écrits, se sont montrés partisans de la tyrannie ou du fédéralisme et ennemis de la liberté […]. Ceux à qui il a été refusé des certificats de civisme. Les fonctionnaires suspendus ou destitués de leurs fonctions par la Convention nationale ou ses représentants. Les nobles, les maris, les femmes, pères, mères, fils ou filles, frères ou sœurs, qui n'ont pas constamment manifesté leur attachement à la Révolution. Ceux qui ont émigré du 1er juillet 1789 au 8 avril 1792, bien qu'ils soient rentrés en France.

Le mot fédéralisme désigne les partisans des Girondins.

Le certificat de civisme est établi dans chaque commune par le comité de surveillance qui établit les listes de suspects. Il témoigne de la fidélité à la République et à la Révolution.

Robespierre (1758-1794)
Croquis fait par François Gérard (1770-1837) durant une séance de la Convention.
Musée Carnavalet.

Vocabulaire

Plaine (ou Marais) : ce groupe majoritaire est attaché à l'égalité et la défense de la propriété privée ; il occupe les gradins inférieurs de la Convention.

Montagnards : députés qui siègent sur les gradins supérieurs de la Convention ; à l'écoute du peuple, ils sont partisans d'une république centralisée, selon le modèle promu par le club des Jacobins.

Girondins (ou Brissotins) : députés de la Convention qui, à la suite de Brissot, député de la Gironde, veulent une république libérale et décentralisée.

Accapareur : spéculateur qui stocke du blé pour aggraver la pénurie et le revendre ensuite à très haut prix.

Édit du maximum : loi qui interdit de vendre un produit au-dessus d'un certain prix.

Fouquier-Tinville : accusateur du tribunal révolutionnaire.

Notion-clé

Mesure d'exception : mesures prises par un Gouvernement face à une crise politique, militaire, économique ou sociale majeure, et qui ne respectent plus le cadre normal fixé par la loi.

6 L'Empire

De quoi s'agit-il ? Bonaparte pacifie la France, épuisée après dix ans de Révolution ; il stabilise les acquis de 1789. Sa politique de conquête marque la poursuite de la Révolution à l'extérieur. Son régime finit par susciter l'opposition, à l'étranger, puis en France quand les défaites s'accumulent.

1 Consolidation intérieure

- Bonaparte pacifie la France en offrant une amnistie totale aux émigrés, aux Vendéens et aux Jacobins, tandis que le Concordat signé avec le pape (1801) règle le conflit avec l'Église catholique.
- Les « masses de granit » dessinent une nouvelle France ; le Code civil (1804) et le Code pénal (1810) fixent le droit ; des lycées (1802) et un baccalauréat (1809) donnent accès à l'université ; chaque département a son préfet représentant l'État ; la Banque de France est créée ainsi que le franc germinal (1803).

2 Expansion en Europe

- La conquête perpétue l'élan révolutionnaire. L'armée est acquise aux idées de 1789. Ces idées peuvent séduire à l'étranger. Les patriotes italiens au départ soutiennent les Français car ils mettent à bas l'Ancien Régime. Napoléon supprime les privilèges en Allemagne, l'Inquisition en Espagne et les anciens États en Italie ; il lance des programmes de modernisation.
- En 1807, il recrée la Pologne, lui donne une constitution et un Code civil, sans pour autant limiter privilèges et droits seigneuriaux.

3 Un ordre au service de l'ambition d'un seul

- Premier consul, puis consul à vie, Bonaparte se fait couronner empereur, sous le nom de Napoléon Ier, le 2 décembre 1804. Le plébiscite permet de légitimer la dictature. Le suffrage universel est escamoté par un scrutin à 4 degrés. La Constitution organise l'abaissement du législatif. Les juges sont nommés tout comme les maires. Les Églises sont transformées en relais de l'autorité impériale. La police de Fouché censure la presse et élimine les opposants.
- En Europe, l'occupation française, les impôts, le blocus continental, la conscription et la répression des opposants (voir les tableaux de Goya, *Dos de Mayo* et *Tres de Mayo*) finissent par susciter la révolte des peuples (**Doc.**).

Doc. **Un article de Chateaubriand critique Napoléon et son régime**

Lorsque, dans le silence de l'abjection, l'on n'entend plus retentir que la chaîne de l'esclave et la voix du délateur ; lorsque tout tremble devant le tyran, et qu'il est aussi dangereux d'encourir sa faveur que de mériter sa disgrâce, l'historien paraît, chargé de la vengeance des peuples. C'est en vain que Néron prospère, Tacite est déjà né dans l'empire […]. Bientôt toutes les fausses vertus seront démasquées par l'auteur des *Annales* ; bientôt il ne fera voir dans le tyran déifié que l'histrion, l'incendiaire et le parricide.

Paru dans *Le Mercure de France*, 4 juillet 1807.

Tacite est un historien latin, auteur des *Annales*.

Néron est un empereur romain accusé d'avoir incendié Rome, assassiné sa mère et martyrisé les chrétiens.

Un histrion est un acteur qui joue dans des farces grossières.

Napoléon Ier par Ingres, 1806.

Vocabulaire

Concordat : traité entre le Vatican et un État.

Franc germinal : monnaie de la France de 1803 à 1914.

Patriotes : partisans de l'unité de l'Italie, alors partagée en plusieurs États (dont les États du pape).

Plébiscite : vote par lequel l'électeur répond par « oui » ou par « non » à une question posée par un dirigeant. Un chef d'État autoritaire peut l'utiliser pour faire approuver sa personne et sa politique.

Scrutin à 4 degrés : mode de scrutin dans lequel l'électeur vote pour des notabilités municipales, qui elles-mêmes désignaient des notabilités départementales, lesquelles votaient pour des notabilités nationales. Parmi ces dernières, Bonaparte choisissait enfin les députés qui lui convenaient.

Blocus continental : tentative pour ruiner l'Angleterre en l'empêchant d'échanger avec le continent.

Notion-clé

« Masses de granit » : expression qui désigne les réformes essentielles à partir desquelles Napoléon Bonaparte entend bâtir une nouvelle France.

7 Un mouvement libéral-national : les Carbonari

De quoi s'agit-il ? **Après le début d'unification organisé par la France révolutionnaire et impériale, l'Italie revient en 1815 à l'ordre ancien. Cependant, malgré la répression, les patriotes s'organisent ; ils créent une société secrète, les Carbonari, dans le but d'unifier et de démocratiser le pays.**

1 La contestation de l'Europe du congrès de Vienne

- Après le Congrès de Vienne, la Sainte-Alliance a pour but de préserver les monarchies et les ordres privilégiés de tout danger révolutionnaire. Les aspirations des nationalités sont ignorées et doivent être écrasées si elles se manifestent. Pour le chancelier autrichien Metternich, l'Italie n'est rien d'autre qu'une « expression géographique » sans réalité politique.
- Si le droit des peuples à disposer d'eux-mêmes est nié, une élite urbaine défendait déjà des idées libérales et nationales avant 1789 ; l'occupation française avait ensuite renforcé ces idées. Le retour à un ordre ancien détesté ne peut donc que raviver la revendication des libertés fondamentales et de l'unité nationale après 1815.
- Les Carbonari forment une société secrète dont les membres sont liés par un serment ; ils utilisent des symboles pour se reconnaître. Ils recrutent dans des milieux sociaux variés, alors que les sociétés de pensée avant 1789 recrutaient parmi les élites. Ils préparent l'insurrection.

2 Un mouvement italien et européen

- En 1821, puis en 1831 et 1832, après la révolution de juillet en France, les Carbonari organisent des insurrections dans le royaume de Naples, dans les États pontificaux et dans le royaume de Piémont. Elles sont réprimées.
- Un des Carbonari, Mazzini, trouve refuge en France où il fonde *Giovine Italia* (Jeune Italie). Il fonde ensuite *Giovine Europa* pour fédérer l'ensemble des mouvements patriotiques européens en lutte contre des souverains qui s'opposaient à toute évolution démocratique.
- Il revient en Italie à la faveur de la Révolution de 1848 ; il combat à Naples les Autrichiens qui viennent au secours du roi détrôné ; début 1849, il est à Rome et tente d'y créer une République italienne.
- En France, sous la Restauration, apparaît une « Charbonnerie », mouvement analogue à celui des Carbonari.

Doc. Carte de l'Italie divisée

Vocabulaire

Congrès de Vienne : réunion des représentants des grandes puissances européennes (sept. 1814-juin 1815) après la défaite de Napoléon, pour redessiner la carte de l'Europe.

Sainte-Alliance : pacte signé en septembre 1815, qui réunit la Russie, l'Autriche et la Prusse, rejointes ensuite par la France, pour éliminer tout risque de révolution.

Metternich : chancelier autrichien de 1809 à 1848, il présida le congrès de Vienne.

Notions-clés

Nationalité : peuple que réunit une langue, une culture, une commune volonté et qui aspire à créer un État indépendant.

Droit des peuples à disposer d'eux-mêmes : extension de la liberté individuelle proclamée en 1789.

Libertés fondamentales : par exemple, la liberté d'aller et de venir, la liberté d'opinion, de réunion, d'association, de la presse, le droit de vote.

8 1848 en France et en Europe

De quoi s'agit-il ? Malgré la Sainte-Alliance, les idées de 1789 progressent. Après une première alerte en 1830, 1848 voit « le printemps des peuples ». La répression s'abat mais est impuissante à éradiquer les idées de 1789.

1 L'affirmation des idées libérales et nationales

• L'Europe du Congrès de Vienne est contestée au nom du respect du droit des peuples à disposer d'eux-mêmes et des libertés fondamentales. En France, la révolution de juillet 1830 contre Charles X soulève l'enthousiasme de tous ceux qui aspirent à la liberté.

• Les Grecs se soulèvent contre l'Empire turc et reçoivent le soutien de l'Europe romantique (Byron). Les Belges se soulèvent contre les Pays-Bas. En 1830, la Grèce et la Belgique obtiennent des grandes puissances la reconnaissance de leur indépendance, mais en Pologne, en Italie et en Allemagne, la révolte est écrasée.

• La révolution industrielle favorise la diffusion des idées nouvelles avec le développement de la presse, de l'instruction ou des transports. La crise économique de 1846-1848 alimente le mécontentement.

2 Le « printemps des peuples »

• En France, Louis-Philippe est renversé en février 1848. En Autriche, Metternich doit fuir la révolution à Vienne en mars. Une Assemblée nationale constituante se réunit à Francfort pour créer une Allemagne unifiée. Une assemblée proclame la création de la République italienne à Rome en février 1849.

• En France s'affirme l'« esprit de 1848 » (liberté de la presse ; suffrage universel masculin ; indemnité parlementaire ; suppression de l'esclavage et de la peine de mort pour raisons politiques ; création d'ateliers nationaux et réduction du temps de travail ; plantation d'arbres de la liberté)(**Doc.**).

3 Un espoir déçu

• La répression finit cependant par s'abattre ; les monarchies, en Europe centrale et en Italie, écrasent la révolution ; le mouvement des ouvriers parisiens est brisé lors des journées de juin 1848.

• Néanmoins, cette répression ne peut rien à moyen terme contre l'aspiration des nationalités à l'indépendance, celle des bourgeoisies au pouvoir et celle des prolétaires à la révolution.

Doc. Discours à l'occasion de la plantation d'un arbre de la liberté

Le premier arbre de la liberté, c'est cette croix sur laquelle Jésus-Christ s'est offert en sacrifice pour la liberté, l'égalité et la fraternité du genre humain […]. La révolution que nos pères ont faite il y a soixante ans a été grande par la guerre, la révolution que vous faites aujourd'hui doit être grande par la paix […]. L'œuvre d'organisation est le complément nécessaire de l'œuvre de destruction ; c'est là ce qui rattache intimement 1848 à 1789. Fonder, créer, produire, pacifier, satisfaire à tous les droits, développer tous les grands instincts de l'Homme, pourvoir à tous les besoins des sociétés : voilà la tâche de l'avenir… À l'œuvre, travailleurs par le bras, travailleurs par l'intelligence… Répandons sur le peuple qui nous entoure, et de là sur le monde entier, la sympathie, la charité et la fraternité… Mes amis, mes frères, mes concitoyens, établissons dans le monde entier, par la force de nos exemples, l'empire de nos idées ! Unissons-nous dans une pensée commune, et répétez avec moi ce cri : Vive la liberté universelle ! Vive la République universelle !

Victor Hugo, 2 mars 1848.

> On avait planté des arbres de la liberté en 1789 ; ils devaient grandir en même temps que la démocratie. La coutume est reprise en février 1848 ; les arbres sont bénis par le clergé ; des officiels prononcent des discours.

> Après avoir renversé la monarchie, il faut bâtir la République.

Vocabulaire

Charles X : roi de France (1824-1830) renversé parce qu'il tente de briser l'opposition libérale.

Byron (1788-1824) : poète anglais qui a combattu aux côtés des Grecs.

Louis-Philippe : roi des Français (1830-1848), renversé parce qu'il tente de briser l'opposition républicaine.

Ateliers nationaux : chantiers organisés par l'État et destinés à employer les chômeurs.

Journées de juin 1848 : révolte des ouvriers parisiens quand les ateliers nationaux sont fermés par l'assemblée conservatrice qui vient d'être élue.

Notions-clés

Crise économique de 1846-1848 : dernière crise traditionnelle, marquée par une hausse du prix du pain, et première crise moderne, marquée par la hausse du chômage et des faillites.

« Esprit de 1848 » : mouvement de soutien et d'exaltation du peuple, de ses aspirations et de son action par les artistes romantiques.

9 Les abolitions de la traite et de l'esclavage

De quoi s'agit-il ? À la suite des critiques des Lumières, les esclaves des Antilles et d'Amérique ont cru que la Révolution allait leur donner la liberté, mais Bonaparte brisa cet espoir. Dans les colonies françaises, il faudra attendre 1848 pour une abolition définitive.

1 L'abolition : un projet du siècle des lumières

- La traite et l'esclavage sont condamnés dès 1766 par l'*Encyclopédie*, puis en 1789 par certains cahiers de doléances ou par la Société des Amis des Noirs (La Fayette), qui demande cependant un délai pour préparer les Noirs à la liberté.
- Aux États-Unis, Jefferson prévoit l'abolition de l'esclavage dans le brouillon de la Déclaration d'indépendance, mais la mention disparut du texte final.
- Les Quakers, aux États-Unis et en Angleterre, demandent l'abolition mais prévoient un délai pour évangéliser les esclaves avant de les affranchir.

2 Révolution et Empire : des choix contradictoires

- De 1789 à 1793, plusieurs révoltes d'esclaves éclatent dans les Antilles françaises. Elles sont réprimées, mais Haïti obtient l'indépendance en 1804.
- La Convention abolit la traite en 1793, puis l'esclavage en 1794 et donne la citoyenneté à « tous les hommes sans distinction de couleur ».
- En 1802, Bonaparte rétablit l'esclavage ainsi que la traite, au nom du maintien de l'ordre et de la défense des intérêts économiques des planteurs. Le Code noir (**Doc. 1**) continue de s'appliquer à la place du Code civil.

3 Les abolitions

- L'Angleterre interdit la traite en 1807. Elle crée une force navale qui intercepte les navires qui la pratiquent et débarque les esclaves libérés en Sierra Leone, colonie anglaise dont la capitale est Freetown. En 1833, elle abolit l'esclavage dans ses colonies.
- Les États-Unis abolissent la traite en 1808, mais le trafic continue et l'esclavage perdure jusqu'en 1865. Les États-Unis favorisent la création du Liberia par des esclaves affranchis en 1847.
- La France abolit la traite en 1817, puis s'associe avec les Anglais pour l'interdire. En 1848, sous l'impulsion de Lamartine et de Schœlcher, elle abolit définitivement l'esclavage dans ses colonies (**Doc. 2**). On voit cependant s'y développer le travail forcé.

Doc. 1 Le Code noir (1685)

Article 38 : « L'esclave fugitif […]aura les oreilles coupées et sera marqué d'une fleur de lys sur une épaule ; s'il récidive […] il aura le jarret coupé et il sera marqué d'une fleur de lys sur l'autre épaule ; et la troisième fois, il sera puni de mort […] »

Il sera marqué au fer rouge.

Doc. 2 Pour l'abolition de l'esclavage

Nous voulons introduire graduellement, lentement, prudemment le Noir dans la jouissance des bienfaits de l'humanité auxquels nous le convions sous la tutelle de la Mère Patrie. […] Nous le voulons aux conditions indispensables d'indemnité aux colons […].

Lamartine, Discours au banquet pour l'abolition de l'esclavage, Paris, 10 mars 1842.

Les esclaves sont considérés avec paternalisme ; on considère qu'il faut les éduquer car il serait imprudent de les faire passer brutalement de leur condition servile à la liberté.

Les propriétaires reçoivent une indemnité pour chaque esclave libéré.

Esclaves enchaînés, estampe, 1814. Bibliothèque de l'Arsenal.

Vocabulaire

Thomas Jefferson (1743-1836) : écrivain politique américain, rédacteur de la Déclaration d'indépendance (1776) ; 3e président des États-Unis (1801-1809).

Quakers : chrétiens dissidents de l'Église anglicane dont le mouvement s'est développé en Angleterre, puis aux États-Unis.

Code noir (1685) : texte adopté sous Louis XIV, qui organise le statut juridique des esclaves noirs.

Notions-clés

Traite : commerce des esclaves entre l'Afrique noire et les colonies du Nouveau Monde ou le monde arabo-musulman.

Travail forcé : travail accompli par les populations des colonies, à la demande des autorités coloniales, sur les chantiers des voies ferrées, de barrages, voire dans les usines en France (1914-1918).

RÉVISION EXPRESS

LES DATES IMPORTANTES

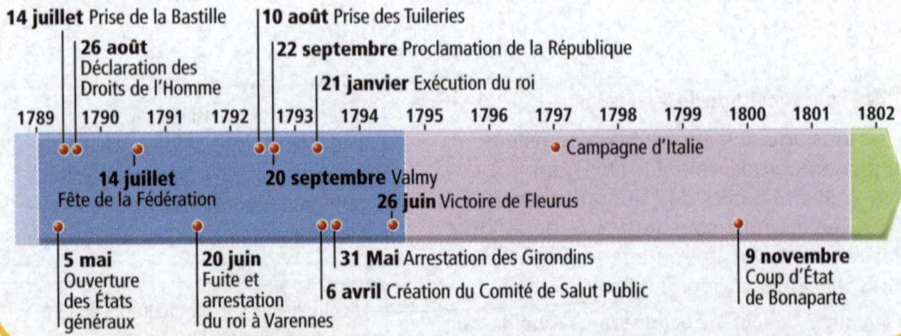

LES MOTS IMPORTANTS

- arbitraire
- Assemblée nationale
- Code noir
- constitution
- despotisme éclairé
- droit des peuples à disposer d'eux-mêmes
- États généraux
- libertés fondamentales
- Lumières
- masses de granit
- mesures d'exception
- nationalité
- printemps des peuples
- privilèges
- séparation des pouvoirs
- Terreur
- traite
- travail forcé
- tyrannie

LES PERSONNAGES IMPORTANTS

Bonaparte
1769-1821

Officier remarqué au siège de Toulon en 1793, consul (1799) puis empereur sous le nom de Napoléon Ier (1804).

La Fayette
1757-1834

Noble, engagé aux côtés des Insurgents américains, élu aux États généraux, chef de la Garde nationale; émigre après le 10 août 1792.

Mirabeau
1749-1791

Noble, élu du tiers état, orateur, un des acteurs du Serment du jeu de paume, devint ensuite un conseiller secret du roi.

Robespierre
1758-1794

Avocat, élu du tiers état, membre du club des Jacobins et du Comité de salut public, exécuté après le 9 thermidor.

LES POINTS IMPORTANTS À RETENIR

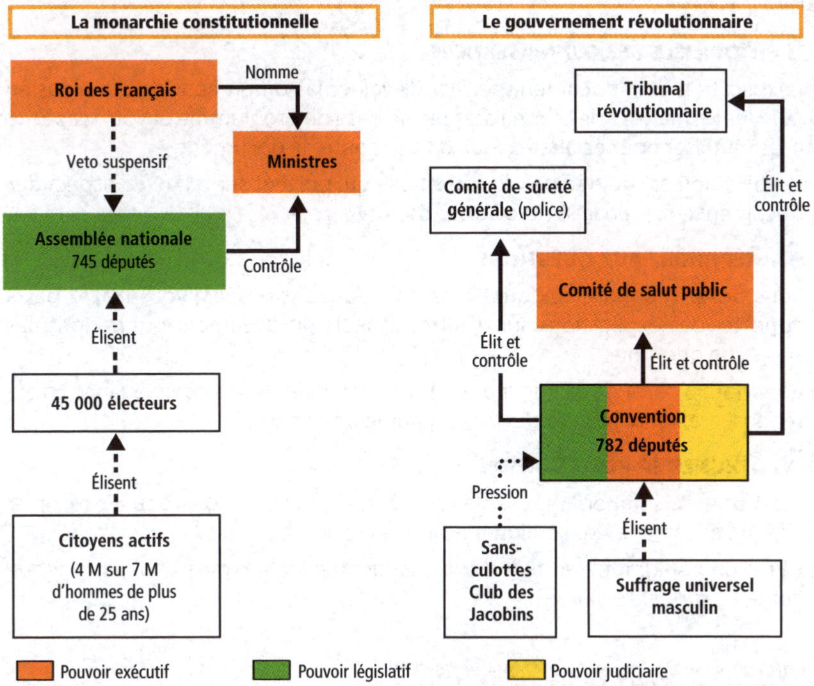

Quiz

1. Voltaire est partisan du suffrage universel.
☐ Vrai ☐ Faux

2. Le clergé a rédigé des cahiers de doléances en 1788-1789.
☐ Vrai ☐ Faux

3. La Révolution française a été urbaine et rurale.
☐ Vrai ☐ Faux

4. La Constitution de 1791 crée un régime d'assemblée.
☐ Vrai ☐ Faux

5. Les citoyens inactifs n'ont pas de rôle politique.
☐ Vrai ☐ Faux

6. Les sans-culottes sont issus des milieux les plus défavorisés.
☐ Vrai ☐ Faux

→ Réponses p. 123

Expliquer un document historique

MÉTHODE

1. Mobiliser ses connaissances

- L'explication d'un document permet d'évaluer la compréhension que vous en avez, votre maîtrise des connaissances de base du programme et votre capacité à les réutiliser pour éclairer ce que dit ou montre le document.
- L'explication est guidée par des questions qui portent sur tel ou tel aspect des documents mais en laissent d'autres de côté.

2. Répondre aux questions

- Vous devez répondre aux questions qui vous sont posées; vous n'avez pas à apporter des explications sur d'autres aspects du document qui ne font pas l'objet de questions.
- Répondez à partir de ce que montre le document et de vos connaissances car la réponse ne figure pas par définition dans le document.

3. Soigner sa présentation

- Il est bon de soigner la présentation de vos réponses. Vous pouvez recopier chaque question et les souligner avant de répondre.
- Faites un paragraphe en réponse à chaque question, rédigé dans une langue correcte, sans abréviations.

APPLICATION : EXERCICE CORRIGÉ

Expliquez ce texte en répondant aux questions.

1. Pourquoi le service militaire fait-il partie des devoirs exigés du chrétien ?
2. Expliquez le passage souligné.
3. Napoléon a-t-il été sacré comme les rois de France l'étaient avant 1789 ?
4. Le culte catholique est-il rétabli dans la situation qui était la sienne en 1789 ?

Doc. Extrait du catéchisme[1] impérial de 1806

L'auteur du document est un abbé, neveu du ministre des cultes Portalis, mais Napoléon Bonaparte en a supervisé la rédaction :

Q. : Quels sont les devoirs des chrétiens à l'égard des princes qui les gouvernent, et quels sont en particulier nos devoirs envers Napoléon Ier, notre Empereur ? – **R. :** Les chrétiens doivent aux princes[2] qui les gouvernent, et nous devons en particulier à Napoléon Ier, notre Empereur, l'amour, le respect, l'obéissance, la fidélité, le service militaire, les tributs[3] ordonnés pour la conservation et la défense de l'Empire et de son trône […]. – **Q. :** Pourquoi sommes-nous tenus de tous ces devoirs envers notre Empereur ? – **R. :** C'est premièrement parce que Dieu […] l'a établi notre souverain […]. Honorer et servir notre Empereur est donc honorer et servir Dieu lui-même. – **Q. :** N'y a-t-il pas des motifs particuliers qui doivent plus fortement nous attacher à Napoléon Ier, notre Empereur ? – **R. :** Oui, car il est celui que Dieu a institué dans des circonstances difficiles pour rétablir le culte public et la religion sainte de nos pères […]. Il est devenu l'oint[4] du seigneur par la consécration qu'il a reçue du souverain pontife[5].

1. Le catéchisme est un texte qui regroupe l'essentiel de la foi chrétienne. À l'époque, il est constitué de questions et réponses à apprendre par cœur.
2. Princes : rois et empereurs investis au pouvoir suprême.
3. Tribut : impôt.
4. Il a été sacré.
5. Souverain pontife : pape.

CORRIGÉ

1. Le service militaire n'existait pas en France avant 1789 ; l'armée était composée de mercenaires comme les gardes suisses. La conscription apparaît avec la levée en masse de 1793 ; c'est une des raisons de la révolte de la Vendée. L'empereur, pour mener à bien son programme de conquête, veut que ses sujets paient les impôts et acceptent la conscription. Certes, à cette époque, il recrute le plus possible dans le reste de l'Europe pour éviter de mécontenter les Français ; cependant, en raison des insuffisances du service de santé des armées, le pourcentage de décès parmi les blessés est très élevé ; cela impose donc de lever régulièrement des troupes fraîches.

> **Remarque**
> Vous ne pouvez pas répondre sans faire appel à vos connaissances et à votre cours. Un document ne dit pas tout clairement.

2. Le texte reprend une idée classique : Dieu est le souverain universel qui règne dans les cieux ; l'empereur est le souverain universel qui règne sur la Terre ; Dieu a voulu que l'empereur occupe son trône ; chacun lui doit donc obéissance sous peine de s'opposer à la volonté de Dieu.

> **Remarque**
> La longueur ne fait pas la qualité d'une réponse. Choisissez les éléments nécessaires et exposez-les. Cela peut être bref ou plus long.

3. Le catéchisme, en disant qu'il est « l'oint du seigneur », assimile l'empereur au roi de France d'avant 1789, sacré par l'évêque de Reims ; cela légitime Napoléon Ier ; cela suppose que tout catholique lui obéisse. Cependant, malgré des traits de ressemblance, Napoléon n'a pas été sacré comme l'était le roi de l'Ancien Régime ; il veut un sacre pour se légitimer, mais il n'entend pas devoir son trône au pape ; c'est un homme dont le pouvoir est issu de la Révolution. Le pape Pie VII assiste donc au sacre, mais son rôle est fort limité. Il bénit les mains et le front de l'empereur et de Joséphine, puis les sceptres, la couronne et les autres ornements impériaux, mais c'est Napoléon qui se couronne lui-même avant de couronner l'impératrice. David a immortalisé cette dernière scène, qui démontre bien le caractère très politique et fort peu religieux de ce sacre.

> **Gagnez des points !**
>
> Pour mieux répondre à la question, il est utile d'éclairer les mots du catéchisme qui se réfère au sacre par l'image que le peintre David en a donné dans son tableau. Vous pouvez ainsi gagner des points.

4. Le conflit entre la France révolutionnaire et l'Église catholique s'ouvre dès 1790 avec la constitution civile du clergé, qu'une partie du clergé refuse, avant même que le pape Pie VI la condamne en 1791. Certains hommes d'Église prétendent que la Révolution est le fruit d'un complot contre l'Église inspiré par le diable. Le conflit s'aggrave après la proclamation de la République quand, en 1793, sont adoptées des mesures de déchristianisation (fermetures d'églises, calendrier révolutionnaire, etc.) puis le culte de l'Être Suprême. Le concordat de 1801 apaise donc des relations qui étaient conflictuelles depuis une décennie, période pendant laquelle l'Église catholique a vu sa puissance et son influence reculer fortement. Cependant, le concordat ne rétablit pas le catholicisme comme religion de l'État. Le protestantisme et le judaïsme sont traités de la même façon que le catholicisme, en application de la Déclaration des droits de l'Homme qui refuse toute distinction entre les citoyens sur des bases religieuses.

> **Remarque**
>
> Retracer les grandes lignes du conflit entre l'Église et la France révolutionnaire n'est pas hors sujet ; l'ampleur de l'affrontement démontre qu'il n'était pas possible de revenir à la situation antérieure, quand bien même Bonaparte l'aurait voulu, ce qui n'était pas le cas.

Vérification des connaissances

Complétez cet organigramme de la constitution du Consulat.

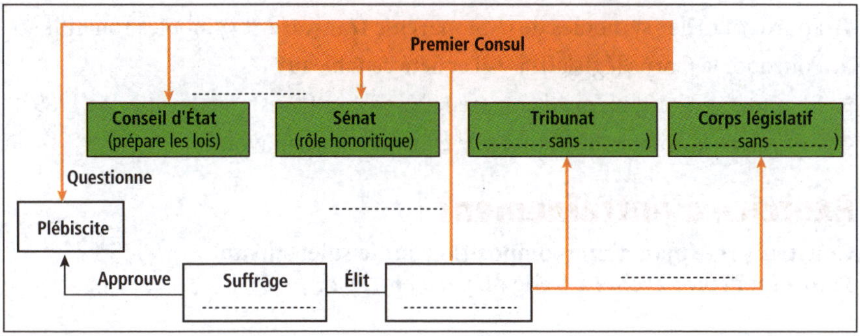

Application de la méthode

SUJET

Expliquez ce document en répondant aux questions.

Doc. Ingres, *Portrait de Napoléon Ier*, 1806. Musée de l'Armée, Paris.

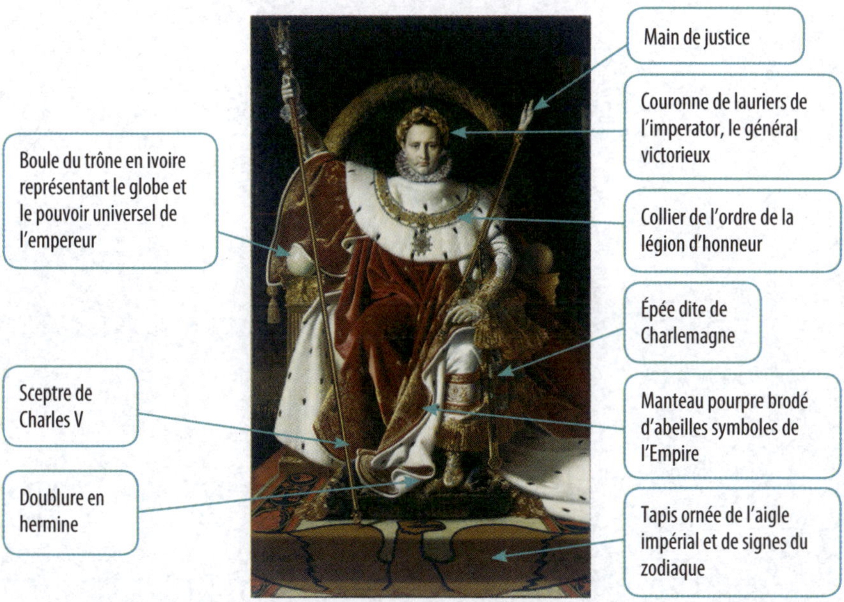

Ce tableau a été présenté au salon de 1806. Il a été critiqué pour son aspect « gothique », c'est-à-dire archaïque, barbare. Il a cependant été acheté par le Corps législatif, une des quatre assemblées du Consulat.

1. Pourquoi mêler symboles de la monarchie française et symboles romains ?

2. Pourquoi le Corps législatif a-t-il acheté ce tableau ?

3. En quoi peut-on dire que l'empereur Napoléon Ier reste un héritier de 1789 ?

4. Comment la composition met-elle en valeur son pouvoir ?

Exercice d'entraînement

Construisez le plan d'une composition sur le sujet suivant :
Pourquoi la monarchie a-t-elle disparu en 1792 ?

Quiz

1 Faux. Il pense que la masse du peuple n'est pas apte à décider ; « quand la populace se mêle de raisonner, tout est perdu », écrit-il en 1766.

2 Vrai. Le clergé demande que la place de l'Église soit défendue mais on trouve parfois des propositions de réforme, de la dîme par exemple.

3 Vrai. C'est l'ensemble des Français qui s'est passionné pour le débat politique, toutes classes confondues, à Paris comme dans les villes de province ou à la campagne.

4 Faux. Dans un tel régime, l'assemblée imposerait sa volonté à l'exécutif.

5 Faux. S'ils ne votent pas, ils peuvent débattre et manifester comme le font les sans-culottes et les membres des clubs.

6 Faux. Ce sont des artisans et boutiquiers en général ; ils ne sont pas sans instruction, ni sans revenus même s'ils ne paient pas assez d'impôts pour voter.

Vérification des connaissances

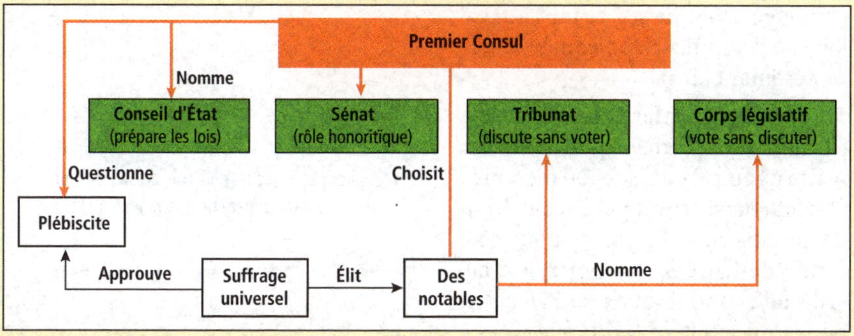

Application de la méthode

1. Les éléments empruntés au passé monarchique permettent à Napoléon de relier son pouvoir, par-delà la Révolution, au passé monarchique de la France. Les deux sceptres renvoient au roi capétien qui gouvernait et rendait la justice ; l'hermine doublait le manteau de sacre du portrait officiel de Louis XIV. L'épée de Charlemagne relie Napoléon à l'empereur d'Occident couronné en l'an 800, à Rome. Napoléon est comparable à l'empereur romain à qui les dieux ont donné la victoire, que ses soldats ont acclamé sur le champ de bataille et qui a défilé triomphalement devant le peuple, couronné des lauriers du vainqueur comme sur ce tableau. Ce tableau légitime Napoléon Ier en le représentant ainsi.

2. On peut penser que le Corps législatif a fait cette acquisition pour plaire à l'empereur ; ses 300 membres étaient choisis par lui et l'acquisition de ce tableau peut passer pour une forme de flatterie. Ce portrait a été critiqué quand il fut exposé au salon pour son caractère « gothique », c'est-à-dire, dans le langage de l'époque, médiéval, archaïque, barbare ; cependant il représente le pouvoir impérial tel que Napoléon Bonaparte entend l'exercer ; le portrait n'a pas été commandé par l'empereur, mais on peut le voir comme une sorte de portrait officiel. C'est sans doute pour cette raison qu'il a été acheté.

Méthode

Dans l'exemple du sujet proposé, il faut commencer par distinguer les éléments qui renvoient à la monarchie et ceux qui sont liés à l'empire (ici, ils ont été classés : à gauche, ceux qui sont liés au passé monarchique ; à droite, ceux qui sont liés à l'image impériale). Une telle méthode facilite la lecture de l'œuvre et la réponse aux questions posées.

L'astuce du prof

Réutilisez des connaissances acquises dans d'autres chapitres quand elles sont utiles pour répondre.

Méthode

N'oubliez pas de lire les notes qui accompagnent un document et donnent un éclairage utile sur ce dernier.

Gagnez des points !

Vous n'êtes pas toujours en mesure de donner une réponse unique et certaine. Le correcteur appréciera que vous formuliez des hypothèses en vous appuyant sur des arguments logiques.

3. Napoléon Bonaparte n'est pas arrivé au pouvoir parce qu'il était l'héritier légitime d'un souverain comme c'était la règle avant 1789; il a pris le pouvoir. Il s'est appuyé sur le soutien de ses soldats, une armée qui depuis Valmy est porteuse des valeurs révolutionnaires. Il s'est appuyé sur le peuple, même s'il détourne le vote, procédure normalement démocratique; il a utilisé le plébiscite et fait du vote le moyen de parvenir au pouvoir personnel. Le tableau montre le collier de l'ordre de la légion d'honneur créé par Napoléon; ouvert à tous quelle que soit leur origine, à l'inverse des ordres de l'Ancien Régime, cet ordre récompensait tous ceux, civils et militaires, à qui la France était redevable de leurs services et de leurs talents; cela permet d'attacher au nouveau régime une nouvelle élite, issue de la Révolution.

Méthode

Reprenez ce qui a été déjà vu dans le chapitre 2 sur l'origine du pouvoir impérial à Rome, qui trouve sa source dans la faveur des dieux sanctionnée par la victoire et dans le soutien des soldats, puis du peuple.

4. L'empereur est représenté de face, frontalement; la lumière est uniforme; son visage est comme figé dans le marbre. Il apparaît donc encore plus impérieux et ressemble à la statue de Zeus d'Olympie sculptée par Phidias, une des sept merveilles du monde. La lumière renforce encore la présence de l'empereur; il apparaît dans une pose hiératique, le regard dardé sur le spectateur comme un empereur byzantin. Le portrait est donc très différent des portraits royaux de l'Ancien Régime et rappelle ceux des empereurs de l'Antiquité ou de Byzance; il impose la vision de ce pouvoir plus qu'humain qu'est le pouvoir impérial.

L'astuce du prof

Pensez à vous servir de votre mémoire visuelle et à utiliser les images que vous avez pu travailler ou voir à d'autres occasions pour mieux répondre en faisant des comparaisons.

Exercice d'entraînement

I – La monarchie d'Ancien Régime était contestée avant 1789 à cause des idées des Lumières, des révolutions anglo-saxonnes et de l'échec des réformes.

II – La révolution du printemps 1789 aboutit à une monarchie constitutionnelle.

III – L'expérience échoue en raison de la radicalisation des passions politiques, de la fuite du roi à Varennes et de l'entrée en guerre de la France.

Méthode

Le plan est plutôt chronologique : la première partie porte sur la période avant 1789 ; la seconde sur la période 1789-1791. Il est aussi partiellement thématique : la 3e partie porte sur la radicalisation des choix politiques qui se constate dès 1789 même si elle est relancée par les évènements qui se succèdent ensuite.

PARTIE

2 Géographie

CHAPITRE 6
Les enjeux du développement durable

1 Un développement inégal et déséquilibré

De quoi s'agit-il ? L'opposition traditionnelle entre les pays en développement (PED, au Sud) et les pays industrialisés (au Nord) persiste, mais évolue et se complexifie. Une certaine redistribution de la richesse mondiale a lieu au profit des pays émergents.

1 À l'échelle planétaire : les Suds et les Nords

- Les écarts entre les plus pauvres et les plus riches se sont creusés : en 1990, le PIB par habitant allait de 200 $ à 28 000 $; en 2015, il va de moins de 315 $ (Burundi) à 107 000 $ (Luxembourg) selon le FMI.
- Les écarts moyens de PIB se sont comblés avec la forte croissance des BRICS (3 milliards d'habitants, alors que les 48 PMA regroupent moins de 900 millions d'habitants). Les écarts pour l'IDH se sont réduits.
- On doit donc parler des « Suds », mais aussi des « Nords » car, face à la Triade, l'ex-URSS et ses ex-satellites ont connu une récession dans les années 1990.

2 À l'échelle régionale

- L'échelle régionale peut être celle d'un groupe de pays. Par exemple, au sein du Mercosur (Mercado Comùn del Sur, marché commun constitué en 1991 entre l'Argentine, le Brésil, l'Uruguay et le Paraguay), le Brésil est le plus dynamique.
- L'échelle régionale peut être celle des régions d'un pays : au Brésil, le Nordeste, agricole et pauvre, s'oppose au Sudeste, industriel et financier.

3 À l'échelle des villes

- Dans les villes des pays riches, la mixité sociale avait progressé avec les Trente Glorieuses, mais depuis la crise de 1973 s'accentue la différenciation sociale et spatiale. Une partie de l'espace urbain (zones urbaines sensibles en France) cumule les handicaps (habitat dégradé, pauvreté, chômage, insécurité).
- Au Sud, les contrastes sociaux sont très marqués. Les plus riches vivent dans des « *gated communities* » (**Doc.**) et les plus pauvres s'entassent dans les banlieues ou des centres dégradés (Le Caire) ; les bidonvilles traduisent ces inégalités et l'absence de maîtrise de la croissance urbaine.

Doc. Le quartier de Morumbi à Sao Paulo (Brésil)

Un vaste bidonville s'étale au pied du quartier riche.

Le quartier riche est un *condominio fechado* (*gated community* ou lotissement fermé) entouré par une palissade et surveillé par des gardes armés.

Vocabulaire

BRICS : ensemble composé du Brésil, de la Russie, de l'Inde, de la Chine et de l'Afrique du Sud. Selon certains économistes, ces BRICS égaleraient d'ici 2050 les six premières puissances économiques mondiales actuelles.

PMA : pays les moins avancés.

IDH : indicateur de développement humain établi par l'ONU pour rendre compte des inégalités de développement. Il combine trois variables : le Revenu national brut (RNB) par habitant, l'espérance de vie à la naissance et le niveau d'éducation.

Triade : pays qui, vers 1980, représentaient 80 % du PIB mondial (Amérique du Nord, Europe de l'Ouest, Japon et Dragons asiatiques). Ils représentent encore les 2/3 du PIB mondial.

***Gated communities* (« lotissements fermés »)** : quartiers résidentiels, entourés d'une clôture et gardés par des vigiles, qui s'étendent sur des centaines d'hectares pour les plus grands où la population peut vivre en vase clos.

Notions-clés

Pays émergents : pays qui, sortis du sous-développement, voient leur économie prendre une importance internationale.

Mixité sociale : fait que des catégories sociales différentes vivent dans un même espace.

Différenciation sociale et spatiale : fait que la ville se segmente en quartiers qui se différencient par l'origine sociale de leurs habitants.

Zones urbaines sensibles : quartiers des villes françaises définis par une loi de 1996, où les autorités ont mis en place une politique de la ville destinée à réhabiliter l'espace urbain, à créer des emplois et à réduire les inégalités.

2 De nouveaux besoins pour 9 milliards d'hommes en 2050

De quoi s'agit-il ? Le boom démographique, malgré les apparences, appartient au passé. La croissance de la population mondiale continue, certes, mais elle ralentit fortement. Par ailleurs, la croissance économique diffuse ses effets. Cela se traduit par de nouveaux besoins.

1 Toujours plus d'habitants ?

- Il a fallu attendre 1800 pour que la population mondiale atteigne 1 milliard d'habitants; elle a atteint les 3 milliards vers 1960 et dépassé les 6 milliards vers 2000. En 1975, en raison du boom démographique (natalité élevée, mortalité en baisse), on prévoyait 12 milliards d'habitants vers 2050, mais les projections convergent désormais vers 10 milliards (**Doc.**).
- En effet, les femmes en âge d'avoir des enfants ont, depuis 25 ans, une fécondité beaucoup plus faible que leurs mères. Cela s'explique par la baisse de la mortalité infantile, par les progrès de l'éducation et en partie au moins par l'émancipation féminine.
- Les projections de l'ONU supposent une baisse de la fécondité de 2,5 à 2 enfants par femme en moyenne d'ici 2050. Ensuite, si la fécondité se maintient à 2, la population mondiale stagne; si elle baisse encore, la population mondiale recule nettement.

2 Croissance, population et besoins

- La croissance de la population suppose la croissance des besoins en eau, en nourriture (donc en terres agricoles), en matières premières, en biens d'équipement et de consommation, en services (santé, éducation, etc.).
- La croissance économique rapide des pays émergents (par exemple, 10 % par an pour la Chine entre 1980 et 2010) se traduit par une croissance des besoins de chaque habitant; en effet, même si la Chine s'enrichit plus vite que chacun de ses habitants, la capacité à consommer des Chinois a fortement augmenté.
- La croissance économique produit aussi une diversification de ces besoins. Puisque les besoins primaires sont assez bien satisfaits désormais, on assiste à un développement des besoins secondaires. Les investissements des entreprises, attirées par les perspectives de ces marchés émergents, alimentent la croissance de la demande.

Doc. **Projections d'après les chiffres de l'ONU à partir de l'instrument de simulation de l'Institut national d'études démographiques (INED)**

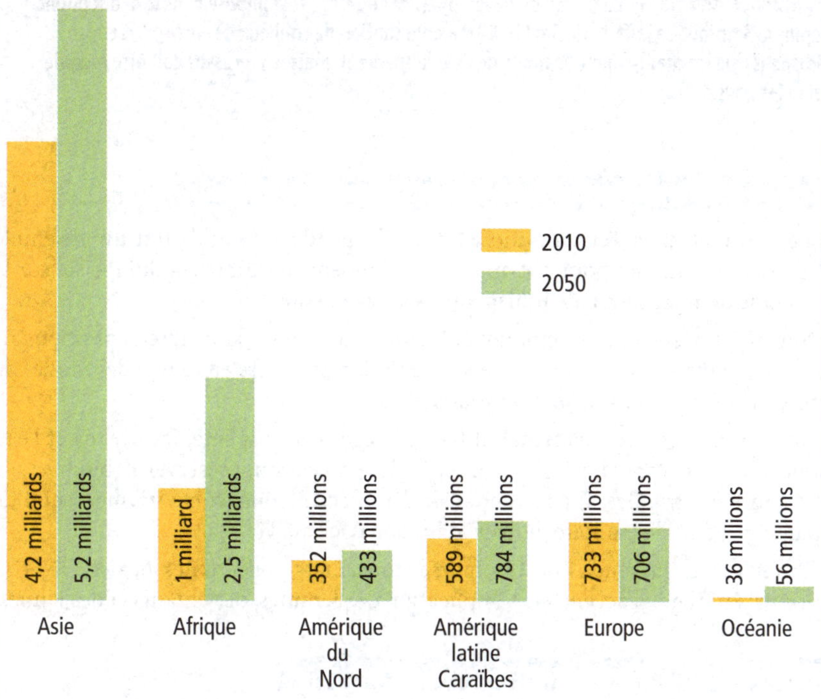

L'INED ne va pas au-delà de 2050 car l'incertitude de la projection serait telle que le chiffre obtenu n'aurait aucune valeur scientifique.

Notions-clés

Projection : approche de l'évolution à venir de la démographie sur la base des évolutions antérieures constatées et des tendances futures estimées. On réalise un calcul mathématique, avec une hypothèse haute, une hypothèse basse et une moyenne ; en général, seule la moyenne est mentionnée.

Besoins primaires : besoins dont la satisfaction permet la survie (manger, boire, s'habiller, se loger, se soigner).

Besoins secondaires : besoins non indispensables à la survie et destinés à assurer le bien-être (transports, loisirs, culture, mode, etc.).

3 Des modes durables de développement

De quoi s'agit-il ? Le thème du développement durable s'est imposé dans le débat public depuis le Sommet de la Terre de Rio (1992). La dégradation des milieux de vie (Doc.) rend indispensable un changement de mode de développement. Mais le processus doit être modulé selon les pays.

1 Des principes généraux de développement durable

- Le Sommet de la Terre de Rio a adopté l'Agenda 21, qui définit un ensemble d'actions à combiner pour obtenir un développement durable et qui insiste sur la coopération internationale indispensable à sa réussite.
- Sur un plan social et économique, il faut lutter contre la pauvreté, promouvoir la santé, maîtriser la croissance de la population et mettre en œuvre des modes de production et de consommation soutenables.
- Sur un plan environnemental, il faut protéger l'atmosphère, les océans et l'eau douce, lutter contre le déboisement et la désertification, préserver la biodiversité et les milieux fragiles. Il convient aussi d'apprécier l'impact environnemental de chaque produit de manière globale, dans son cycle de vie.
- La réussite de l'Agenda 21 est l'affaire de tous, États, collectivités locales, ONG ou entreprises. Il met l'accent sur l'implication des femmes, des enfants et des jeunes.

2 Une application à moduler selon les pays

- Les pays développés, en raison de leur richesse, de leur maîtrise technique et de l'ancienneté d'une croissance qui a dégradé l'environnement, doivent assumer un effort plus important (Facteur 4).
- Cependant, les pays émergents ne doivent pas attendre pour agir d'arriver à un stade de développement plus avancé ; en Chine ou en Inde, par exemple, l'environnement est déjà si dégradé que ces pays doivent réduire l'empreinte écologique de leur croissance, calculée sur la base du cycle de vie de chaque produit.
- Les PMA ne sont toujours pas entrés dans la voie du développement, or cette situation a également des effets destructeurs pour l'environnement. Il convient donc d'y privilégier les investissements dans l'éducation, la santé et la protection sociale (ces pays ne consacrent que 5 % de leurs dépenses à ces budgets).
- Les PED s'urbanisant rapidement, il faut prévoir les infrastructures de base (eau potable, égouts, transports, logements, écoles, hôpitaux) et prévenir les risques naturels.

Doc. La dégradation des milieux de vie

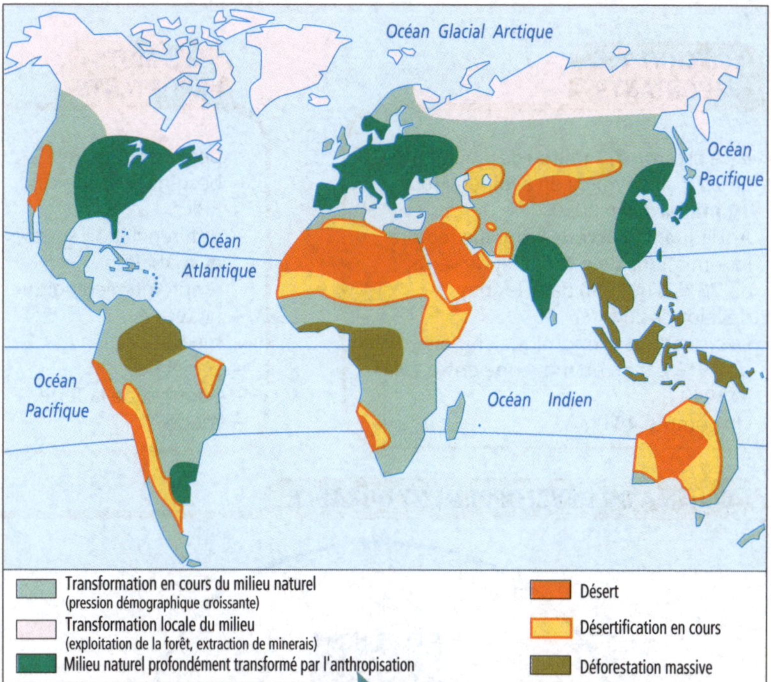

L'anthropisation est la transformation d'un milieu ou d'un espace par l'homme.

Vocabulaire

Soutenable : très souvent synonyme de « durable ».

Milieu fragile : tout milieu qui est facilement dégradé et difficilement restauré (montagne, îles, oasis, déserts, milieux polaires, mangroves, zones humides).

Cycle de vie (d'un produit) : de la production des matières premières au traitement du produit en fin de vie, en passant par sa fabrication, son transport et son utilisation.

Notions-clés

Sommet de la Terre : conférence internationale organisée par l'ONU tous les dix ans depuis 1972 pour inciter au développement durable ; elle réunit des chefs d'État et de Gouvernement ainsi que des ONG (organisations non gouvernementales).

Facteur 4 : les pays industrialisés doivent réduire d'un facteur 4 (75 %) leurs émissions de gaz à effet de serre d'ici 2050, alors que les émissions des PED vont augmenter du fait du rattrapage de leur retard de développement. De cette façon, on éviterait une hausse des températures moyennes trop forte au XXIe siècle.

Empreinte écologique : c'est la surface géographique nécessaire pour fournir les ressources et absorber les déchets d'une population donnée (une ville, une région, un pays, un continent, la Terre).

RÉVISION EXPRESS

LES CHIFFRES IMPORTANTS

- Il y a environ **7,3 milliards** d'habitants en 2015. Il devrait y en avoir environ **10 milliards** en 2050.
- Appliquer le **Facteur 4** signifie réduire les émissions de gaz à effet de serre de **75 %** d'ici 2050 dans les pays développés.
- La croissance économique chinoise a été de **10 %** par an en moyenne entre 1980 et 1990.
- On compte **48** PMA.

LES MOTS IMPORTANTS

- besoins primaires
- besoins secondaires
- BRICS
- différenciation sociale et spatiale
- empreinte écologique
- facteur 4
- mixité sociale
- projection
- Sommet de la Terre
- triade

SCHÉMA DU DÉVELOPPEMENT DURABLE

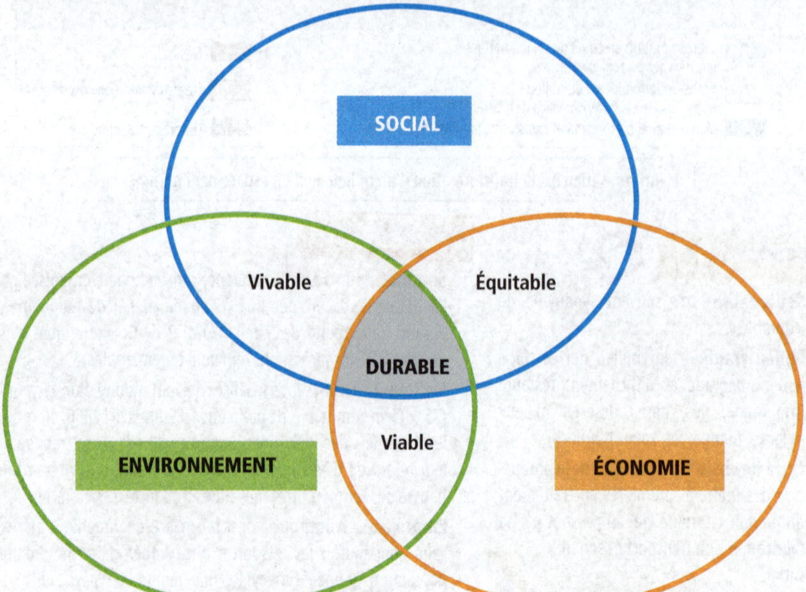

LES INSTITUTIONS IMPORTANTES

• **Commission de la population et du développement**
Dénommée ainsi depuis 1994, cette commission des Nations unies fournit des statistiques, des informations et des conseils en matière de développement et de population et assure le suivi du Programme d'action de la Conférence internationale sur la population et le développement.

• **Conférence des Nations unies sur l'environnement et le développement (CNUED)**
Plus connue sous le nom de « Sommet de la Terre », cette conférence se réunit tous les dix ans depuis 1972. Elle a abouti à la signature de conventions sur la biodiversité, le changement climatique, la lutte contre la désertification et le développement durable.

Quiz

1. Cochez la bonne réponse. Un PMA est…

- ☐ un pays aux revenus intermédiaires
- ☐ un pays en développement
- ☐ un pays d'Asie
- ☐ un pays très pauvre

2. Vrai ou faux ?
D'ici à 2050…

a. L'Asie est le continent où la population va le plus fortement augmenter.
☐ Vrai ☐ Faux

b. L'Amérique du Nord va connaître une baisse de sa population.
☐ Vrai ☐ Faux

c. L'Europe va connaître une hausse faible de sa population.
☐ Vrai ☐ Faux

d. L'Afrique va connaître une hausse en volume comparable à celle de l'Asie.
☐ Vrai ☐ Faux

3. Vrai ou faux ?
À propos du Sommet de la Terre…

a. Le Sommet de la Terre est une conférence des Nations unies qui a lieu tous les dix ans.
☐ Vrai ☐ Faux

b. Le premier Sommet de la Terre a eu lieu à Rio en 1992.
☐ Vrai ☐ Faux

c. Les décisions prises au Sommet de la Terre doivent être appliquées par les États sous peine de sanctions.
☐ Vrai ☐ Faux

→ Réponses p. 142

Lier et confronter des documents

MÉTHODE

- Un document ne dit jamais tout sur une question quelle que soit sa richesse, sa largeur de vue et l'honnêteté intellectuelle de son auteur.
- Chaque auteur d'un texte, d'une série statistique, d'une image, etc., a un point de vue, une approche personnelle ou un objectif, qui peuvent le conduire à privilégier un aspect plutôt qu'un autre. Les indicateurs économiques eux-mêmes, comme leur nom l'indique, ne sont que des indicateurs ; ils fournissent une approche de la réalité qui n'est jamais la description de toute la réalité.

1. Repérer les données importantes

- Relevez dans chaque document les informations importantes et utiles pour traiter d'une question et placez-les en regard de ce que fournissent le ou les autres documents.
- Lisez les tableaux et surlignez dans chacun ce qui semble important. Ce travail permet en même temps d'ébaucher la réflexion d'ensemble.

2. Croiser les documents

- Confronter les idées ou les données présentes dans un document avec ce qui sera relevé dans un autre pour en vérifier la pertinence.
- Les informations fournies par l'un ou l'autre document permettront ainsi de compléter chaque document et de procéder à leur analyse fine.
- N'oubliez pas par contre de définir les mots et les éléments à partir desquels vous allez raisonner dans le détail.

APPLICATION : EXERCICE CORRIGÉ

Liez et confrontez des statistiques pour étudier le développement du Brésil en répondant à la question suivante : Au vu de ces deux tableaux, le Brésil est-il un pays émergent ?

Doc. 1 Évolution de la démographie brésilienne

	1990	2000	2008	2015
Mortalité	7 ‰	6 ‰	6 ‰	6 ‰
Natalité	24 ‰	18 ‰	16 ‰	15 ‰
Fécondité	2,8	2,4	1,9	1,8
Espérance de vie	66	70	72	75
Mortalité infantile	46 ‰	28 ‰	18 ‰	19 ‰

Doc. 2 IDH, IIG et IPM dans le classement 2014 du PNUD

	IDH (valeur)	IDH[1] (rang)	IIG[2] (rang)	IPM[3] (rang)	PIB/hab./an ($)
Europe					
Norvège	0,944	1	22	–	42 400
Malte	0,839	37	102	–	27 930
Hongrie	0,828	44	46	–	22 916
Macédoine	0,747	81	84	17	11 780
Autres continents					
Argentine	0,836	40	37	27	22 050
Brésil	0,755	75	19	23	15 175
Chine	0,727	90	94	29	12 547
Niger	0,348	188	159	101	908

1. L'indice de développement humain mesure le PIB en ppa, l'espérance de vie, le taux d'alphabétisation des adultes et le taux de scolarisation.
2. L'IIG (indice d'inégalités de genre) est équivalent à l'IDH mais différencie hommes et femmes pour mesurer les inégalités qui les séparent.
3. L'indice de pauvreté multidimensionnelle est adapté à des PED (mortalité infantile, années de scolarisation, accès à l'eau potable et à l'électricité. Plus il est proche de zéro, meilleures sont les conditions).

CORRIGÉ

- Le chiffre essentiel est la chute de la mortalité infantile dans la mesure où c'est l'indicateur le plus fiable de toute amélioration ou de toute dégradation de la situation d'un pays. Elle explique la hausse de l'espérance de vie (tableau 1).

> **Gagnez des points !**
> N'oubliez pas que pour apprécier la situation d'un pays, il est utile de comparer cette situation avec celle d'autres pays dont le cas est significatif.

La fécondité et la natalité de 1990 étaient celles d'un pays engagé dans la phase 2 de la transition démographique ; les données suivantes confirment les progrès.

L'espérance de vie (1er tableau) et le PIB/hab (2nd tableau) sont deux des indicateurs qui composent l'IDH du 2nd tableau.

- L'IPM du Brésil est comparable à celui de la Macédoine, État candidat à l'entrée dans l'UE.

Le classement du Brésil est meilleur que celui de la Macédoine pour l'IDH et se trouve même devant la Norvège, la Hongrie et Malte pour l'IIG.

Hors d'Europe, il fait mieux que la Chine.

- Un pays émergent est un PED, qui n'est pas un PMA et dont l'économie présente des signes de décollage économique manifestes. On s'accorde à considérer que le Brésil correspond à ces critères, comme l'Inde, la Chine ou le Mexique. Les indicateurs sociaux et économiques qui figurent dans ces tableaux vont dans ce sens ; un indicateur, même positif, ne suffit pas à démontrer que le développement s'installe ; il faut un faisceau d'indicateurs concordants.

- Le premier tableau montre que la mortalité générale mais surtout la mortalité infantile ont baissé ; la première évolue lentement car elle dépend aussi de la composition par âge de la population alors que la seconde enregistre immédiatement l'évolution, positive ou négative, des conditions sanitaires à laquelle les enfant de moins de un an sont très sensibles. Elle a reculé de près de moitié entre 1990 et 2000 et encore d'un tiers entre 2000 et 2015 pour se situer à des niveaux inférieurs à ceux de la France de 1960. Ce recul explique les progrès de l'espérance de vie ; sans autre précision, il s'agit de l'espérance de vie à la naissance ; elle progresse dans un PED quand les enfants de moins de un an meurent moins, alors que dans un pays riche, elle progresse parce que les personnes âgées sont de mieux en mieux soignées.

> **Gagnez des points !**
> Rendez parlantes les données chiffrées en calculant ce que représente leur évolution en pourcentage ou par rapport à d'autres pays ou époques.

• Les données du premier tableau expliquent les résultats du second puisque l'IDH intègre entre autres l'espérance de vie. Le Brésil est 75e pour l'IDH ; on constate que si 30 places séparent le Brésil de la Hongrie, un des pays qui ont adhéré à l'Europe en 2004, l'écart n'est que de 0,7 point ; les gains constatés dans le premier tableau dans la décennie 2000 conduisent à penser que le rattrapage va continuer ; le Brésil est donc bien un pays émergent.

Gagnez des points !

Le premier tableau donne des chiffres sur 20 ans ; vous pouvez formuler une hypothèse sur l'évolution postérieure, hypothèse qui s'appuie aussi sur les résultats du second tableau.

L'IIG montre que les inégalités entre hommes et femmes reculent dans un pays qui était très fortement inégalitaire ; c'est une des conditions du développement ; c'est aussi une condition du recul de la mortalité infantile visible dans le premier tableau : des femmes mieux éduquées ont moins d'enfants, les soignent mieux et sont moins pauvres.

Vérification des connaissances

Estimations démographiques de l'INED pour 2015

	France	Chine	Hong Kong	Haïti	Brésil	Afghanistan
Taux de natalité	12 ‰	12 ‰	9 ‰	28 ‰	15 ‰	34 ‰
Taux de fécondité	2	1,7	1,2	3,2	1,8	4,9
Taux de mortalité infantile	4 ‰	12 ‰	2 ‰	42 ‰	19 ‰	74 ‰
Espérance de vie	82	75,5	84	63	75	61

1 Donnez trois explications à la faible fécondité chinoise.

2 Donnez une explication au fait que Hong Kong, territoire chinois, a une mortalité infantile 6 fois plus faible que le reste de la Chine.

3 Comment expliquer le mauvais chiffre de la mortalité infantile à Haïti ?

4 À quel stade de la transition démographique en est Haïti ?

5 Donnez une explication au fait que le Brésil présente un taux de natalité nettement supérieur à la France alors que la fécondité est inférieure.

6 Donnez deux explications à la faible espérance de vie en Afghanistan.

Application de la méthode

SUJET

Liez et confrontez les tableaux suivants pour répondre à la question.

Estimation de la population chinoise en millions

1950	1980	1990	2000	2010	2015
550 M	1000 M	1150 M	1275 M	1350 M	1370 M

Estimation de la population urbaine en Chine

1950	1980	2000	2010	2030
15 %	20 %	36 %	48 %	68 %

Estimation de la croissance du PIB chinois

1976	1980	1990	2000	2009	2014
–2 %	8 %	5 %	8 %	12 %	8 %

Comment expliquer la hausse de la population urbaine chinoise ?

Exercice d'entraînement

Doc.

Liste des aides au développement durable de l'Espagne

• Forum ibéro-américain et caraïbe : […] accords pour un futur plus durable.

• Programme de développement municipal pour l'Amérique centrale (DEMUCA). Ce type de coopération a été mis en œuvre en combinant des actions de modernisation et de renforcement des institutions avec d'autres actions visant à fournir une couverture adaptée en matière de services de base[1] […].

• Eau et assainissement avec des actions en matière de fourniture d'eau potable, traitement de l'eau, des eaux usées et exploitation durable des ressources en eau.

• Énergie et environnement avec des projets particulièrement respectueux de l'environnement, énergie solaire […].

• Contributions […] au Fonds européen de développement, qui est le principal instrument de développement de l'Union européenne ; il est alimenté par des contributions directes des États-membres et les bénéficiaires sont des pays d'Afrique, Caraïbe et Pacifique.

Information présentée par le Gouvernement espagnol devant la Commission du développement durable des Nations unies, juin 2001.

1. Les services de base sont l'éducation, la santé, l'eau potable, les égouts, l'électricité, etc.

1. Pourquoi l'Espagne aide-t-elle l'Amérique du Sud et les Caraïbes ?

2. Pourquoi prévoir de renforcer les institutions municipales ?

3. Pourquoi se focalise-t-elle sur le traitement des eaux et le solaire ?

4. Pourquoi existe-t-il un Fonds européen de développement ?

Quiz

1 Un PMA est un pays très pauvre. Pour l'ONU, un PMA se définit par la faiblesse du PIB/hab., le retard de développement humain, la vulnérabilité économique.

2 **a. Faux.** La transition démographique est en voie d'achèvement dans beaucoup de pays asiatiques; cependant, la population de l'Asie est nombreuse et jeune; des gens jeunes meurent peu et ont des enfants. Les Asiatiques auront donc peu d'enfants chacun en moyenne mais auront une natalité relativement forte; la hausse en pourcentage sera plus faible qu'en Afrique mais en volume, en raison de la masse que représente déjà l'Asie, le chiffre sera comparable à celui de l'Afrique.

b. Faux. La fécondité reste aux environs de 2 et les États-Unis sont le premier pays d'immigration au monde.

c. Faux. On prévoit une baisse en raison de la faible fécondité d'une majorité de pays. Russie et Allemagne présentent déjà un taux d'accroissement naturel négatif. L'immigration ne devrait pas suffire à compenser cette perte.

d. Vrai. L'Afrique est beaucoup moins peuplée que l'Asie mais sa population est très jeune et elle n'a pas achevé la première phase de la transition démographique. Dans ces conditions, la hausse en volume et plus encore en pourcentage va être très forte (1 milliard, soit un doublement environ).

3 **a. Vrai.**

b. Faux. En 1972 à Stockholm.

c. Faux. Elles n'ont pas de caractère contraignant, même pour les signataires.

Vérification des connaissances

1 La faible fécondité chinoise s'explique par la politique de l'enfant unique mise en place par la contrainte à partir de 1979, mais aussi par l'urbanisation et le développement de la Chine contemporaine : les citadins ont un niveau de vie supérieur aux ruraux et les populations à plus haut niveau de vie ont moins d'enfants.

2 Cela s'explique par la richesse de Hong Kong; cette ancienne colonie britannique n'a pas souffert des échecs économiques de l'époque maoïste; c'est un port de taille mondiale et une des quatre principales bourses asiatiques.

3 Haïti est un PMA ; le développement est très insuffisant, les dépenses de santé et d'éducation le sont tout autant ; cela explique ces mauvais résultats.

4 Haïti en est à la seconde phase de la transition démographique alors que l'Afghanistan, un PMA également, finit la première phase. Cependant, Haïti est un PMA et n'en est qu'au tout début de la seconde phase ; la natalité reste élevée.

5 La population brésilienne est beaucoup plus jeune que la population française ; la natalité dépend de la structure par âge de la population car une population jeune a plus d'enfants qu'une population vieillissante. Cependant, chaque Brésilienne a en moyenne moins d'enfants qu'une Française.

6 Cela s'explique par les mauvaises conditions de vie liées à la pauvreté et même à la misère, à la guerre et plus particulièrement à l'importance de la mortalité infantile (1 enfant sur 14 n'arrive pas à l'âge d'un an) qui fait baisser l'espérance de vie à la naissance. Les chiffres de l'Afghanistan évoluent cependant rapidement.

Application de la méthode

- La hausse de la population urbaine s'explique tout d'abord par la hausse de la population totale ; à répartition égale entre ville et campagne, si la population totale augmente comme le montre le premier tableau, la population urbaine augmente.

> **Remarque**
> Connaître le cours est indispensable pour éclairer un document.

Par ailleurs, on constate que la population urbaine augmente très peu entre 1950 et 1980 ; cela s'explique par la politique maoïste qui bloquait l'exode rural et avait même organisé le retour périodique vers la terre d'une partie de la population urbaine. Ce contrôle est progressivement levé à partir de 1979 à la suite des réformes de Deng Xiao Ping ; on constate ainsi dans le second tableau que c'est à partir de 1980 que la Chine s'urbanise véritablement et que d'ici au milieu du XXIe siècle (prévisions 2030), si on poursuit la tendance observable sur le document, elle devrait avoir rattrapé le taux d'urbanisation de l'Amérique du Sud.

- Les réformes de 1979 ont surtout provoqué le décollage de l'économie chinoise visible dans le troisième document ; ce qu'il ne montre pas, c'est le fait que la croissance est plus forte encore dans les régions côtières

> **Gagnez des points !**
> Rendez les chiffres plus parlants ; calculez ce que représentent en volume ou en pourcentage les évolutions chiffrées.

urbanisées où une mégalopole est en voie de constitution. Cela explique que l'on soit passé de 200 M de citadins en 1980 à 600 M environ en 2010. Les villes ont besoin de main-d'œuvre pour se développer et leur développement attire le surplus de main-d'œuvre des campagnes, qui, elles aussi, se modernisent, au moins partiellement. Le rythme de croissance des villes est le reflet de celui de la croissance du PIB et du retard de l'urbanisation en 1979.

Exercice d'entraînement

1. L'Espagne est, avec le Portugal, l'ancienne puissance coloniale des Caraïbes, de l'Amérique centrale et du Sud. À ce titre, elle a gardé de nombreux liens, politiques, économiques et culturels, avec cette région du monde. Après son entrée dans l'UE en 1986, elle a connu une forte croissance économique qui lui offre les moyens d'aider au développement de cette région du monde et d'y cultiver son influence comme la France le fait en Afrique.

2. Le sous-développement se traduit par des faiblesses dans de multiples domaines. Les guerres, l'instabilité politique, la corruption, l'absence d'État de droit sont des facteurs importants de retard dans le développement d'un pays. Ces facteurs pèsent tout particulièrement sur les personnes les plus fragiles qui sont totalement démunies face à de telles situations. Par ailleurs, on sait que l'aide au développement parvient difficilement à ses destinataires théoriques; c'est une des raisons du succès des ONG qui ont bâti leur crédibilité sur leur capacité à apporter directement aux populations locales les fonds qu'elles collectent auprès du grand public. L'aide au développement négociée d'État à État est souvent accusée de servir les intérêts politique ou économiques des États mais rarement ceux des populations démunies. L'Espagne, en privilégiant ce programme DEMUCA à l'échelle municipale, prend donc en compte les critiques adressées traditionnellement à l'aide au développement classique que pratiquent les États. Dans ce rapport à l'ONU, elle entend donc mettre en avant le caractère exemplaire de son aide.

3. L'Espagne connaît un climat méditerranéen sur une large partie de son territoire. Elle est donc le pays européen qui a le plus fortement développé la production d'électricité solaire. Par ailleurs, plusieurs régions de la péninsule sont soumises à un stress hydrique, ainsi que les îles. De ce fait, l'Espagne a développé des techniques de traitement des eaux ou de dessalinisation de l'eau de mer. Par ailleurs, la mauvaise qualité de l'eau est un élément qui pèse sur la situation sanitaire des PED, en particulier sur la mortalité infantile. Tout ceci explique cette particularité de l'aide au développement espagnole.

4. Depuis sa fondation, l'Europe est fondée sur un principe de solidarité ; solidarité entre ses membres, les plus développés aidant ceux qui sont en retard à les rattraper ; solidarité également à l'égard du tiers-monde, qui s'exprime à travers plusieurs programmes dont le Fonds européen de développement.

CHAPITRE 7

Gérer les ressources : nourrir les hommes

1 Production en hausse, population en hausse

De quoi s'agit-il ? Les grandes famines du passé ont disparu. Mais le nombre d'êtres humains souffrant de la faim recommence à augmenter, ce qui prouve la fragilité des progrès.

1 Une amélioration décisive

- Depuis le XVIIIe siècle, l'Europe a définitivement échappé à la famine. À partir de 1960, les Pays en développement (PED) connaissent à leur tour des progrès décisifs. À l'échelle mondiale, on dispose désormais de 2 800 calories par habitant et par jour alors que les besoins moyens sont de l'ordre de 2 500.
- L'insécurité alimentaire a reculé grâce à l'amélioration des cultures et des rendements plus que par la mise en culture de nouvelles terres (**Doc.**).
- Les famines au sens classique du terme ont disparu avec la révolution verte en Inde vers 1960, puis en 1979 en Chine ; le Brésil est devenu le principal PED exportateur de produits agricoles.
- Depuis un quart de siècle, les pays véritablement menacés par des crises alimentaires (Éthiopie, Somalie, Soudan) sont des pays en guerre.

2 Des progrès inégaux et insuffisants

- La sous-nutrition reste élevée (800 millions de personnes avec un pic à 1 milliard en 2010). Elle survient périodiquement lors de la soudure, en cas d'aléa climatique, de problème économique ou de guerre.
- La malnutrition affecte environ 2 milliards d'hommes. L'obésité affecte une partie des habitants des pays riches mais aussi des citadins des PED.
- En Afrique, la population est en phase 1 de la transition démographique. Elle est peu solvable et a plus difficilement accès à l'éducation. Les terres y sont moins bien exploitées.
- La faim ne frappe pas l'ensemble d'une population mais certaines catégories plus fragiles et discriminées que les autres : les migrants, les minorités ethniques, les femmes, les enfants. C'est donc plus l'accès à la nourriture que sa production qui est en cause dans la persistance des inégalités alimentaires.

Doc. **Production agricole : une croissance supérieure à celle de la population**

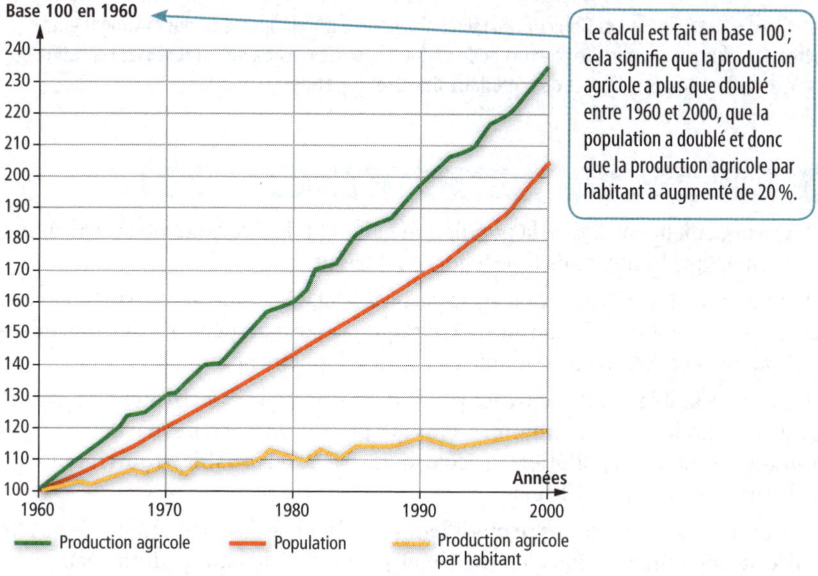

Vocabulaire

Rendement : quantité récoltée par hectare cultivé.

Soudure : période qui s'étend entre le moment où une population consomme les récoltes de l'année précédente et le moment où elle peut commencer à entamer celle de l'année en cours.

Solvable : se dit d'un marché ou d'un pays qui a les moyens d'acheter ou d'emprunter pour payer ce qu'il importe.

Notions-clés

Insécurité alimentaire : situation d'une population qui a du mal à accéder à la nourriture, pendant une période plus ou moins longue.

Révolution verte : passage à une agriculture intensive, utilisant des machines, des engrais, des espèces sélectionnées, des insecticides et pesticides et pratiquant l'irrigation.

Sous-nutrition (ou sous-alimentation) : manque de nourriture.

Malnutrition : manque de nourriture en quantité accompagné de carences en sels minéraux ou en protéines. Le mot s'applique aussi en cas d'apport calorique excessif (surnutrition).

Transition démographique : passage d'un régime démographique ancien, avec une natalité et une mortalité élevée et un faible accroissement naturel, à un régime démographique moderne, avec une natalité et une mortalité faibles et un faible accroissement naturel. Dans un premier temps (phase 1), la mortalité baisse alors que la natalité reste élevée, avant que la natalité s'ajuste à cette faible mortalité dans un second temps (phase 2).

2 Assurer la sécurité alimentaire

De quoi s'agit-il ? Les Objectifs du Millénaire pour le développement, qui prévoient entre autres de réduire le nombre de pauvres et de malnutris, se heurtent à de nombreuses contraintes ; leur réalisation suppose d'éviter de reproduire des erreurs passées.

1 Production, consommation : les contraintes du futur

- L'accroissement naturel de la population s'affaiblit déjà considérablement en Asie et en Amérique latine, mais il reste fort en Afrique.
- Pour augmenter la production agricole, on cherche à augmenter les surfaces cultivées ; c'est possible en Afrique ou en Amérique latine, mais peu en Asie. Cependant, ce choix peut être en contradiction avec le développement durable.
- Des terres arables sont menacées par la désertification (Sahel), que le réchauffement climatique pourrait amplifier dans des proportions encore mal déterminées. D'autres le sont par la pollution agricole, industrielle ou urbaine ; d'autres enfin par l'urbanisation (est de la Chine).
- Les pratiques alimentaires se modifient sous l'effet de l'urbanisation, car les citadins ont une alimentation plus variée et plus riche ; la hausse du niveau de vie se traduit par la hausse et la diversification de la consommation ; la mondialisation ouvre l'accès à de nouveaux produits et accélère l'évolution des habitudes alimentaires.

2 Sécuriser l'accès à l'alimentation

- Les États ne doivent plus sacrifier l'agriculture au développement de l'industrie ; ils doivent assurer une juste rémunération aux agriculteurs au lieu de subventionner des importations destinées au marché urbain.
- Il faut investir dans la formation afin de produire plus, par la hausse des rendements et, mieux, par de meilleures pratiques agricoles. Il faut donner aux femmes et aux enfants le plus large accès à l'éducation et aux soins : être éduqué et soigné permet en effet de mieux se nourrir.
- Certains États (Chine, Corée du Sud, Arabie Saoudite) achètent ou louent des terres dans des PED, en Afrique souvent (**Doc.**). Ils s'engagent à assurer un transfert technologique, à investir et à former les hommes. Cependant, certains voient là une forme de néo-colonialisme.
- Le PAM, des ONG ou des États fournissent l'aide alimentaire aux pays les plus fragiles. La FAO et l'OMS fournissent une aide technique.

Doc. **Les plus importantes réserves de terres des pays en développement**

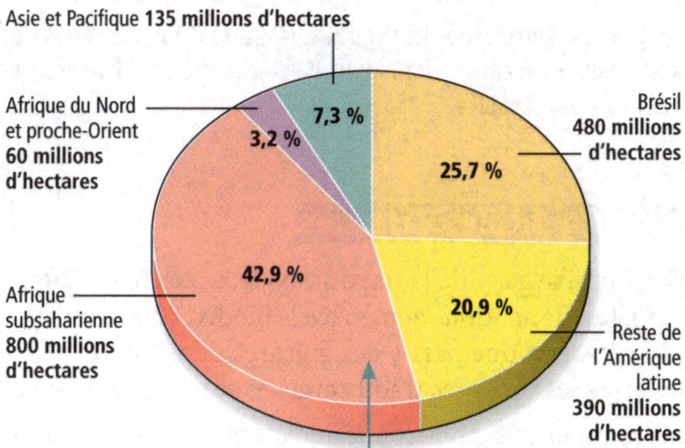

L'Afrique subsaharienne dispose des réserves les plus importantes : elle est peu densément peuplée et son agriculture, peu modernisée, est relativement peu efficace.

Vocabulaire

Accroissement naturel : différence entre le taux de natalité et le taux de mortalité ; il est positif si la natalité est plus forte, négatif dans le cas contraire.

Arable : qualité d'une terre qui peut être labourée et cultivée.

Transfert technologique : processus qui permet de diffuser la maîtrise d'une technologie d'un pays à un autre, d'une entreprise à une autre.

PAM (Programme alimentaire mondial) : organisme spécialisé de l'ONU, chargé de lutter contre la faim dans le monde.

ONG (Organisation non gouvernementale) : organisation qui agit indépendamment des États ou des institutions internationales.

FAO *(Food and Agricultural Organization)* : organisme spécialisé de l'ONU qui fournit une expertise technique aux PED.

OMS (Organisation mondiale de la santé) : organisme spécialisé de l'ONU chargé de la prévention et de la lutte contre les maladies.

Notions-clés

Objectifs du Millénaire pour le développement : fixés lors d'une conférence de l'ONU en 2000, ils visent entre autres à diminuer de 50 % le nombre de gens souffrant de malnutrition ou de sous-nutrition, par rapport au niveau de 1990.

Néo-colonialisme : influence que des États exercent sur le plan politique, militaire, économique ou culturel à l'égard de pays qui dépendent d'eux.

Aide alimentaire : aide destinée aux pays qui souffrent de malnutrition et qui ne sont pas solvables.

3 Développer des agricultures durables ?

De quoi s'agit-il ? **L'intensification de l'agriculture pratiquée sur les terres existantes semble s'imposer, mais appelle des correctifs. La formation et la recherche semblent essentiels pour qu'émergent des agricultures durables.**

1 Des pratiques agricoles à risques

- L'agriculture extensive gaspille la terre arable et accélère la déforestation, ce qui favorise l'érosion, les inondations et menace la biodiversité ; c'est le cas des cultures itinérantes sur brûlis et d'une partie des cultures de plantation (palmier à huile). Par ailleurs, les cultures vivrières traditionnelles sont souvent peu efficaces.
- Les agricultures intensives polluent l'eau, l'air et les sols en utilisant des engrais et des produits phytosanitaires ; le labour profond fragilise les sols ; l'irrigation peut gaspiller et polluer l'eau ; les rizières produisent du méthane, un gaz à effet de serre.
- L'élevage accélère la désertification par le surpâturage. Les bovins produisent du méthane. L'élevage hors-sol rejette des polluants. La production d'un kilo de viande nécessite plusieurs dizaines de kilos de matière végétale. La consommation excessive de graisse animale nuit à la santé.
- En privilégiant quelques espèces très productives, l'agriculture moderne met en danger les autres espèces et la biodiversité. Les OGM admis aux États-Unis sont très contestés en Europe.

2 Quelles solutions ?

- L'éducation et la formation des populations rurales des PED sont indispensables, ainsi qu'un accès au crédit pour se moderniser. Dans les pays du Sud, il faut favoriser, comme dans les pays du Nord, une révolution doublement verte.
- La recherche, après les cultures majeures, le blé, le maïs et le riz, se tourne vers le manioc, le mil et le sorgho, cultures essentielles en Afrique. Elle développe aussi de nouvelles techniques d'irrigation par goutte à goutte pour économiser l'eau ; des produits de traitement moins polluants ; de nouvelles techniques d'épandage.
- Des banques végétales sont constituées pour préserver des milliers de variétés de plantes.
- La pression des opinions publiques sur les entreprises et les gouvernements favorise l'émergence de pratiques agricoles plus respectueuses de l'environnement.

Doc. Les menaces sur les sols

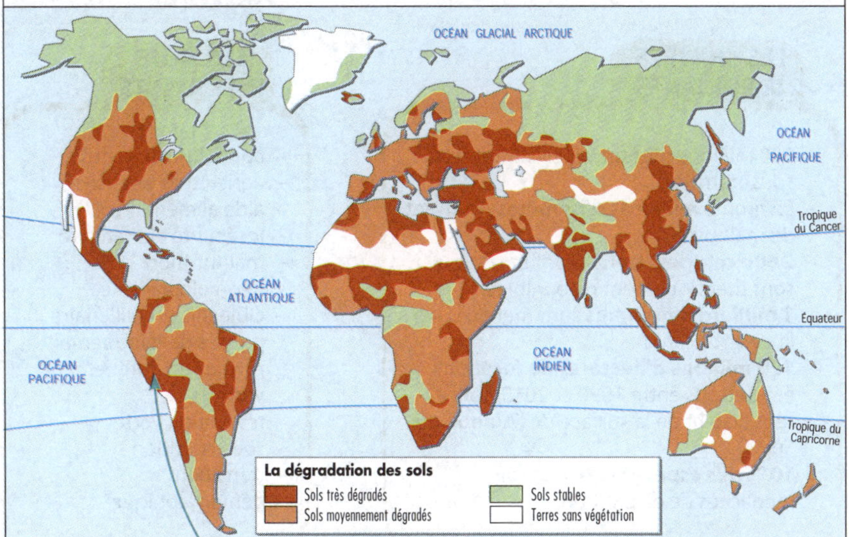

Vocabulaire

Érosion : destruction d'un sol par les eaux de ruissellement, le vent, le gel.

Culture itinérante sur brûlis : méthode de culture où la terre est défrichée sommairement par le feu, cultivée puis abandonnée quand sa fertilité décline au profit d'un nouveau brûlis.

Cultures de plantation : cultures qui se font le plus souvent sur de grandes exploitations en monoculture. Elles sont en général destinées à l'exportation.

Cultures vivrières : culture destinées principalement à l'alimentation de la population locale et souvent autoconsommées par les paysans.

Produits phytosanitaires : insecticides et pesticides.

Surpâturage : il survient quand le nombre d'animaux à l'hectare dépasse les capacités de renouvellement de la végétation qui va alors disparaître.

Élevage hors-sol : élevage intensif, dans des étables où sont concentrés de nombreux animaux, nourris avec des aliments industriels.

Notions-clés

Agriculture extensive : mise en valeur qui mobilise peu d'investissements, peu de produits de traitement à l'hectare et compense la faiblesse des rendements par la grande taille des surfaces exploitées.

Agriculture intensive : mise en valeur qui mobilise beaucoup d'investissements, de machines, de produits de traitement pour obtenir des rendements élevés.

Révolution doublement verte : combinaison de l'efficacité de l'agriculture moderne et de la nécessaire protection de l'environnement.

RÉVISION EXPRESS

LES CHIFFRES IMPORTANTS

- 800 millions **d'hommes** souffrent de sous-nutrition.
- Environ **2 milliards d'hommes** souffrent de malnutrition.
- **2800 calories** par habitant et par jour sont théoriquement disponibles.
- **1 milliard d'hommes** sont menacés par la désertification.
- **129 millions d'hectares de forêt** ont été détruits entre 1990 et 2015, soit l'équivalent de la surface de l'Afrique du Sud.
- **10% des espèces d'arbres** sont menacées de disparition.

LES MOTS IMPORTANTS

- agriculture extensive
- agriculture intensive
- aide alimentaire
- insécurité alimentaire
- malnutrition
- néo-colonialisme
- Objectifs du Millénaire pour le développement
- révolution doublement verte
- révolution verte
- sous-nutrition
- transition démographique

SCHÉMA DU DÉVELOPPEMENT DURABLE : AGRICULTURE ET ALIMENTATION

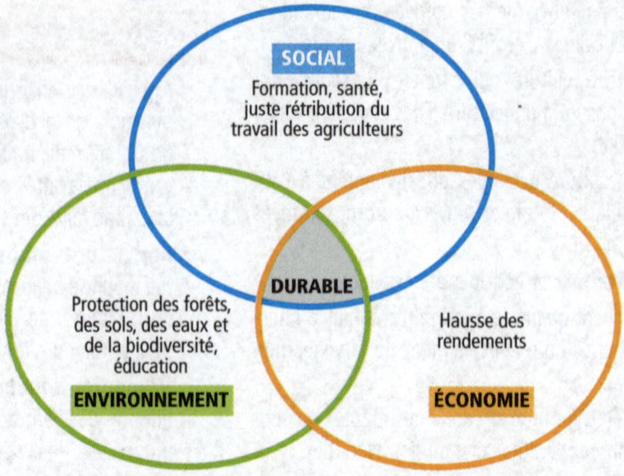

LES INSTITUTIONS IMPORTANTES

- **FAO (*Food and Agriculture Organization*)**
Créé en 1945, cet organisme spécialisé de l'ONU a son siège à Rome et fournit une aide technique aux PED.

- **OMS (Organisation mondiale de la santé)**
Créé en 1948, cet organisme spécialisé de l'ONU a son siège à Genève et s'occupe de prévention et de lutte contre les maladies.

- **ONG (Organisations non gouvernementales)**
Indépendantes des États et des institutions internationales (comme l'ONU), elles peuvent intervenir aux côtés de ces derniers mais aussi à leur place quand ils tardent à le faire pour des raisons politiques et diplomatiques.

- **PAM (Programme alimentaire mondial)**
Créé en 1963, cet organisme spécialisé de l'ONU a son siège à Rome et a pour mission de distribuer l'aide alimentaire.

Quiz

1. Cochez la ou les bonne(s) réponse(s) :
La phase 2 de la transition démographique…
a. ☐ voit continuer la baisse de la mortalité.
b. ☐ correspond à une baisse de l'accroissement naturel.
c. ☐ correspond à une baisse de la natalité.
d. ☐ correspond à la situation de l'Afrique en 2010.

2. Vrai ou faux ?
a. La malnutrition n'affecte pas les populations des pays développés.
☐ Vrai ☐ Faux
b. La révolution verte a été lancée par la Chine.
☐ Vrai ☐ Faux
c. Les OGM sont admis aux États-Unis.
☐ Vrai ☐ Faux
d. Les Objectifs du Millénaire ont été définis par l'Union européenne.
☐ Vrai ☐ Faux

→ **Réponses p. 159**

Réaliser un organigramme

MÉTHODE

1. Mobiliser les éléments nécessaires

- Un organigramme est un schéma ; il ne doit pas seulement illustrer votre copie mais d'abord permettre de visualiser et synthétiser vos idées.
- Dans un premier temps, identifiez au brouillon les éléments nécessaires pour le construire avant de les classer.
- Lors de cette première étape, vous pouvez rédiger un petit texte pour vous aider à hiérarchiser vos informations et à n'en pas oublier.

2. Trier les informations

- L'organigramme est un schéma fléché; les flèches permettent de mettre en relation, de montrer les liens et les interactions entre les divers éléments qui le composent.
- L'organigramme peut ainsi servir à décrire un système, par exemple la chaîne de commandement des forces armées; il peut aussi expliquer une situation, des liens de cause à effet, etc.
- Ainsi, dans un second temps, testez sur votre brouillon la répartition des différents éléments mobilisés dans un ordre logique qui, visuellement, corresponde à la hiérarchie que vous décririez par écrit.

3. Choisir l'essentiel

- Dans un troisième temps, éliminez ce qui encombrerait le schéma ou vous prendrait trop de temps à réaliser.
- Réaliser un organigramme reste un travail de synthèse qui ne doit mettre en évidence que l'essentiel.

4. Mettre en forme l'organigramme

- Un organigramme doit avoir des qualités graphiques tout comme un croquis ou tout autre schéma ; il faut donc veiller au soin apporté à sa réalisation.
- Tracez les cartouches de texte et les flèches à la règle. On peut distinguer cartouches et flèches par leur couleur, en utilisant des traits plus ou moins gros ou des pointillés.

APPLICATION : EXERCICE CORRIGÉ

Réalisez un organigramme sur l'agrobusiness.

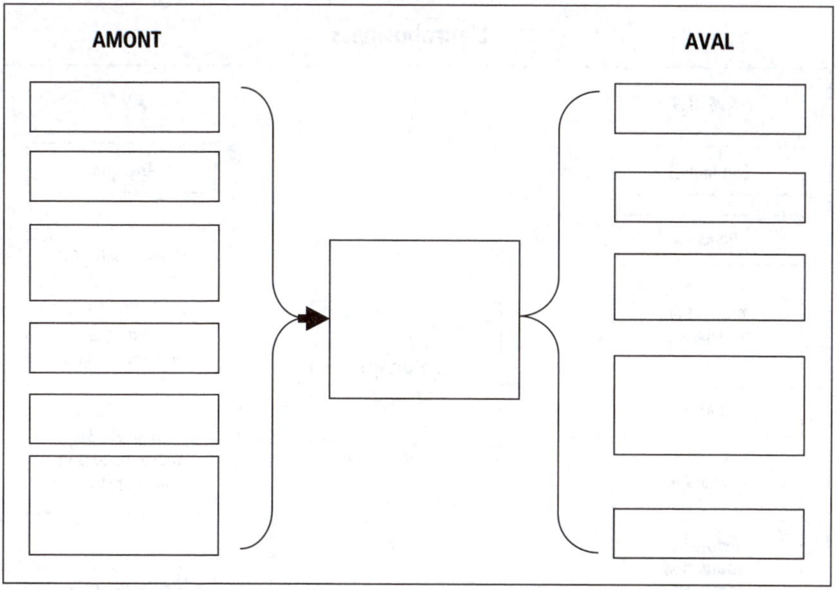

CORRIGÉ

1. Mobiliser les éléments nécessaires

En amont : aides de l'État, prêts des banques, contrats de fourniture avec des industriels ou des distributeurs, achats de matériel et de semences ou d'animaux à des industriels.

En aval : entreprises de transports, sociétés de négoce, transformateurs industriels et entreprises de la distribution.

2. Trier les informations

Placez le fermier au centre de l'organigramme et différenciez d'un côté les activités qui interviennent en amont et de l'autre celles de l'aval.

3. Choisir l'essentiel

À éliminer : exemples d'entreprises intervenant en amont ou en aval ; les consommateurs qui pèsent sur la demande adressée au secteur agricole et peuvent boycotter des produits (OGM).

4. Mettre en forme l'organigramme
Il suffit de distinguer l'agriculteur en mettant en couleur son cartouche ; aller plus loin rendrait la lecture du schéma plus complexe.

L'agrobusiness

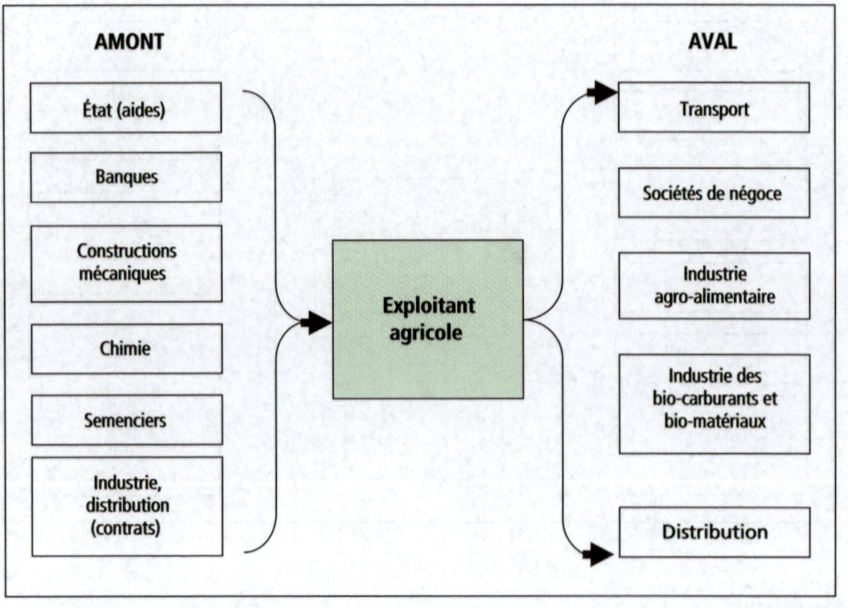

Vérification des connaissances

Pays	Rendements de blé
France	76 quintaux / ha
États-Unis	24 quintaux / ha
Russie	24 quintaux / ha

Expliquez comment ces différents pays obtiennent les rendements indiqués dans ce tableau.

Application de la méthode

SUJET

Réalisez un organigramme sur la révolution verte.

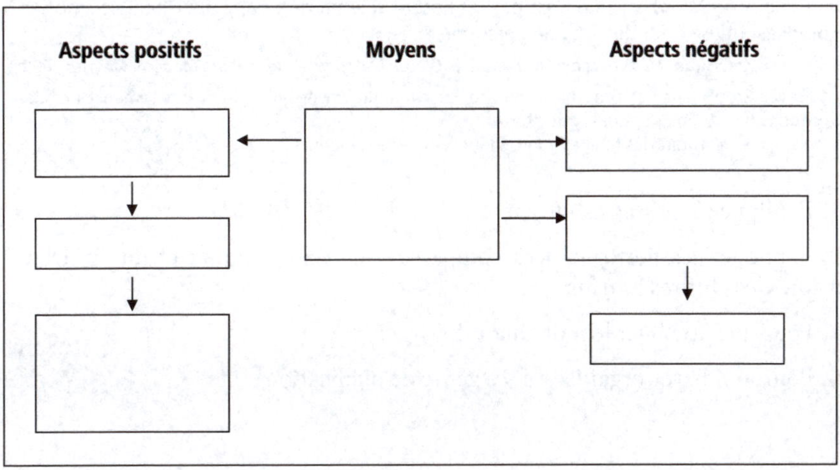

Exercice d'entraînement

Doc.

Un riz hybride : Arize Dhani

En 2008, les cultivateurs de riz en Inde ont pu pour la première fois bénéficier d'une nouvelle solution pour protéger leurs cultures contre les attaques d'une bactérie pathogène […]. Arize Dhani est le nom de la nouvelle variété que Bayer CropScience[1] a introduit dans cinq États indiens. C'est le premier riz hybride au monde qui offre une résistance à 95 % contre toutes les couches connues de flétrissement bactérien[2]. Cette maladie est un problème très sérieux […]. La surface affectée par le flétrissement bactérien correspond à environ 15 % des surfaces cultivées en Inde […]. Les pertes de récolte oscillent entre 20 et 60 % […].

Les sélectionneurs ont associé en une combinaison optimale les gènes de résistance extraits des variétés qui les possédaient déjà à l'état naturel. Ils l'ont fait grâce à un procédé de sélection génétique de pointe qui utilise des marqueurs moléculaires. La variété résistante ainsi obtenue a été ensuite combinée avec une variété à rendement très élevé grâce à une technique d'hybridation éprouvée. Tout comme d'autres variétés de riz hybride de Bayer CropScience, le rendement potentiel de Arize Dheni dépasse de 20 à 30 % celui des variétés classiques. […] « Quand la maladie apparaît, les agriculteurs qui utilisent Arize Dhani peuvent parvenir à produire jusqu'à 80 % de plus que leurs voisins aux variétés classiques, affirme Arun Mittal. […] Ce n'est pas un hasard si le produit s'appelle Dhani : ce mot en hindi est utilisé pour décrire une personne riche. »

Karl Hübner Correo, *La revista de Bayer Cropscience para la Agricultura Moderna*, février 2008.

1. Bayer CropScience est une filiale du groupe chimique Bayer qui produit des semences et des produits de traitement pour l'agriculture.
2. La bactérie attaque les feuilles et provoque leur flétrissement.

1. Expliquez le passage souligné.

2. Expliquez les performances comparées des riz classiques et du riz Dhani d'après les chiffres fournis.

3. Pourquoi attribuer le mot Dhani à ce riz ?

4. Pourquoi Bayer organise-t-il ce genre de publication ?

Quiz

1 **a. Vrai.** La baisse commence en phase 1 et continue en phase 2.
b. Vrai. La baisse de la natalité se traduit par celle de l'accroissement naturel.
c. Vrai. La phase commence quand la natalité commence à baisser.
d. Faux. L'Afrique en est encore à la phase 1 en moyenne.

2 **a. Faux.** Les plus démunis peuvent présenter des alimentations déséquilibrées et carencées.
b. Faux. La Chine, jusqu'en 1979, a connu des famines répétées consécutives à des choix économiques inefficaces.
c. Vrai. Il s'agit des cultures les plus importantes.
d. Faux. Ils ont été définis en 2000 lors du Sommet du Millénaire organisé par l'ONU.

Vérification des connaissances

- La France pratique une culture intensive sur d'excellentes terres ce qui explique des rendements records qui montent même à 100 quintaux par hectare dans le Bassin parisien.
- Les États-Unis pratiquent une culture extensive sur des terres de médiocre qualité, situées à l'ouest du Mississipi, en zone semi-aride. Elles ne sont pas mises en culture tous les ans; cette jachère protège les sols; elle permet aussi d'adapter la production de blé à la situation sur le marché mondial : quand les prix sont rémunérateurs parce que les récoltes chinoises ou russes sont faibles, les États-Unis augmentent les surfaces cultivées.
- En Russie, les faibles rendements ne sont pas la conséquence d'un choix rationnel comme aux États-Unis, mais des médiocres performances de l'agriculture russe, héritière de l'agriculture soviétique, même si, depuis peu, les rendements progressent grâce à des investissements encouragés par les autorités.

Application de la méthode

La révolution verte

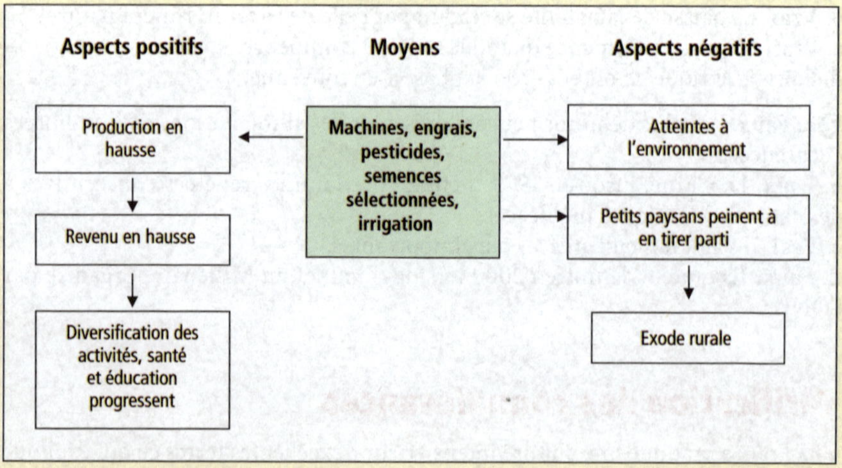

Exercice d'entraînement

1. Bayer CropScience a utilisé les biotechnologies pour mettre au point son riz Dhani. Ces techniques lui ont permis d'individualiser les gènes qui commandaient dans certaines variétés de riz la résistance à la bactérie ; ces gènes ont ensuite été combinés avec le patrimoine génétique d'autres variétés qui offrent de hauts rendements. Ceci a permis d'obtenir une nouvelle variété qui combine résistance et rendement.

Il semble donc, mais le texte n'est pas clair sur ce point, qu'il s'agisse d'un organisme génétiquement modifié, qui dans le cas précis est un SAGE, un OGM Sans Addition de Gène Extérieur à l'espèce qu'est le riz. Il semble qu'il s'agisse là d'un exemple des OGM de seconde génération, les SAGE, qui répondent aux incertitudes, aux critiques et aux inquiétudes que les OGM de première génération ont pu susciter. Les biotechnologies dans le cas présent ont simplement permis d'accélérer le processus d'hybridation que l'agriculture utilise depuis le néolithique, donc d'accélérer la phase de recherche et de mise au point ; l'hybridation classique aurait pu, mais de façon beaucoup plus lente et aléatoire, parvenir au même résultat.

2. Le riz hybride ne permet pas une protection à 100 % ; cela s'explique parce que les qualités données par l'hybridation ne sont pas reproduites à l'identique pour toutes les graines ; cela s'explique aussi parce qu'il y aura toujours certaines souches de la bactérie qui seront résistantes ; Bayer CropScience annonce donc une protection efficace à 95 %, ce qui est déjà très élevé pour un hybride. Par ailleurs, le riz Dhani offre un rendement jusqu'à 30 % supérieur aux riz classiques en temps normal ; en cas d'attaque des cultures par la bactérie, ces riz classiques vont être fortement attaqués et leur rendement va s'effondrer alors que le riz Dhani sera largement protégé ; au total, cela explique un rendement qui peut être de 80 % supérieur aux riz classiques.

> **Gagnez des points !**
> N'hésitez pas à mobiliser des connaissances issues d'autres matières.

3. Le mot Dhani signifie « riche » en hindi, une des langues majeures de l'Inde. Le riz est l'aliment de base traditionnel en Asie comme le blé en Méditerranée et le maïs en Amérique. En Italie au Moyen Âge, « *il popolo grasso* », le peuple gras, les riches bourgeois, s'opposait au « *popolo minuto* », le peuple maigre, les pauvres. Avoir une récolte abondante est la garantie d'échapper au spectre de la faim ; c'est la possibilité de vendre un surplus et d'épargner ; c'est donc la possibilité de consommer et d'assurer un avenir meilleur à soi-même et à ses enfants, que l'on pourra scolariser au lieu de les faire travailler précocement.

> **Gagnez des points !**
> N'hésitez pas à mobiliser des connaissances issues d'autres chapitres pour préciser et clarifier votre raisonnement.

4. Bayer entend assurer la promotion de ses produits et de l'entreprise auprès des professionnels et du grand public. Bayer entend aussi désarmer les critiques. Ces critiques peuvent viser la production de produits de traitement, herbicides ou pesticides, accusés de polluer l'air, le sol, les eaux et les aliments. Elles peuvent viser aussi la production d'OGM, largement admise aux États-Unis, en Argentine ou au Brésil – ces trois pays concentrent les 3/4 des cultures mondiales – mais qui se heurte à de fortes réticences et même oppositions en Europe. L'entreprise pourrait craindre les réactions négatives et par exemple des campagnes de boycott en Europe. L'entreprise doit donc apparaître « *eco-friendly* ». Elle entend démontrer que c'est un objectif majeur de son action.

> **Remarque**
> *Eco-friendly* = eco-compatible, eco-responsable.

CHAPITRE 8 Gérer les ressources : l'eau

1 Inégalité de répartition et d'accès

De quoi s'agit-il ? Avec 60 milliards de km³ d'eau douce, la Terre semble particulièrement bien dotée, mais en pratique, chaque habitant ne dispose en moyenne que de 7 000 m³ par an et les disparités sont massives.

1 Une abondance trompeuse

- 80 % de l'eau douce de la planète sont stockés dans les glaciers et 99 % de l'eau douce liquide sont stockés dans des nappes profondes ; certaines sont des nappes fossiles (Sahara) ; les autres ont un rythme de renouvellement qui va de quelques dizaines à quelques centaines d'années. Les eaux qui se renouvellent d'une année sur l'autre (lacs, cours d'eau, nappes de surface) ne représentent donc que 1 % de l'eau douce liquide sur la Terre.
- Dix pays de la zone tempérée et de la zone intertropicale concentrent 60 % de la ressource. Le Brésil à lui seul en a 15 % mais une de ses régions, le Sertão, est appelé « polygone de la sécheresse ». Une vingtaine de pays souffre de pénurie chronique et reçoit moins de 5 % de l'eau douce liquide ; les précipitations y sont de surcroît très irrégulières.

2 Des besoins croissants et inégalement satisfaits

- Les besoins vont croissant en raison de la hausse de la population mondiale et de la hausse plus rapide encore de la population urbaine qui consomme plus en raison de son mode de vie et de ses revenus ; la hausse du niveau de vie et la croissance économique (culture du maïs, peinture des carrosseries de voitures, nettoyage des composants électroniques, etc.) alimentent ces besoins.
- La qualité de la ressource se dégrade en raison de la pollution. Plus de 700 millions d'habitants n'a pas accès à l'eau potable ; 2,5 milliards d'habitants sont privés d'installations sanitaires correctes ; 1 000 enfants meurent chaque jour à cause de la mauvaise qualité de l'eau.
- 40 % de la population mondiale devraient être exposés à un stress hydrique allant de modéré à sévère d'ici à 2025, contre 10 % en 2000 (**Doc.**). Et cela même dans des pays bien dotés en moyenne, comme les États-Unis (à l'ouest du 100° méridien) ou la Russie (dans les régions de la Volga). La pénurie hydrique concerne déjà une dizaine d'États dans le monde.

Doc. **40 % des êtres humains seront affectés par le stress hydrique en 2025**

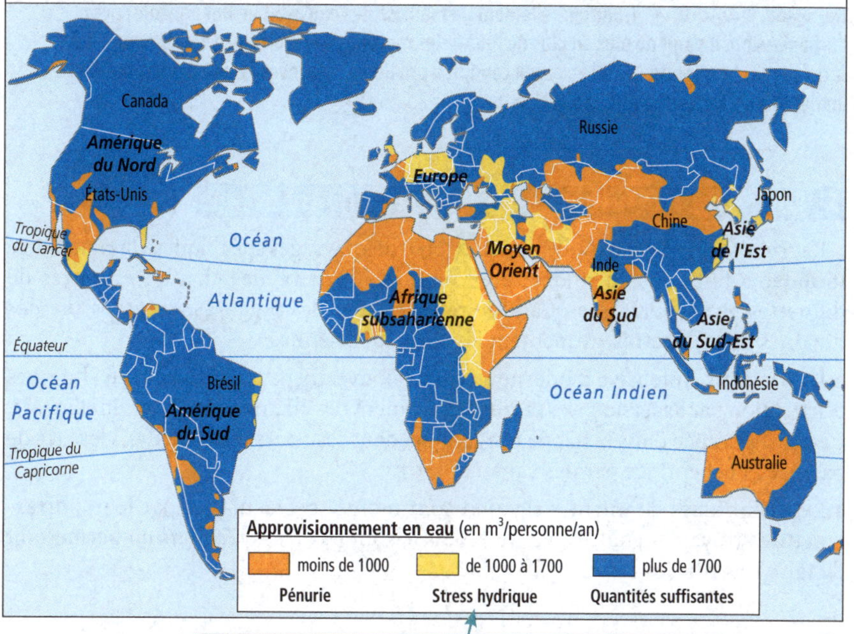

Une ressource suffisante en moyenne peut s'avérer ne pas l'être certaines années ou à certains moments de l'année ; cela contraint à des mesures de restriction, comme c'est régulièrement le cas l'été sur la Côte-d'Azur.

Vocabulaire

Nappe fossile : nappe phréatique qui s'est formée dans un passé plus ou moins lointain, quand le climat était plus humide, qui ne se renouvelle plus et est vouée à l'épuisement si on l'exploite.

Renouvellement : processus par lequel les eaux de surface s'infiltrent jusque dans les couches géologiques profondes et parviennent à la nappe phréatique, processus qui peut être très lent.

Sertão : région du Nord-Est du Brésil, affectée par des sécheresses récurrentes.

Notions-clés

Stress hydrique : on parle de « stress hydrique » au-dessous d'un seuil fixé par l'ONU, de 1 700 m³/hab/an.

Pénurie hydrique : on parle de « pénurie hydrique » au-dessous d'un seuil fixé par l'ONU, de 1 000 m³/hab/an.

2 Maîtrise de l'eau et transformation des espaces

De quoi s'agit-il ? Traditionnellement, la maîtrise de l'eau avait un but agricole ; avec l'urbanisation, il s'agit de plus en plus de fournir les moyens de la croissance économique et de satisfaire les besoins des citadins, ce qui conduit à privilégier des investissements lourds. C'est donc un des grands facteurs d'anthropisation.

1 Eau et agriculture, un lien ancien toujours actuel

- L'agriculture irriguée traditionnelle a créé des paysages spécifiques : la riziculture inondée a fait construire des réservoirs, des canaux, des champs entourés de diguettes et des terrasses quand le relief s'élève ; les foggaras, creusées sur des dizaines de kilomètres, alimentent les oasis sahariennes.
- L'agriculture intensive moderne a créé de nouveaux paysages avec les techniques d'irrigation par aspersion : les carrousels forment des champs circulaires juxtaposés. L'eau est pompée dans la nappe phréatique, dans les cours d'eau ou dans les lacs de barrage et acheminée par des canaux (**Doc.**).
- Les techniques de micro-irrigation sont moins spectaculaires par leurs infrastructures (tuyau et goutte à goutte) mais le sont par leurs résultats en permettant de faire reverdir les zones arides.

2 Eau et ville, une problématique renouvelée

- L'alimentation d'une ville était déjà un enjeu majeur dans l'Antiquité ; aqueducs et fontaines servaient à fournir l'eau mais aussi à affirmer la grandeur et la générosité de celui qui les avait fait bâtir.
- La population urbaine augmente plus vite que la population totale ; elle représente déjà plus de 50 % de la population de la Terre et l'on compte une trentaine de mégapoles. Les alimenter en eau suppose de lourds investissements ; les entreprises de ce secteur (Veolia, Suez, Saur) sont donc des multinationales.
- L'industrie touristique suppose également la maîtrise de l'eau. Elle transforme les paysages avec des infrastructures très concentrées dans l'espace, souvent sur les littoraux (ensembles hôteliers, lotissements, jardins et golfs). Elle crée de nouveaux besoins, y compris dans les pays pauvres : le touriste vient d'un pays riche ; il a donc des besoins importants (500 litres/jour).

Doc. **Les grands barrages (plus de 15 m de haut) dans le monde**

États	Barrages existants
Chine	23 842
États-Unis	9 265
Inde	5 102
Japon	3 108
Brésil	1 392
Corée du Sud	1 306
Canada	1 170
Afrique du Sud	1 114
Espagne	1 082
Turquie	972
Iran	802
France	712
Total Europe	**Environ 7 000**
Total mondial	**Environ 58 000**

Les méthodes de comptage et les statistiques variant d'un pays et d'un annuaire statistique à l'autre, les chiffres sont approchés.

Site de la Commission internationale des grands barrages, 2016.

Vocabulaire

Riziculture inondée : culture du riz en rizière, avec un système d'irrigation, par opposition à la culture sèche du riz, analogue à celle du blé.

Foggara : galerie souterraine destinée à conduire l'eau captée au pied des montagnes jusqu'aux oasis. Construction traditionnelle, la foggara se remarque en surface par les regards qui la ponctuent et servent à son entretien.

Carrousel : système d'irrigation composé d'un portique qui repose sur des roues de tracteur ; le portique, qui peut mesurer jusqu'à 500 mètres de long, est alimenté depuis son axe central.

Mégapole : ville géante, de plus de 8 millions d'habitants selon la définition de l'ONU.

Notion-clé

Anthropisation : transformation d'un espace, d'un paysage ou d'un milieu naturel par l'homme (du grec *anthropos*, homme, être humain).

3 Gérer une ressource menacée et convoitée

De quoi s'agit-il ? La raréfaction et la dégradation de l'eau dans de nombreux pays ou régions alimentent des tensions et des conflits d'usage (entre plusieurs activités ou groupes humains). La réponse peut être politique, technique ou comportementale.

1 Une ressource menacée

- L'irrigation peut gaspiller la ressource : en milieu aride, 90 % de l'eau sont perdus par évaporation ou infiltration dans le sol et seuls 10 % vont aux racines de la plante ; les carrousels utilisent 1 000 m^3 d'eau pour produire 1 tonne de céréales.
- La qualité de la ressource se dégrade en raison de la pollution des eaux de surface mais aussi des nappes phréatiques. La salinisation (concentration de sel) menace les sols.
- Les grands barrages sont critiqués pour leur impact environnemental et social.

2 Une ressource convoitée

- Les nappes phréatiques ignorent les frontières des États ; les barrages construits en amont d'un fleuve captent l'eau aux dépens des régions ou des pays situés en aval ; la dérivation de l'eau d'une région à l'autre d'un même pays (Espagne, Chine) peut susciter des oppositions internes.
- Diverses régions du monde sont donc potentiellement hydroconflictuelles. Au Proche et au Moyen-Orient, l'enjeu de l'eau ajoute à l'instabilité de la région (**Doc.**).

3 Des solutions possibles

- On peut produire plus en dessalant l'eau de mer, solution coûteuse, limitée à des pays riches (Arabie) ou des îles (Canaries) et qui génère des saumures (résidus de sel). Puiser dans les nappes fossiles (Libye) est un leurre.
- Il s'agit avant tout de parvenir à une consommation maîtrisée. Les États doivent inciter à une telle maîtrise et investir dans de meilleurs réseaux (10 à 50 % de l'eau sont perdus dans le transport). L'agriculture (70 % des besoins) doit cultiver des plantes moins gourmandes en eau et irriguer au goutte à goutte. L'industrie et les citadins doivent recycler et épurer l'eau, changer de méthode de production ou de mode de vie.
- La Banque mondiale soutient désormais les projets qui limitent l'impact environnemental et social des barrages (barrage de Nam Theun au Laos).
- Depuis 1993, l'ONU a lancé la Journée mondiale de l'eau et s'emploie à promouvoir, avec difficulté, un droit international de l'eau. Les États riverains du Rhin ont signé en 1999 une Convention pour la protection du fleuve.

Doc. **L'eau, pénurie et régions hydroconflictuelles**

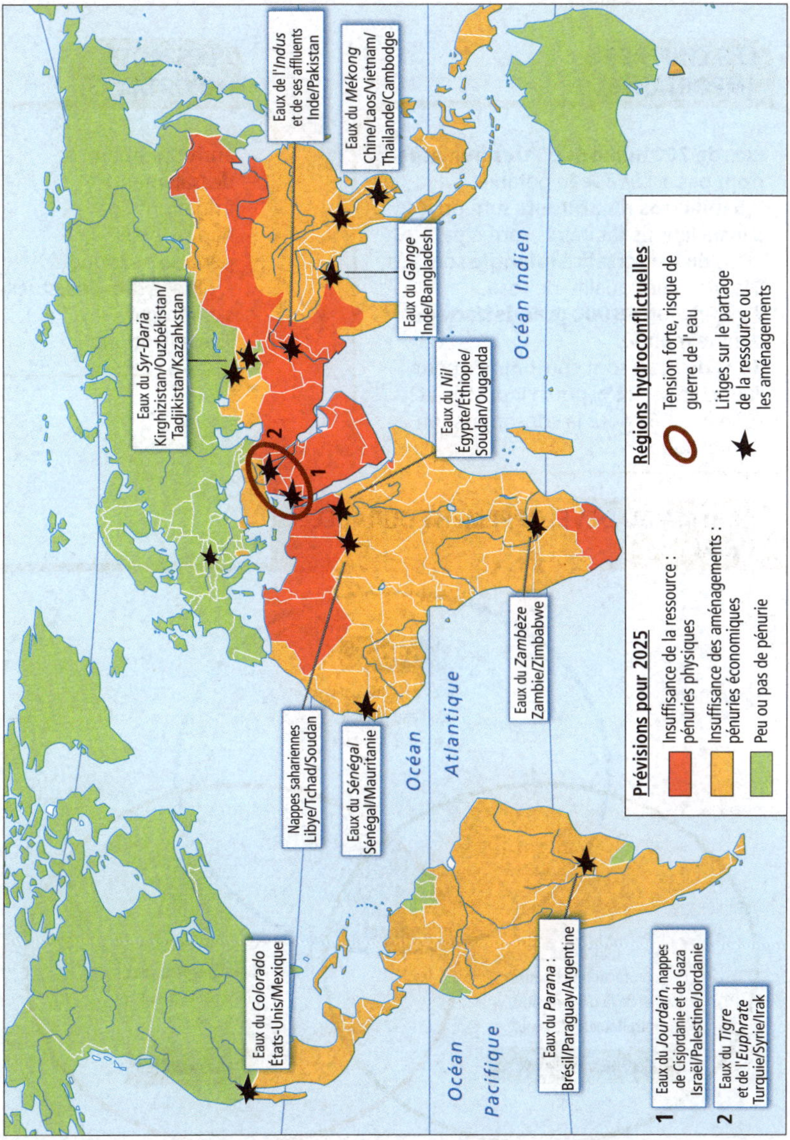

RÉVISION EXPRESS

LES CHIFFRES IMPORTANTS

- Plus de **700 millions d'êtres humains** n'ont pas accès à l'eau potable.
- **2,5 milliards d'habitants** sont privés d'installations sanitaires correctes.
- **20 % de la mortalité infantile** sont liés à la mauvaise qualité de l'eau.
- Il y a environ **58 000 grands barrages** dans le monde.
- **70 % de l'eau** sont consommés pour l'agriculture, **22 %** pour l'industrie et l'énergie, **8 %** pour la consommation domestique.

LES MOTS IMPORTANTS

- anthropisation
- dessalement
- irrigation
- nappe fossile
- pénurie hydrique
- région hydroconflictuelle
- salinisation
- stress hydrique

SCHÉMA DU DÉVELOPPEMENT DURABLE : L'EAU

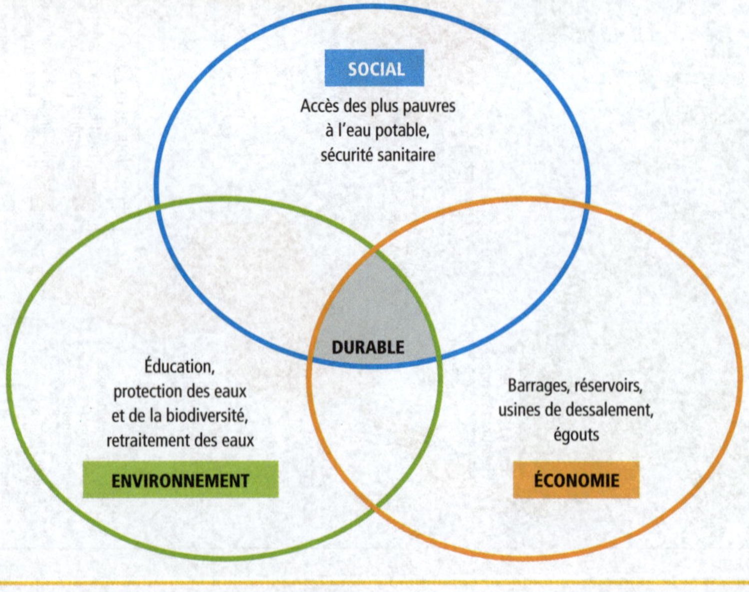

LES INSTITUTIONS IMPORTANTES

- **Commission du bassin du lac Tchad (CBLT)**
Regroupe les États riverains (Centrafrique, Niger, Nigeria, Tchad, Cameroun) pour préserver le lac et en gérer la ressource.

- **Commission mondiale des barrages (CMB)**
Créée en 1997 par la Banque mondiale et l'Union internationale pour la conservation de la nature, elle a pour mission d'établir des critères de construction pour des barrages respectueux de l'environnement et des droits humains.

- **Journée mondiale de l'eau**
Instituée en 1992 par l'ONU après le Sommet de la Terre de Rio.

- **Banque mondiale**
Agence spécialisée de l'ONU qui finance des programmes de développement.

- **Traité des eaux de l'Indus**
Signé en 1960 sous l'égide de la Banque mondiale entre l'Inde et le Pakistan, il organise le partage des eaux de l'Indus, qui irrigue la plus vaste zone irriguée du monde, entre deux pays qui ont pourtant été en guerre à plusieurs reprises.

Quiz

1. Le seuil du stress hydrique est à 1 000 m^3 d'eau par personne et par an.
☐ Vrai ☐ Faux

2. L'ouest des États-Unis connaît une situation de stress hydrique.
☐ Vrai ☐ Faux

3. On trouve des nappes fossiles dans tout le Moyen-Orient.
☐ Vrai ☐ Faux

4. Le tourisme dans le Sud tunisien exploite des nappes fossiles.
☐ Vrai ☐ Faux

5. La riziculture inondée apparaît avec la révolution verte.
☐ Vrai ☐ Faux

6. L'irrigation par carrousel gaspille l'eau.
☐ Vrai ☐ Faux

7. Le goutte à goutte permet d'économiser l'eau.
☐ Vrai ☐ Faux

8. Les ONG s'occupent de la fourniture d'eau potable.
☐ Vrai ☐ Faux

9. L'ONU entretient des relations avec les ONG.
☐ Vrai ☐ Faux

10. La Banque mondiale a des objectifs uniquement économiques.
☐ Vrai ☐ Faux

→ Réponses p. 174

Réaliser un croquis avec une légende ordonnée

MÉTHODE

1. Définir et comprendre le sujet

▶ Déterminez d'abord les limites géographiques du sujet ; ce ne sont pas forcément les limites du fond de carte, qui peut largement les excéder.

▶ Définissez aussi le sens des mots du sujet pour sélectionner les informations utiles à son traitement.

2. Rédiger une légende structurée

▶ Le croquis doit être accompagné d'une légende structurée avec un plan en deux ou trois parties, comme le plan d'un devoir écrit, pour organiser entre elles les différentes idées. Structurez votre légende d'abord au brouillon avant de la recopier au propre sur une copie séparée.

▶ On peut différencier, par exemple, les idées qui permettent de décrire une situation donnée, celles qui en expliquent l'origine et celles qui présentent ses conséquences. On peut aussi faire apparaître des différences entre des espaces en fonction de leur situation ou de leur évolution.

3. Choisir des figurés

▶ Un croquis exprime de manière visuelle ce qui peut s'exprimer de manière écrite. On utilise divers figurés pour cartographier :
– figurés de surface (aplats de couleur) pour représenter un phénomène ;
– figurés ponctuels (carrés, ronds, etc.) pour représenter un phénomène ponctuel, localisé ;
– figurés linéaires (flèches) pour mettre en relation les phénomènes entre eux.

4. Réaliser le croquis

▶ Réalisez d'abord sur la carte les figurés étendus (au crayon de couleur) ; en surimpression (au feutre fin), placez ensuite les figurés ponctuels et les noms, en évitant les erreurs de localisation ; terminez par les figurés linéaires qu'il faut exécuter à la règle quand on a pas la main assez sûre.

▶ Évitez de dépasser les 15 éléments à figurer sur la carte pour que celle-ci reste lisible, et limitez l'emploi des flèches et surtout des hachures pour éviter de surcharger la carte, de l'enlaidir et de la rendre moins parlante.

▶ Si vous retenez des hachures, veillez par contre à ce qu'elles soient bien parallèles et éviter d'en faire trop en prenant soin de les espacer suffisamment.

APPLICATION : EXERCICE CORRIGÉ

Réalisez, à partir du fond de carte ci-contre, un croquis sur le sujet suivant : « L'eau entre abondance et rareté »

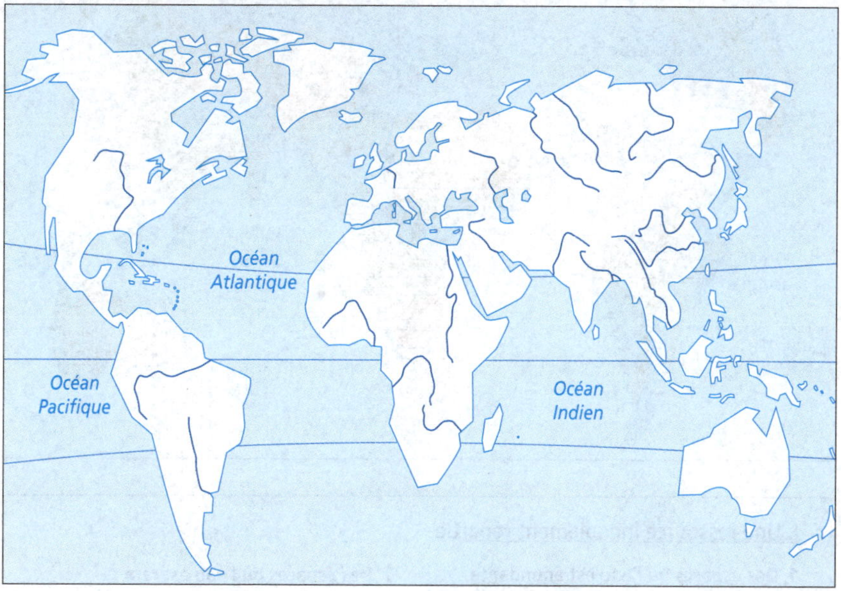

CORRIGÉ

• On peut distinguer les régions du globe en fonction de leur bilan hydrique, puis de leur gestion de la ressource avant d'aborder les conséquences que cela peut entraîner.

• Les figurés étendus seront réalisés à partir du bilan hydrique. Des signes ponctuels permettront de distinguer les pays qui puisent massivement dans des nappes fossiles et les zones de tension liées à l'eau dans le monde. Dans le cas présent des flèches ne s'imposent pas. En revanche, il faut distinguer les pays selon leur gestion de la ressource ; une solution efficace est de les représenter avec des hachures.

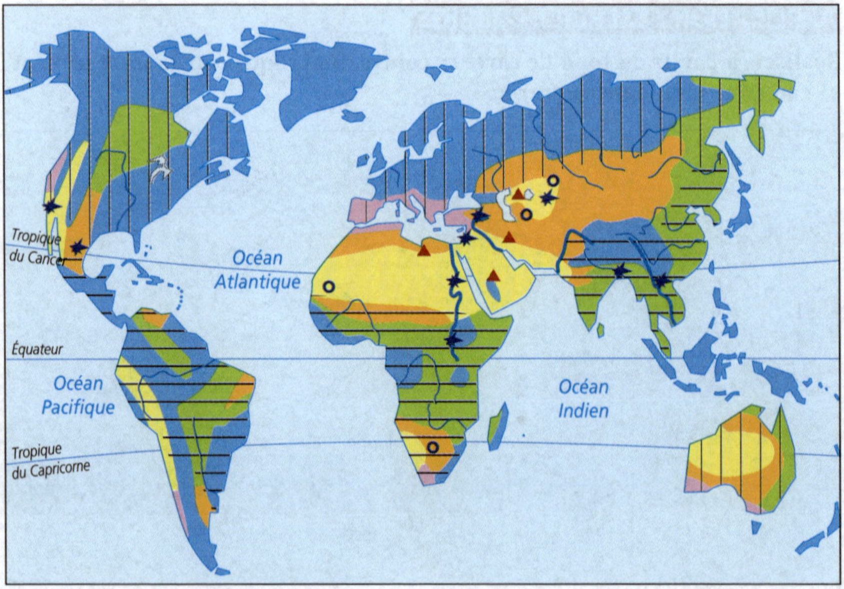

I. Une ressource inégalement répartie

1. Des espaces où l'eau est abondante

- Pas de saison sèche
- Saison sèche en été
- Saison sèche en hiver

2. Des espaces où l'eau est rare

- Climat désertique
- Climat semi-aride

II. Une exploitation de la ressource très contrastée

- Gestion globalement satisfaisante de la ressource
- Gestion insuffisante de la ressource
- ▲ Surexploitation de nappes fossiles

III. Des tensions potentielles ou effectives

- ✦ Conflits liés à l'eau
- o Pays qui dépend d'un État voisin pour son approvisionnement en eau
- — Fleuve dont l'exploitation est source de tensions entre les pays qu'il traverse

Vérification des connaissances

1 Pourquoi, alors qu'elle est si abondante sur Terre, l'accès à l'eau est-il si difficile ?

2 Quelles sont les principales consommations de l'eau par les hommes ?

Application de la méthode

SUJET

Réalisez un schéma explicatif de la situation du continent africain en matière d'eau, à partir de la carte p. 172.

Quiz

1 **Faux.** C'est la pénurie hydrique. Le stress hydrique est fixé à 1 700 m³.

2 **Vrai.** Car le climat est aride ou semi-aride et la population est en forte hausse depuis 50 ans.

3 **Vrai.** Elles se sont formées avant que le climat ne devienne de plus en plus aride, il y a 10 000 ans.

4 **Vrai.** Les touristes vivent sous la tente aux portes du désert mais avec tout le confort moderne, y compris les douches.

5 **Faux.** Elle date du néolithique.

6 **Vrai.**

7 **Vrai.**

8 **Vrai.** Par exemple Médecins sans frontière fournit des systèmes de potabilisation de l'eau.

9 **Vrai.** Par exemple dans le cadre du Programme des Nations unies pour l'environnement ou lors d'actions conjuguées avec des organismes spécialisés de l'ONU comme le PAM.

10 **Faux.** Elle prend en compte tous les aspects du développement, y compris le développement durable, même si c'est un souci relativement récent.

Vérification des connaissances

1 L'eau se présente essentiellement sous forme salée (océans, mers) et les usines de dessalinisation sont coûteuses. L'eau douce est à 80 % piégée dans les glaciers et celle sous forme liquide est essentiellement souterraine, ce qui nécessite des aménagements (puits, pompages, etc.). Par ailleurs, la répartition des précipitations est inégale à la surface de la Terre, ce qui crée des espaces arides, et la croissance de la population dans des zones sèches ne fait qu'aggraver la situation. Enfin, les activités humaines peuvent aussi polluer l'eau, ce qui oblige à la retraiter, ce que tous les pays du monde n'ont pas nécessairement les moyens de faire.

2 Le premier usage de l'eau (pour 70 % !) est lié à l'agriculture (irrigation) suivi de l'industrie qui consomme plus de 20 % de l'eau (entrant dans la composition de certains produits – chimie, papier, etc. – ou dans le processus de production

– bains des carrosseries automobiles par exemple). Les usages dits domestiques (boisson, hygiène, etc.) ne concernent finalement que les 10 % restants mais ils se multiplient avec l'élévation générale du niveau de vie, l'urbanisation et la tertiarisation de nos sociétés : ainsi, les touristes sont des consommateurs exigeants (ou négligents)…

Application de la méthode

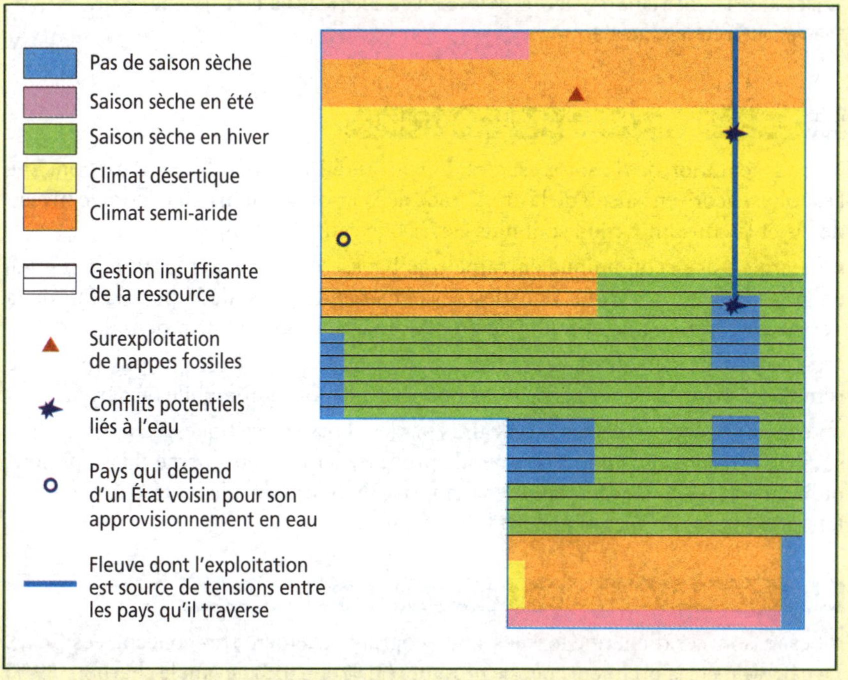

Remarque

Pour faciliter la mémorisation, retenir que le climat est méditerranéen (sec en été) au Nord et au Sud, puis désertique, puis tropical (saison sèche en hiver) et enfin équatorial (sans saisons sèche) dans les régions proches de l'équateur.

CHAPITRE 9

Gérer les ressources : l'énergie

1 Besoin en énergie et gestion des ressources

De quoi s'agit-il ? L'augmentation des besoins impose des contraintes durables. La réponse à l'inégale répartition de la ressource et de la consommation ainsi qu'aux enjeux du dossier énergétique a été insuffisante.

1 Des besoins croissants et contraints

- L'augmentation des besoins est certaine du fait de la hausse de la population. Elle l'est plus encore en raison de la croissance de la population urbaine, dont le niveau de vie et la consommation sont plus élevés que ceux de la population rurale.
- La croissance économique entraîne une hausse de la consommation d'énergie encore supérieure, surtout dans les pays émergents (40 % de la population de la Terre). La Chine est depuis 2009 le premier marché automobile mondial.
- Le besoin de pétrole va se maintenir ou croître car il n'est pas possible de le remplacer avant plusieurs décennies pour le transport automobile ou aérien.
- Les besoins sont également contraints par les choix énergétiques, économiques et sociaux du passé qui vont continuer de produire leurs effets, même si les opinions publiques et les gouvernements évoluent, si les économies et les entreprises s'adaptent et si le progrès technique produit ses effets.

2 Des ressources et une consommation concentrées

- Les ressources d'énergie fossiles sont géographiquement très concentrées (**Doc.**). Le pétrole reste la première énergie produite (31 % en 2013) devant le charbon (29 %) et le gaz (21 %).
- La consommation (1,8 tep/hbt/an dans le monde) est concentrée ; les pays de l'OCDE, 15 % de la population mondiale, utilisent plus de la moitié de l'énergie consommée dans le monde, de l'énergie fossile surtout, alors que 2 milliards d'habitants des PED n'utilisent que la biomasse.
- Depuis les chocs pétroliers des années 1970, les pays riches (Japon, France, Allemagne) ont adopté des politiques énergétiques. Les États-Unis, riches en matières premières, puissants militairement et économiquement, ont peu réagi. La Chine, qui émerge depuis 1979, n'a rien fait jusqu'en 2009.

Doc. Les réserves prouvées d'énergie fossile en 2014

Les réserves prouvées sont les réserves connues et accessibles avec les moyens techniques actuels et au prix actuel. Elles augmentent si on découvre un gisement, une technique de production moins coûteuse ou plus efficace et si les prix augmentent sur le marché.

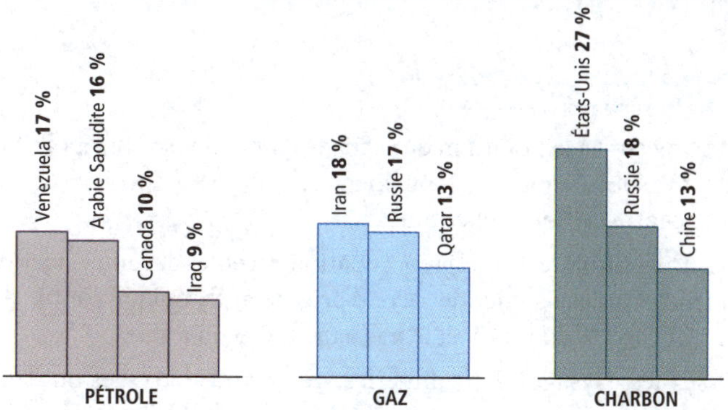

Sources : AIE et BP.

On inclut ici les réserves non conventionnelles issues du sable bitumineux, ce qui explique la place du Vénézuela et du Canada.

Vocabulaire

Tep (tonne équivalent pétrole) : unité de mesure qui permet de comparer et de totaliser l'ensemble des sources d'énergie. On mesure l'énergie produite par une tonne de pétrole de référence et on la rapporte à l'énergie produite par du gaz, du charbon, etc. (1 100 m³ gaz = 1,5 t charbon = 1 tep).

Organisation de coopération et de développement économique (OCDE) : une organisation internationale qui regroupe, en 2016, 34 pays industrialisés représentant plus des 3/4 du PIB mondial. Elle publie des études économiques.

Biomasse : ensemble des matières organiques qui peuvent fournir de l'énergie, le bois avant tout, mais aussi les plantes qui peuvent fournir du méthane ou des biocarburants.

Notions-clés

Pays émergents : PED entrés dans un véritable processus de développement, mesurable à travers le taux de croissance du PIB, la hausse de la consommation et celle du niveau de vie.

Politique énergétique : politique d'un État, constituée de l'ensemble des mesures adoptées par un Gouvernement pour gérer la production et la consommation d'énergie.

2 Impacts environnementaux et tensions géopolitiques

De quoi s'agit-il ? L'énergie est un enjeu politique et économique depuis le XIXe siècle ; cet enjeu se double désormais d'un enjeu environnemental. L'approche du « pic de Hubbert » (*peak oil* en anglais) fait craindre que la question de l'énergie ajoute au désordre du monde de l'après-Guerre froide.

1 Impacts environnementaux

- L'impact se mesure à la pollution de l'eau, de l'air et des sols. La pollution de l'air et des sols est l'aspect le plus anciennement perçu (« pays noirs »). Aujourd'hui, le nucléaire concentre critiques et craintes.
- L'impact sur le climat est une préoccupation récente, devenue sujet de société. Les deux principaux gaz à effet de serre d'origine anthropique sont le dioxyde de carbone, ou CO_2 (65 % du total), et le méthane (20 % du total).
- L'impact sur les paysages des raffineries, des grands barrages ou des centrales thermiques et nucléaires est important. Cependant, les énergies renouvelables peuvent elles aussi avoir un impact de ce type : c'est le cas des éoliennes ou des installations solaires installées sur les toits ; ce serait le cas des projets de centrales solaires couvrant des dizaines d'hectares. Le développement durable suppose aussi de s'intéresser aux impacts sociaux et économiques.

2 Tensions géopolitiques

- Les guerres mondiales et les chocs pétroliers ont prouvé l'importance de l'énergie, qui s'accroît à l'approche du pic de Hubbert.
- 50 % des réserves de pétrole, accessibles à bas prix souvent, sont au Moyen-Orient ; le pétrole est un des enjeux de cette région marquée par des tensions récurrentes.
- L'Asie centrale dispose aussi d'importantes réserves ; depuis la disparition de l'URSS, elle est indépendante, mais la Russie entend garder le contrôle sur l'exportation de sa production.
- La Chine entend sécuriser ses approvisionnements au XXIe siècle tout comme les États-Unis ont su le faire au XXe siècle. Il y a là potentiellement de nouveaux facteurs de tension avec ses voisins, ses partenaires économiques voire ses rivaux politiques.
- Maîtrise de l'eau et de l'énergie se conjuguent pour faire des barrages hydroélectriques des enjeux interétatiques (voir carte p. 172).

Doc. **Les grandes manœuvres autour du gaz d'Asie centrale**

L'Asie centrale était soviétique et son réseau de gazoducs et d'oléoducs, construit par l'URSS, passe par la Russie ; les pays de la région dépendent donc de la Russie pour exporter, d'où des tensions autour des projets de nouvelles conduites.

Vocabulaire

Pays noirs : régions affectées par la pollution des mines de charbon et des usines sidérurgiques lors de la révolution industrielle (Midlands, Lorraine, Nord-Pas-de-Calais, Ruhr).

Anthropique : produit par les activités humaines (*anthropos* = « homme », en grec) comme l'agriculture, l'industrie, les transports, le chauffage urbain.

Dioxyde de carbone (CO_2) : gaz qui peut être d'origine anthropique quand il est issu de la combustion d'énergies fossiles (charbon, gaz, pétrole) ou du bois.

Méthane : gaz qui peut être d'origine anthropique quand il est produit par l'élevage des ruminants, la riziculture inondée et les fuites sur les puits de pétrole ou de gaz.

Notions-clés

Pic de Hubbert (« *peak oil* ») : moment où la production de pétrole va commencer à décliner parce que l'on aura consommé plus de la moitié de la ressource disponible.

Chocs pétroliers : fortes et brutales hausses des prix du pétrole. Dans une situation où le marché est tendu parce que l'offre répond à peine à la demande, il suffit d'un incident, d'un conflit, pour que la hausse se mette en place, comme en 1974 (guerre de Kippour) ou en 1979 (révolution iranienne).

3 Quels choix énergétiques pour l'avenir ?

De quoi s'agit-il ? La hausse de la consommation mondiale étant inévitable, il faut produire plus mais il faut aussi réduire la production de gaz à effet de serre et abaisser l'intensité énergétique des économies.

1 Produire plus ?

- La date du pic de Hubbert est discutée, car des progrès techniques attendus peuvent la faire reculer : on peut, par exemple, augmenter la part des hydrocarbures extraits par rapport au total contenu dans un gisement donné (environ 1/3 en 2010) et exploiter des hydrocarbures non conventionnels, dont les réserves sont équivalentes aux réserves conventionnelles.
- Le charbon est l'énergie fossile la plus abondante (150 ans de réserves prouvées), est assez peu coûteux à produire et à l'abri des tensions géopolitiques qui affectent les hydrocarbures. Cependant, c'est l'énergie fossile la plus polluante, problème sur lequel travaille la recherche.
- Le nucléaire produit de l'électricité sans quasiment émettre de gaz à effet de serre, mais il inquiète en raison de la dangerosité de son combustible radioactif, l'uranium, du risque de prolifération et du problème des déchets radioactifs.
- La production d'énergies renouvelables progresse. L'exploitation de l'hydrogène est encore hors de portée mais le géothermique, le solaire, l'éolien, l'hydroélectricité et la biomasse vont se développer. Cependant chacune de ces sources a aussi un impact environnemental.

2 Baisser l'intensité énergétique de la croissance

- Ne pas intervenir pour réguler la production et la consommation d'énergie n'est pas tenable sur un plan politique, économique, social et environnemental. De multiples scénarios ont donc été bâtis selon les options qui seront retenues.
- Une stricte coopération internationale et des normes contraignantes permettraient vers 2050 une forte baisse de la consommation d'énergie primaire au profit de l'électricité issue des énergies renouvelables (**Doc.**).
- Même sans coopération, les diverses contraintes auxquelles les États devront faire face les obligeront, plus lentement, à aller dans le même sens.
- La décroissance que proposent certains écologistes semble peu compatible avec les attentes des sociétés humaines, en particulier dans les PED qui aspirent au mieux-être.

Doc. **Une feuille de route de l'UE pour les sources d'énergie renouvelables**

Préparer la voie pour que la part des sources d'énergie renouvelables dans le bouquet énergétique de l'UE atteigne 20 % d'ici à 2020

La Commission européenne présente aujourd'hui, dans le cadre de sa politique énergétique pour l'Europe, une proposition de feuille de route à long terme pour les sources d'énergie renouvelables. Il est proposé d'atteindre d'ici à 2020 un objectif contraignant global de 20 % pour les sources d'énergie renouvelables et un objectif minimal contraignant de 10 % pour les biocarburants de transport dans l'UE, ainsi qu'un plan pour intégrer dans les grandes orientations économiques et politiques l'utilisation des sources d'énergie renouvelables dans les domaines de l'électricité, du chauffage, de la réfrigération et des transports.

Europa-Press Releases, Memo/07/13, Bruxelles, 10 janvier 2007.

La Commission a entre autres pouvoirs celui de proposer, à la demande des États membres ou de sa propre initiative, toute mesure qui lui semble nécessaire pour faire avancer l'Europe.

Une feuille de route est un document qui fixe quelques grands objectifs et les étapes nécessaires pour y parvenir.

Vocabulaire

Hydrocarbures non conventionnels : des pétroles (schistes bitumineux) et des gaz (gaz de schiste) difficiles à extraire et donc coûteux et très polluants.

Prolifération : multiplication des pays qui maîtrisent la bombe atomique après avoir maîtrisé la fabrication d'un réacteur nucléaire civil.

Énergie primaire : énergie obtenue directement à partir des sources d'énergie disponibles dans la nature. Le charbon est ainsi une source d'énergie primaire utilisable dans une machine à vapeur, mais il permet aussi de produire une source d'énergie secondaire, l'électricité, dans une centrale thermique.

Notions-clés

Intensité énergétique : rapport entre la consommation d'énergie et le PIB d'un pays ; plus il est faible plus le pays est économe en énergie.

Décroissance : thèse de ceux qui considèrent qu'il faut abandonner l'objectif de la croissance parce que celle-ci consomme et donc détruit le capital naturel qui va s'épuiser.

RÉVISION EXPRESS

LES CHIFFRES IMPORTANTS

- La consommation mondiale d'énergie s'élève à **1,8 tep/hbt/an.**
- La consommation mondiale d'énergie est passée de **moins de 6 milliards de tep** en 1973 à **plus de 13 milliards de tep** en 2013.
- **80 %** de l'énergie produite proviennent de combustibles fossiles, plus ou moins émetteurs de gaz à effet de serre.
- La Chine est devenue le premier pays émetteur de gaz à effet de serre (**plus de 20 %** du total), devant les États-Unis (plus de 20 % également).

LES MOTS IMPORTANTS

- chocs pétroliers
- décroissance
- gaz à effet de serre
- intensité énergétique
- pays émergents
- pic de Hubbert
- politique énergétique

SCHÉMA DU DÉVELOPPEMENT DURABLE : L'ÉNERGIE

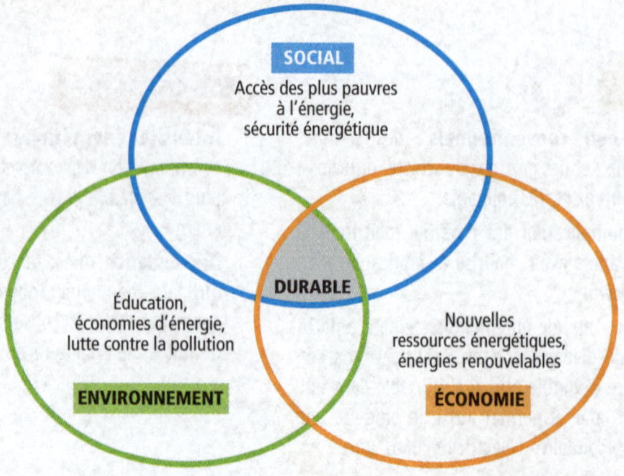

LES INSTITUTIONS IMPORTANTES

- **Agence internationale de l'énergie atomique (AIEA)**
Organisme spécialisé de l'ONU, créé en 1957, et dont le siège est à Vienne. Elle combat le risque de prolifération nucléaire et soutient le développement des usages pacifiques de l'énergie atomique.

- **Organisation des pays exportateurs de pétrole (OPEP)**
Organisation fondée en 1960, dont le siège est à Vienne. Sa création répond à la volonté de pays producteurs comme l'Arabie Saoudite, l'Iran ou le Koweït de s'assurer le contrôle de leur pétrole et un prix rémunérateur pour ce dernier.

Quiz

1. Vrai ou faux ?

a. Le gaz est une énergie renouvelable.
☐ Vrai ☐ Faux

b. Le volume des réserves est fixe et diminue à mesure qu'on les exploite.
☐ Vrai ☐ Faux

c. Les hydrocarbures non conventionnels sont faciles à extraire.
☐ Vrai ☐ Faux

d. Plus on économise, plus l'intensité énergétique augmente.
☐ Vrai ☐ Faux

e. L'intensité énergétique est plus faible dans un petit pays au climat tempéré que dans un grand pays au climat marqué par des extrêmes.
☐ Vrai ☐ Faux

f. Le premier marché automobile est aujourd'hui le marché chinois.
☐ Vrai ☐ Faux

g. Les énergies renouvelables n'ont pas d'impact sur les paysages.
☐ Vrai ☐ Faux

2. Cochez la bonne case.

- Le choc pétrolier est…

a. une baisse des réserves de pétrole
b. un accident dans une raffinerie
c. une hausse brutale des prix du pétrole

- Les plus importantes réserves actuelles de pétrole sont :

d. aux États-Unis
e. au Moyen-Orient
f. en Europe du Nord

→ **Réponses p. 189**

Analyser un tableau ou un graphique statistique

MÉTHODE

- Il faut identifier les éléments qui servent de base aux mesures fournies : l'espace géographique, la période concernée, la période de référence, les unités de mesure, la nature de ce qui est mesuré et la façon dont ces éléments sont présentés.
- Les statistiques présentées **à partir d'une courbe** permettent de voir quelle est la tendance générale, avec un profil de courbe ascendant ou descendant, une pente forte ou faible. Les changements de rythme ou les inversions de tendance de la courbe signalent autant de phases différentes.
- Les statistiques présentées **sous la forme d'un diagramme circulaire** ou semi-circulaire (camembert) indiquent la part de chaque élément.
- Les statistiques présentées **en histogrammes** (en bâtons) permettent de comparer les données pour une même période d'un pays ou d'une région à l'autre ou leur évolution.
- On peut trouver enfin des nuages de points qui permettent de croiser deux séries de données et de les mettre en corrélation ; en abscisse on peut par exemple trouver le PIB/habitant/an et en ordonnée la mortalité infantile.

APPLICATION : EXERCICE CORRIGÉ

Analysez ces tableaux statistiques sur l'énergie en France.

Doc. 1 La production d'énergie en France de 1973 à 2014 (en millions de tep)

	1973	1979	1985	1990	2000	2006	2014
Charbon	17	13	11	8	2	–	–
Pétrole	2	2	3	3	2	1	1
Gaz	6	6	5	3	2	1	–
Électricité primaire[1] dont nucléaire hydraulique et éolien	8 4 4	16 10 6	64 58 6	87 82 5	114 108 6	123 117 6	122 114 8
ENRt[2] et déchets	10	10	11	11	11	12	16
Total	44	48	94	111	131	137	139

Doc. 2 La consommation d'énergie en France de 1973 à 2014 (en millions de tep)

	1973	1979	1985	1990	2000	2006	2014
Charbon	28	32	24	19	14	12	9
Pétrole	121	114	82	88	95	92	77
Gaz naturel	13	21	23	26	38	40	36
Électricité primaire[1]	8	17	62	83	109	118	117
ENRt[2] et déchets	9	9	10	11	12	12	18
Total	180	193	202	228	268	275	257

Source : Ministère de l'Environnement.

1. L'électricité primaire est l'électricité d'origine nucléaire, hydraulique, éolienne, solaire, photovoltaïque et géothermique.
2. Les ENRt sont les énergies renouvelables thermiques (bois, biocarburants, solaire thermique) et les pompes à chaleur.

CORRIGÉ

• Années concernées

Les tableaux commencent en 1973 (1er choc pétrolier et crise économique) et vont jusqu'aux années 2010, soit quatre décennies.

• Unité de mesure

L'unité de mesure est la tep (tonne d'équivalent pétrole), unité qui permet de ramener toutes les sources d'énergie à une seule.

• Éléments mesurés

Les tableaux commencent par le charbon, l'énergie qui a dominé au XIXe siècle et au début du XXe siècle.
Ils continuent avec le pétrole, l'énergie qui s'est imposée après 1945.
Le gaz et le nucléaire démarrent dans les années 1960 et s'affirment après 1973.
L'électricité hydraulique et éolienne, renouvelable, vient ensuite juste avant les ENRt, développées depuis peu.

• Tendances générales

Le charbon, dont la production s'arrête, décline au point de peser moins que les ENRt en 2014.

Le pétrole décroît dans la décennie 1973-1985, puis repart modérément à la hausse mais recommence à diminuer dans la consommation.

Le gaz connaît une forte hausse avant d'atteindre un pic en 2006.

L'électricité est en plein essor avec le nucléaire, puis plafonne depuis le début de la décennie 2000.

- **Points de rupture**

1973 (premier choc pétrolier) et 1985 (contre-choc pétrolier) sont les points de rupture.

La transition énergétique annoncée par les pouvoirs publics peine à montrer ses effets, même si les ENRt augmentent.

- **Croiser production et consommation**

L'absence d'hydrocarbures et la fin du charbon conduisent la France à des choix énergétiques face aux chocs pétroliers : le nucléaire en 1973.

Les énergies renouvelables sont peu produites donc peu consommées.

- **Comparer les deux tableaux pour en tirer des conclusions ou des remarques**

Nous consommons plus que nous produisons : il faut donc importer une partie de notre énergie. Si la consommation semble couverte par la production en ce qui concerne l'électricité (nous en exportons même vers nos voisins), ce n'est pas le cas du pétrole et du gaz que nous achetons à l'OPEP ou à la Russie.

Vérification des connaissances

Expliquez comment on obtient de l'énergie à partir des diverses sources qui sont mentionnées dans le tableau ci-dessous.

Application de la méthode

SUJET

Analysez le tableau suivant.

Production d'énergie renouvelable (hors hydroélectricité) en France

Métropole + DOM et TOM	2005		2007		2014	
Éolien	990 GWh[1]	85 ktep[2]	4 106 GWh	353 ktep	15 382 GWh	1 326 ktep
Solaire		38 ktep		58 ktep		99 ktep
Géothermie		130 ktep		130 ktep		225 ktep
Pompe à chaleur		371 ktep		585 ktep		1 525 ktep
Déchets urbains solides		328 ktep		313 ktep		1 187 ktep
Bois énergie		8 985 ktep		8 480 ktep		8 727 ktep
Résidus de récolte		236 ktep		276 ktep		322 ktep
Biogaz		54 ktep		53 ktep		486 ktep
Biocarburants		476 ktep		1 174 ktep		2 603 ktep
Total		**10 703 ktep**		**11 422 ktep**		**16 500 ktep**

Source : Observatoire de l'énergie.

1. GWh = 1 Giga Watt heure = 1 Million de kWh = 86 tep
2. 1 ktep = 1 000 tonnes d'équivalent pétrole.

Exercice d'entraînement

1 Expliquez l'évolution de la consommation de charbon, de pétrole et d'électricité à partir des données des tableaux qui figurent dans les pages de méthode (p. 184-185).

2 À partir de ce planisphère simplifié, réalisez un schéma faisant apparaître les réserves et les principaux flux de pétrole dans le monde.

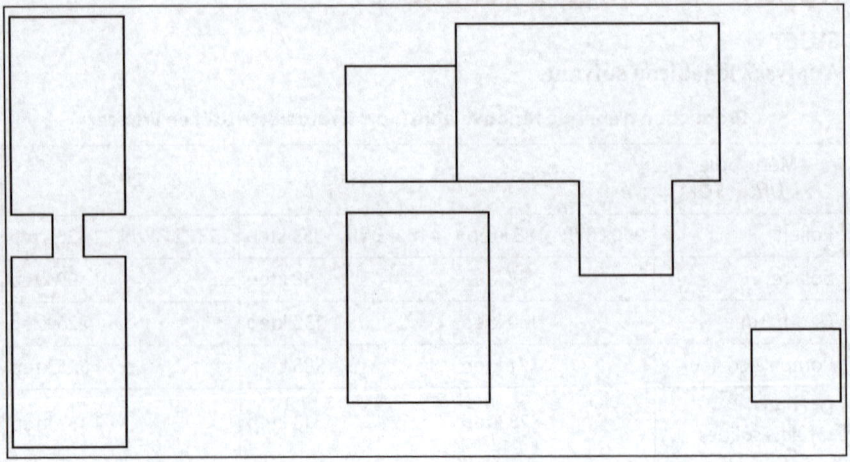

Quiz

1 **a. Faux – b. Faux – c. Faux – d. Faux** – C'est le contraire. **e. Vrai** – Plus le pays est grand, plus le besoin de transport augmente. Plus le climat est rigoureux en hiver et chaud en été, plus il faut consommer d'énergie pour le chauffage ou la climatisation. – **f. Vrai – g. Faux.** **2** **c. / e.**

Vérification des connaissances

– Une **éolienne** transforme l'énergie produite par le vent en électricité.
– Le **solaire** récupère directement la chaleur du soleil ou la transforme en électricité.
– La **géothermie** récupère la chaleur du sous-sol.
– Une **pompe à chaleur** récupère les calories contenues dans l'air, dans l'eau ou dans le sol.
– Les **déchets urbains** solides sont incinérés pour en récupérer les calories.
– Le **bois** est brûlé tout comme les **résidus de récolte.**
– Le **biogaz** est issu de la fermentation (méthanisation) de végétaux et de déchets organiques.
– Les **biocarburants** ou agrocarburants sont produits à partir de végétaux.

Application de la méthode

• Le tableau présente des évolutions intéressantes avec des décollages dans certains secteurs de production d'énergie renouvelable. La date intermédiaire, 2007, correspond au Grenelle de l'Environnement, première étape d'une politique volontariste de transition énergétique. Toutefois, si on voit une multiplication par 1,5 du total produit, l'essentiel repose sur le secteur du bois, qui stagne, et il faut rappeler que la part des ENRt reste minime dans la production française d'énergie (11 %).

• Toutes les données sont fournies en milliers de tonnes d'équivalent pétrole (ktep) plutôt qu'en millions car certaines productions comme le solaire sont encore trop faibles pour que des données en millions de tep soient lisibles. Il était donc plus pratique d'élaborer le tableau en ktep.

• Le tableau tient compte des DOM/TOM qui ont souvent des capacités importantes en matière de solaire ou d'éolien alors que les déchets urbains solides sont une source valorisable pour la métropole essentiellement. Le bois de son côté concerne essentiellement les régions de montagnes et les grands massifs forestiers tandis que les résidus de récolte concernent les régions de grande culture où leur valorisation peut être organisée et rentabilisée. Le biogaz pour sa part peut venir aussi bien de la fermentation des déchets urbains que de celle des déchets agricoles.

Exercice d'entraînement

1 La consommation de charbon baissait déjà avant 1973, puisque le charbon, énergie de la première révolution industrielle (machine à vapeur, sidérurgie), était remplacé de plus en plus par le pétrole. Elle s'effondre avec la crise de 1973 et les chocs pétroliers car les achats de la sidérurgie reculent tandis que les centrales thermiques fonctionnant au charbon sont remplacées par des réacteurs nucléaires. Les mines françaises ne sont pas rentables et ferment ; le charbon qui reste consommé est importé, presque exclusivement pour l'industrie lourde. Le charbon est de plus l'énergie fossile la plus polluante. Tout cela explique qu'il recule de 15 % de la consommation totale en 1973 à 3 % en 2014 alors qu'aux États-Unis, riches en charbon, cette énergie reste largement utilisée.

La consommation de pétrole a reculé après 1973 en raison de la hausse de son prix, de la crise économique, du développement du nucléaire, des menaces d'embargo par les pays producteurs du Moyen-Orient et des mesures d'économie d'énergie. Par ailleurs, malgré les efforts de recherche, très peu de pétrole a été trouvé en France et les gisements du Bassin parisien ou du Bassin aquitain s'épuisent comme le montrent les chiffres de production. Des gisements ont toutefois été localisés au large de la Guyane. Il est donc passé des 2/3 de la consommation totale d'énergie en 1973 à moins de 1/3 en 2014. Il est resté cependant irremplaçable pour les transports routiers, ce qui explique qu'il est difficile de faire baisser sa consommation ; le contre-choc pétrolier de 1985, en effaçant la hausse antérieure provoque même une relance de la consommation. La France est comparable en cela aux autres pays dépourvus d'hydrocarbures comme le Japon ou l'Allemagne.

> **Gagnez des points !**
> Faites des comparaisons entre un pays et un autre, une période et une autre pour éclairer les données du tableau.

L'électricité est passée de 4 % de la consommation totale en 1973 à 45 % désormais. Elle s'est développée avec le parc électro-nucléaire pendant le septennat de V. Giscard d'Estaing puisque les sites que l'on pouvait équiper de barrages hydroélectriques l'étaient déjà.

> **Gagnez des points !**
> Calculez en pourcentage ce que représente tel chiffre par rapport à tel autre, le rythme d'une hausse ou d'une baisse pour éclairer le sens d'une statistique.

Ces centrales représentent près de 80 % de l'électricité consommée en France chaque année; une partie de leur production est exportée dans l'UE, ce qui explique que les chiffres de production électrique soient supérieurs à ceux de la consommation.
La France est avec le Japon, dépourvu d'énergies fossiles lui aussi, le pays le plus nucléarisé du monde.

2 Réserves et flux principaux du commerce du pétrole

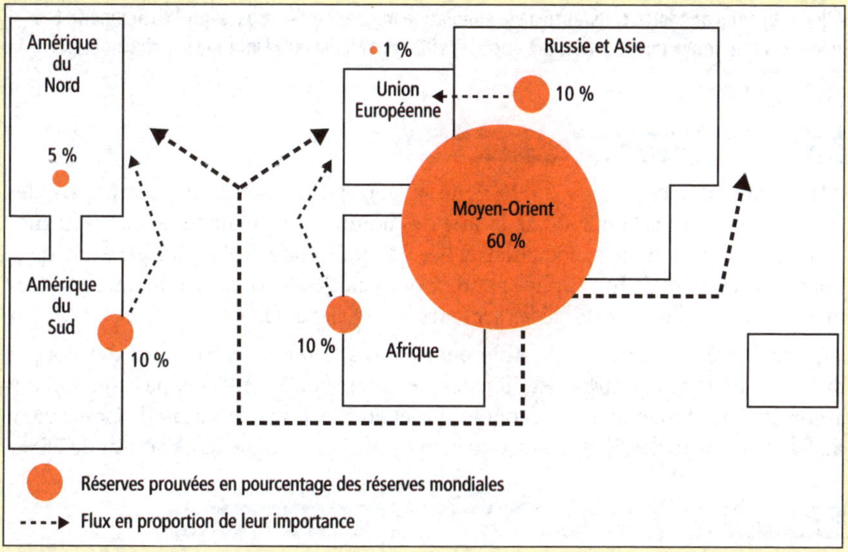

CHAPITRE 10 Villes et développement durable

1 La croissance urbaine dans le monde

De quoi s'agit-il ? Depuis le XIXe siècle, la planète est entrée dans l'ère de l'urbanisation. Les villes ont connu une forte croissance de la population mais aussi de l'espace qu'elles occupent. Les inégalités sont importantes aussi bien entre les villes du monde qu'à l'intérieur de chacune.

1 L'urbanisation inégale du monde

• Il y a deux siècles, plus de 90 % de la population mondiale vivait dans les campagnes. Depuis l'an 2000, la moitié des hommes vivent en ville. La croissance démographique y a été spectaculaire, liée à la fois à une croissance générale de la population mondiale (multipliée par 6 en deux siècles) et au développement économique et social qui a renforcé les secteurs industriel et tertiaire.

• La croissance urbaine a été différenciée dans le temps, entre pays développés du Nord (où le taux d'urbanisation stagne autour de 75 à 80 %) et pays du Sud qui amorcent leur développement économique et donc leur urbanisation (la Chine vient de franchir le cap des 50 %, beaucoup de pays africains sont encore autour de 25 %).

2 L'étalement urbain et la réorganisation de l'espace

• Les villes ont été parfois créées par la révolution industrielle (ex. Lens) ou la colonisation (ex. New York, Dakar) mais le plus souvent elles s'appuient sur des noyaux plus anciens (villes asiatiques, européennes, arabo-musulmanes…). La croissance des populations et des activités s'est donc faite à partir d'un centre, vers la périphérie ou banlieue (**Doc.**). Cet étalement a généré des agglomérations urbaines (ex. Paris et les communes de banlieue). Dans les pays développés, ces agglomérations se rejoignent parfois pour former des conurbations voire des mégalopoles (ex. Tokyo-Osaka-Nagasaki sur mille kilomètres au Japon).

• Dans les villes, activités et populations sont réparties différemment selon les pays (**Doc.**) : quartiers d'affaires au centre des villes récentes (États-Unis) ou en restructuration (Chine) ; populations aisées au centre en Europe mais en lointaine périphérie aux États-Unis ; présence de grands bidonvilles périphériques dans les pays en développement mais aussi fortes inégalités sociales selon les quartiers des villes dans les pays développés.

Doc. Différents types d'organisation de l'espace urbain

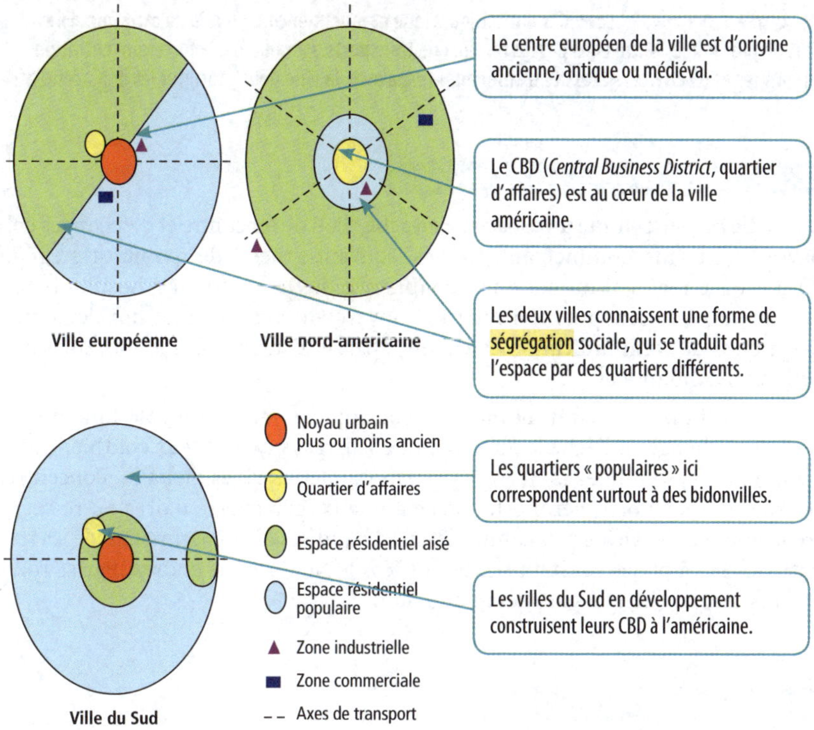

Vocabulaire

Taux d'urbanisation : proportion de la population totale vivant dans une ville.

Agglomération : espace formé par une ville et sa banlieue.

Conurbation : ensemble de villes.

Mégalopole : espace urbain géant rassemblant plusieurs agglomérations.

Ségrégation : séparation, division.

Notion-clé

Urbanisation : phénomène de développement de la ville, comme espace d'habitat et comme cadre de vie.

2 Transports et mobilités

De quoi s'agit-il ? Les villes ont toujours joué et jouent encore un rôle de carrefour. Elles sont de plus reliées entre elles par les réseaux de transports. Par ailleurs, la forte concentration d'hommes et d'activités nécessite d'aménager l'espace de la ville pour y faciliter les déplacements.

1 Se déplacer de et vers les villes

- La ville est née comme un espace de marché : lieu de rencontre et d'échanges entre paysans, artisans, commerçants, elle est souvent située à des points stratégiques d'un espace régional ou national (confluence fluviale, littoraux hospitaliers…). Les réseaux routiers puis ferroviaires convergent vers les villes qui deviennent des nœuds de communication essentiels, attirant d'autant plus les hommes et les activités économiques.
- Aujourd'hui, un certain nombre de métropoles jouent un rôle fondamental dans les échanges à l'échelle aussi bien de leur pays que de leur continent, voire du monde : ces grandes métropoles, parfois appelées villes globales, concentrent souvent grands ports, aéroports internationaux, gares ferroviaires ou routières, fréquentés par les voyageurs comme les marchandises et qui permettent de les relier entre elles. La plupart restent situées au Nord (New York, Londres, Paris, Tokyo, etc. mais aussi Shangaï par exemple au Sud).

2 Se déplacer en ville

- Les déplacements se font aussi à l'échelle de la ville : pour le travail, le commerce comme le loisir. Il faut relier les différents espaces qui organisent la ville (quartiers résidentiels et zones d'emplois) et ne cessent de s'étaler, en développant différents réseaux : routes rapides qui traversent ou contournent l'agglomération, transports collectifs souvent ferrés et/ou souterrains…
- Toutes les villes du monde, au Nord comme au Sud, et en particulier par leur fort peuplement les grandes métropoles, rencontrent le problème de la saturation des réseaux de transport et la pollution qui souvent l'accompagne : pollution atmosphérique mais aussi sonore, voire visuelle, tant les besoins en transports sont grands et « dévorent » de l'espace (**Doc.**).

Doc. Un réseau routier urbain au Japon

De véritables axes autoroutiers sont nécessaires pour connecter la ville et l'extérieur, proche ou lointain.

Les embouteillages à l'entrée ou la sortie de la ville sont fréquents et ralentissent les flux.

La cohabitation entre les axes routiers régulièrement saturés et les habitations engendrent pollution atmosphérique et sonore.

Vocabulaire

Confluence fluviale : point de rencontre entre deux cours d'eau.

Métropole : grande ville dominant son espace (métropole nationale, régionale…).

Saturation (des réseaux) : trop-plein, embouteillages, qui ralentissent les déplacements.

Notion-clé

Ville globale : métropole dont l'influence s'étend à l'échelle du globe, dans différents domaines : économique, commercial, politique, culturel… (New York, Tokyo, Londres, Paris).

3 Aménager des villes « durables » ?

De quoi s'agit-il ? **Satisfaire tous les besoins sociaux et économiques d'une ville nécessite un aménagement permanent de l'espace, qui doit prendre en compte un grand nombre d'éléments : habiter, travailler, se déplacer, tout cela dans un cadre de vie qui doit faire avec des densités très élevées.**

1 Gérer l'environnement en ville

- L'étalement urbain génère encore plus de déplacements, donc de pollution, à laquelle s'ajoute celle des activités industrielles, encore plus fortement dans les pays en développement ayant des activités industrielles de base (Chine, Mexique…).
- La forte concentration de population va avec la production de fortes quantités de déchets ménagers qu'il faut éliminer. Si les villes du Nord commencent à traiter leurs déchets, en partie par le tri et le recyclage, ce n'est pas le cas partout et en particulier dans les pays du Sud.

2 Des projets pour l'avenir

- Les villes sont un enjeu central pour aller vers une meilleure maîtrise de l'aménagement de l'espace par les hommes, plus respectueux de l'environnement, à la fois pour la nature mais aussi pour les conditions de vie quotidienne des citadins.
- Beaucoup de villes se lancent, encore timidement, dans des projets liés au développement durable : Agenda 21 et éco-quartiers en France, quartiers écologiques dans les villes chinoises en pleine restructuration avec le développement économique.
- Cela passe par l'utilisation de matériaux diminuant les consommations énergétiques (**Doc.**), le développement de réseaux de transports performants et peu polluants (métro, tramway…) et de circulations douces (vitesse réduite, zones piétonnes), l'aménagements de « poumons verts » (parcs, etc.).

Doc. **Diminuer la consommation d'énergie en modifiant les méthodes**

La loi du 13 juillet 2005, qui fixe les objectifs de la politique énergétique, vise une division par 4 des émissions de CO_2 du secteur du bâtiment d'ici à 2050. [...] Dès 2010, la loi Grenelle I prévoit en effet que tous les nouveaux édifices et équipements publics, ainsi que les constructions neuves du secteur tertiaire, devront être construits à la norme « basse consommation » pour atteindre une consommation moyenne inférieure à 50 kWh/m²/an, contre 155 kWh/m²/an actuellement. [...] Dès 2012, tous les permis de construire déposés seront soumis à la norme « bâtiments à basse consommation » (soit une consommation énergétique de moins de 50 kWh/m²/an) et en 2020 au plus tard, toutes les constructions neuves seront soumises à la norme « logements à énergie passive ou positive » : grâce aux énergies renouvelables, un bâtiment peut devenir un lieu de production d'énergie. L'énergie non consommée est restituée dans le réseau, vendue ou stockée. À l'horizon 2020, l'objectif du Grenelle est donc de réduire les consommations énergétiques des **bâtiments neufs** de 40 % par rapport aux consommations des constructions actuelles. Bien que les objectifs pour les nouvelles constructions soient de plus en plus exigeants, la réduction de la facture énergétique globale du secteur du bâtiment passe principalement par la modernisation du **bâti ancien**. [...] La priorité se porte donc sur les 16,1 millions de logements construits avant 1975, dont la consommation moyenne représente 328 kWh/m²/an.

Source : « La réglementation thermique du bâtiment "RT2005" et le Grenelle de l'environnement », ministère de l'Écologie, du Développement durable et de la Mer.

L'État veut montrer l'exemple en construisant des bâtiments plus économes en énergie (chauffage, éclairage...) pour les lycées, hôpitaux, administrations, etc.

Les logements et autres bâtiments construits par le secteur privé, les individus, sont incités à faire le même effort, voire à produire leur propre énergie (par panneaux solaires ou géothermie par ex.) et même, si la production dépasse la consommation (« énergie positive »), à la vendre.

Les logements anciens dominent encore le parc immobilier et sont les plus consommateurs d'énergie, il faut les rénover, les équiper, les isoler mieux.

Vocabulaire

Agenda 21 : plan d'action décidé en 1992 par le Sommet de la Terre de Rio (173 pays) pour préserver l'environnement en passant par des actions à l'échelle locale.

RÉVISION EXPRESS

LES CHIFFRES IMPORTANTS

Taux d'urbanisation
- Monde : 54 %
- Royaume-Uni : 92 %
- France : 85 %
- Chine : 55 %
- Niger : 18 %

Grandes métropoles (en millions d'habitants)
- Tokyo : 38
- Séoul : 23
- Shanghai : 23
- Mexico : 21
- Mumbai : 21
- New York : 20
- Los Angeles : 17
- Paris : 12

Déplacements

Aéroports (classement en millions de passagers annuels, 2015)

1. Atlanta (EU) : 100
2. Pékin : 90
6. Londres : 75
9. Paris (CDG) : 66

Gares (fréquentation quotidienne en millions de voyageurs locaux et nationaux)
- Shinjuku-Tokyo : 3,6
- Paris-Gare du Nord : 0,5

Environnement
- 38 millions de tonnes de déchets collectés par les municipalités en France en 2006
- 512 communes, départements ou régions de France ayant lancé leur Agenda 21 en 2015

LES MOTS IMPORTANTS

- espace urbain
- ville
- urbanisation
- agglomération
- métropole
- mégalopole
- villes globales
- centre
- périphérie
- banlieue
- bidonville
- inégalites sociales et spatiales
- transports
- carrefour
- pollution
- déchets

LES ACTEURS GÉOGRAPHIQUES

- **Municipalité**

Elle est l'autorité publique gérant l'espace d'une ville.

- **État**

Il peut impulser des règles d'urbanisme.

- **Associations**

Les citoyens peuvent intervenir dans les débats publics concernant l'aménagement de leur ville, l'éducation à l'environnement.

- **Entreprises**

Elles jouent un rôle important par leur implantation dans les villes (emplois, pollutions, etc.).

SCHÉMA DU DÉVELOPPEMENT DURABLE : LES VILLES

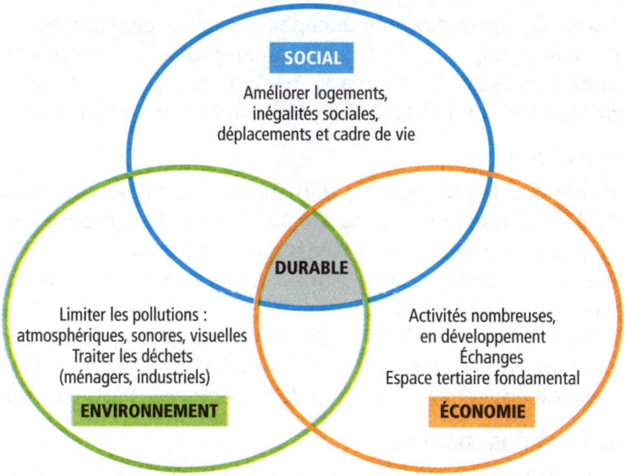

Quiz

1. Quel modèle de ville est centré sur son quartier d'affaires ?
- ☐ ville européenne
- ☐ ville américaine
- ☐ ville africaine

2. On trouve des bidonvilles dans les villes du Nord.
☐ Vrai ☐ Faux

3. Citez trois moyens de transports urbains.

4. En France, n'importe quel bâtiment peut produire son électricité.
☐ Vrai ☐ Faux

5. Définissez ce qu'est une ville globale.

→ Réponses p. 204

Rédiger une composition

MÉTHODE

- La composition fait appel aux mêmes capacités que la rédaction du paragraphe argumenté (voir p. 64) mais de façon beaucoup plus développée : le texte à rédiger répond de façon structurée à un sujet, avec une introduction et une conclusion. Mais il doit être beaucoup plus long (jusqu'à 4 pages en Seconde).

1. Analyser le sujet

- Il faut bien lire et relire le sujet. En particulier, déterminez la période si vous êtes en Histoire (période longue, courte, une année ?) et l'espace concerné en Histoire comme en Géographie (espace régional, national, mondial ?).
- Il faut relever les mots-clés : quelle(s) notion(s) ou quel(s) mot(s) de vocabulaire importants doivent être mobilisés ?
- Soyez attentifs aux sujets avec le mot « et » : il s'agit de sujets qui demandent de lier les éléments entre eux (ex. : le sujet « Les États-Unis et l'URSS après 1945 » demande de traiter des relations entre les deux, pas de les comparer chacun de leur côté !).

2. Définir la problématique

- Il s'agit dans cette phase de proposer une reformulation du sujet qui mette en avant l'intérêt de celui-ci, ce qu'il y a de remarquable ou d'important dans l'événement historique proposé ou dans l'espace géographique à étudier.
- Parfois, le sujet est déjà fourni sous forme problématisée.

3. Lister ses connaissances au brouillon

- Les connaissances viendront nécessairement dans le désordre, il importe de les mettre au brouillon, en commençant par les idées principales.
- Ne rédigez rien pour le moment : vous perdriez du temps. N'hésitez pas ici à utiliser des abréviations pour aller plus vite.
- Les connaissances doivent être puisées en priorité dans le cours mais aussi dans d'autres sources personnelles (lectures, émissions, espace proche en Géographie…).

4. Rédiger le plan

- Le plan doit permettre de réorganiser vos connaissances. Vous devez veiller à ce que les parties soient équilibrées. Le plan dépend vraiment du sujet et de la problématique choisie.
- En Histoire, on peut choisir classiquement un plan chronologique (si la période est longue et peut se rediviser), parfois un plan thématique (pour étudier plusieurs aspects différents dans une même période).
- En Géographie, si le plan thématique est aussi valable, on choisit souvent le plan géographique (constat, causes, limites ou évolutions).

5. Rédiger l'introduction

▶ L'introduction doit faire une dizaine de lignes : présenter de façon générale le sujet (espace, période, notions, mots-clés), puis poser la problématique dégagée de la réflexion sur le sujet, enfin, présenter le plan qui sera suivi.

▶ Le correcteur sait ainsi d'avance comment vous allez répondre au sujet et peut mieux se repérer dans votre réflexion et votre copie.

6. Rédiger le devoir

▶ Quand vous rédigez, il faut sauter des lignes entre introduction, chaque partie et conclusion. Cela facilite la lecture – y compris la vôtre quand vous relisez.

▶ Entre chaque partie (à la fin ou au début) rédigez une phrase de transition.

7. Rédiger la conclusion

▶ La conclusion doit en quelques lignes résumer votre réponse au sujet problématisé.

▶ Vous pouvez aussi « ouvrir » votre conclusion (sur la période qui suit en Histoire, sur les évolutions possibles en Géographie).

APPLICATION : EXERCICE CORRIGÉ

Rédigez une composition sur le thème : « Villes du Nord, villes du Sud ».

1. Analyser le sujet

Le sujet est clairement à l'échelle du monde et centré sur la ville, sous toutes ses formes : on parle de ville en général (espace urbain : son organisation, ses fonctions, etc.) et en particulier (grandes métropoles comme petites villes, avec des exemples précis). Mais le sujet précise deux types de villes : celles du Nord (pays développés) et celles du Sud (pays en développement). C'est qu'il y a matière à les distinguer. On devra donc voir ce qui les différencie. Mais, vu la formulation du sujet, il s'agit de les comparer : il peut aussi y avoir des ressemblances.

2. Définir la problématique

Le sujet incite à faire la comparaison des villes selon le niveau de développement. Une problématique pourrait donc être : « En quoi le niveau de développement fait-il des villes du Nord et du Sud des villes distinctes ? » Mais comme vous allez aussi montrer qu'il y a des points communs entre les espaces urbains quel que soit le niveau de développement, vous pouvez affiner : « Villes du Nord et villes du Sud sont-elles si différentes aujourd'hui ? »

3. Lister ses connaissances au brouillon (avec abréviations)

– Taux d'urbanisation élevé au N (75-80 % jusqu'à 90 % comme au Royaume-Uni)
– Taux plus faible au S (moins de 50 %)
– Organisation de l'espace différente N/S mais aussi points communs (inégalités sociales…)

– Bidonvilles dans les villes du S mais inégalités sociales entre les quartiers au N
– Déchets ménagers à traiter au N comme au S (mais probl. + grave au S, + pauvre)
– Même probl. de gestion des transports (+ difficile au S) : saturation, pollution, etc.

4. Rédiger le plan

● Le **plan géographique** pourrait être :

I- Villes du Nord et villes du Sud, des villes très différentes

II- Le niveau de développement explique ces différences

III- Mais les villes du Sud en développement commencent à se rapprocher des villes du Nord

● Le **plan thématique** pourrait s'appuyer plus sur la comparaison :

I- L'organisation spatiale de la ville : différences et points communs entre Nord et Sud

II- Les dynamiques urbaines : stagnation au Nord, explosion au Sud

III- Gérer l'environnement urbain : les mêmes problèmes, même si plus graves au Sud

5. Rédiger l'introduction

« Si l'espace urbain remonte à la plus haute Antiquité, il concernait une petite minorité des hommes. Depuis le début du troisième millénaire, la population mondiale vit pour moitié en ville. L'urbanisation du monde a été explosive ces deux derniers siècles. Elle a été liée au développement économique de la révolution industrielle. Mais ce changement économique et social a d'abord touché les pays dits aujourd'hui du Nord et plus tardivement ceux du Sud, qui commencent à rattraper leur retard. Cela a-t-il joué sur les villes ? Peut-on dire que villes du Nord et villes du Sud sont différentes à cause du niveau de développement ? L'organisation de l'espace urbain présente certes des différences mais aussi des éléments communs à toute ville. En revanche, les villes du Nord, déjà développées, ne se développent pas de la même façon que les villes du Sud. Enfin, villes du Nord comme ville du Sud doivent faire face aux mêmes problèmes, en particulier d'environnement. »

6. Rédiger le devoir

Exemple de transition entre 2e et 3e partie

« Les villes du Nord et les villes du Sud ne connaissent pas les mêmes besoins ni les mêmes évolutions spatiales, les mêmes aménagements ; mais elles font face aux mêmes problèmes. »

7. Rédiger la conclusion

« Villes du Nord et villes du Sud ont donc un certain nombre de différences mais dans les pays qui se développent, elles ont tendance à suivre le modèle des villes du Nord, surtout américaines (quartier d'affaires central en construction). Seront-elles demain les principales villes globales, prenant le relais de New York, Tokyo ou Londres ? »

Vérification des connaissances

1 Quelle partie du monde est plus urbanisée ?

2 Qu'est-ce qu'une mégalopole ?

3 Pourquoi les transports sont-ils fondamentaux dans le développement d'une ville durable ?

4 À quelles pollutions les villes font-elles face ?

Application de la méthode

SUJET

Rédigez une composition sur le thème : « Les villes du Nord au XXIe siècle ».

Exercice d'entraînement

Analysez le document suivant :

Quelques grandes agglomérations mondiales (parmi les 20 plus grandes)

	Population (en millions) en 2014	Taux de croissance entre 2010 et 2014 (en %)
Tokyo	38	0,5
Séoul	23	−0,1
Mexico	21	−0,1
São Paulo	21	0,5
Mumbai	21	0,5
Shanghai	23	2,1
Djakarta	20	1,1
Le Caire	18	1,3
Lagos	18	3,8
Paris	12	0,7

Sources : diverses dont PopulationData.net et ONU.

Quiz

1 La ville américaine.

2 **Faux.** Cependant, on voit réapparaître des zones d'habitat spontané, insalubre.

3 Automobile, bus, métro, train, tramway, navette fluviale.

4 **Vrai.**

5 Une ville globale est une ville qui a une influence sur la planète.

Vérification des connaissances

1 Le Nord (Europe, Amérique du Nord, Japon) est l'espace le plus urbanisé de la planète. Il s'agit de la partie la plus développée, la plus anciennement industrialisée du monde et les taux d'urbanisation tournent autour de 75 % (jusqu'à plus de 90 % comme au Royaume-Uni). Toutefois, ces taux stagnent et le Sud commence à rattraper son retard (ex. : Chine, taux à 50 %) et compte les principales grandes agglomérations actuelles.

2 Une mégalopole est un espace urbain gigantesque, constitué par plusieurs grandes agglomérations reliées entre elles par leurs banlieues et un réseau de transport. Ainsi, la mégalopole japonaise correspond à un ruban urbanisé de mille kilomètres depuis Tokyo jusqu'à Nagasaki en passant par Nagoya, Osaka-Kobe, Hiroshima et compte plus de 100 millions d'habitants.

3 Les transports sont centraux dans une ville durable, d'une part parce que toute ville est par définition un carrefour situé sur plusieurs réseaux de transports (routier, ferré, etc.) et que ceux-ci sont aussi indispensables à l'échelle de la ville pour les différents déplacements de la population pour raisons économiques (travail, échanges) comme sociales (loisirs, mixité sociale). D'autre part, le réseau routier est mis en concurrence avec des réseaux considérés comme plus propres et moins consommateurs d'énergie (réseaux collectifs des trains, métros, tramways). Le développement et la maîtrise des transports s'appuient donc bien à la fois sur les volets économiques, sociaux et environnementaux du développement durable.

4 La ville fait face à de nombreuses pollutions de l'atmosphère, des eaux ou des sols à cause des transports et des activités industrielles. Les activités ménagères polluent aussi et nécessitent surtout un traitement des déchets. Les nuisances sonores sont importantes dans un espace à si forte densité de même que les pollutions visuelles (paysages monotones, bétonnés, enlaidis).

Application de la méthode

L'urbanisation de la planète est un fait ancien, qui a commencé avec la sédentarisation et le développement économique. La révolution industrielle à partir du XIXe siècle, en parallèle d'une explosion démographique de l'humanité, s'est accompagné d'une urbanisation accélérée au point que la moitié des hommes vit aujourd'hui en ville. Le Nord, espace riche, plus développé, est aussi l'espace le plus urbanisé.

Quelle est la spécificité de l'espace urbain du Nord en ce début de XXIe siècle ? Les villes sont caractéristiques des pays du Nord. Elles présentent une organisation spatiale spécifique même si plusieurs modèles existent. Toutes font face à des enjeux environnementaux importants qui nécessitent de les réaménager.

I – La ville, horizon principal et symbolique des pays développés du Nord

A) Un taux d'urbanisation élevé, une croissance plutôt dans l'espace

Les pays du Nord (Europe, Amérique du Nord, Japon) ont commencé leur industrialisation il y a deux siècles, ce qui a entraîné une forte croissance des villes, héritées de leur histoire ou villes récentes issues de la colonisation (en Amérique du Nord). Cela explique le taux d'urbanisation déjà élevé de ces pays, autour de 75 à 80 % de la population vivant en ville. La ville est donc l'espace dominant des sociétés du Nord.

Méthode

L'introduction présente le cadre général du sujet. Ici, on définit l'idée d'urbanisation globalement. Puis on rappelle que le sujet concerne une partie du monde, la partie développée du Nord : le cadre spatial est ainsi délimité.

Définir la problématique

La problématique est l'élément central dans la composition ; clef de lecture de votre travail, elle doit être présentée clairement. Le sujet ne portant que sur les villes du Nord (donc, sur un type de ville), il s'agit de s'interroger sur ce qui fait les spécificités de cette ville aujourd'hui.

Rédiger

Le plan (en gras) est donné ici à titre indicatif, il est inutile de le présenter dans une copie d'Histoire-Géographie : l'introduction doit permettre au correcteur de se repérer.

La présentation de la copie aide à la lecture : en rédigeant un nouveau paragraphe dans cette sous-partie, le lecteur comprend que vous allez développer une autre idée. Sautez une ligne entre chaque partie pour mieux les distinguer.

Cela explique aussi la faible croissance de ces villes de nos jours, à peine 0,3 % par an en moyenne. L'urbanisation consiste donc aujourd'hui plutôt en une transformation de l'espace : rénovation des centres, construction de nouveaux quartiers d'activités (industries technologiques, zones commerciales) en périphérie qui étendent la ville spatialement.

> **Gagnez des points !**
> N'oubliez pas de donner des exemples précis dans votre copie, en Géographie des chiffres, en Histoire des repères chronologiques.

B) Des villes qui dominent le monde

Le Nord a donc été le premier à posséder des métropoles millionnaires et des mégapoles, comme Londres, New York ou Tokyo, même si ces villes sont aujourd'hui de plus en plus dépassées en population par les villes du Sud où la croissance urbaine est plus forte. Tokyo reste cependant l'agglomération la plus peuplée du monde (plus de 30 millions d'habitants).

Toutefois, les villes du Nord sont les villes les plus influentes de la planète par leurs activités économiques (grandes bourses, etc.) mais aussi scientifique, culturel et politique (capitales de pays puissants, comme Washington, Londres, Paris, etc.) et, pour les plus influentes dans plusieurs de ces domaines à la fois, on parle de villes globales.

> **Gagnez des points !**
> Une bonne composition est aussi celle qui réutilise un vocabulaire précis et spécifique, les notions centrales comme ici, celle de « ville globale ».

En un sens, les villes sont un peu la vitrine de la puissance et du développement du Nord.

II – À quoi ressemble une ville du Nord ?

A) Plusieurs modèles de villes du Nord

Deux modèles se sont construits dans les pays développés en fonction de l'ancienneté de l'urbanisation.

> **Méthode**
> Une composition peut être accompagnée de petits schémas : vous pouvez parfaitement placer ici les schémas de l'organisation spatiale des villes européennes et américaines (voir p. 193).

Ainsi, les villes européennes sont centrées sur leur cœur historique, espace aisé, avec des périphéries consacrées au logement et aux activités économiques de masse (production industrielle, commerce de grande distribution).

La ville nord-américaine, plus récente, n'hésite pas à reconstruire son centre constitué par le CBD (*Central Business District* : quartier moderne des affaires, qu'imitent aujourd'hui les villes européennes en périphérie proche, comme La Défense à Paris). Celui-ci est entouré des anciennes activités économiques en déclin et de logements, la périphérie étant plus dynamique dans ces deux domaines.

B) Une ville développée mais avec des inégalités sociales importantes

Quel que soit le modèle, la ville du Nord est une ville développée, aménagée, bien équipée en réseaux de transports, d'adduction d'eau et d'énergie et en services (commerces, loisirs, transports, etc.). Il y a relativement peu de problèmes de logement, les populations étant presque à 100 % logées.

Mais des inégalités sociales relativement marquées existent dans ces villes, qui se traduisent dans l'espace : la périphérie européenne est souvent fracturée en deux, entre quartiers résidentiels aisés et banlieues ouvrières, la ville américaine concentre ses déshérités dans la vieille ville autour du CBD quand les plus aisés s'éloignent en périphérie toujours plus lointaine pour satisfaire leurs désirs d'espace libre.

Cette ville aux populations souvent séparées et aux activités multiples nécessite de nombreux déplacements qui posent souvent des problèmes de gestion de l'espace.

> **Méthode**
> Entre chaque partie, il faut penser à une phrase de transition qui fait le lien entre le propos précédent et celui qui va suivre.

III – Les grands enjeux de la ville du Nord au XXIe siècle : inventer la ville durable

A) Les problèmes d'environnement

La ville du Nord est une ville pleine. Les espaces disponibles sont rares ce qui rend les aménagements coûteux ou oblige à étaler la ville. L'étalement et les multiples activités (travail, loisirs) obligent à des déplacements de plus en plus nombreux qui provoquent des phénomènes fréquents de saturation des routes comme des transports collectifs.

Les pollutions qui en résultent sont nombreuses : pollutions atmosphériques dues aux routes ou aux industries, déchets ménagers qui se comptent en centaines de milliers de tonnes par an pour chaque grande agglomération, sans compter les pollutions sonores et visuelles.

B) Les moyens et les actions menées pour gérer l'environnement

La ville du Sud est souvent confrontée aux mêmes problèmes. Toutefois, la ville du Nord a les moyens techniques et financiers de faire face à ces problèmes.

Depuis deux décennies, la prise de conscience de l'ampleur des dégâts écologiques a poussé les États et les municipalités à agir.

> **Gagnez des points !**
> N'oubliez pas que l'objectif est de traiter des spécificités des villes du Nord : si vous pouvez faire de temps en temps des comparaisons, ici avec les villes du Sud, c'est pour montrer ce qu'elles ont de particulier.

Généralement, l'action a consisté à traiter des déchets par le tri et le recyclage. Des actions de dépollution ont été menées. Mais l'accent est surtout mis aujourd'hui sur les nouveaux aménagements dont l'objectif est de s'inscrire dans le développement durable : soutenir la croissance économique de la ville, certes, mais en favorisant la mixité sociale tout en tenant compte de l'environnement à protéger et à améliorer. Des actions ponctuelles et spécifiques à chaque ville selon leurs besoins et possibilités dans le cadre de l'Agenda 21 par exemple, aux projets futuristes ou utopiques d'ecopolis (villes écologiques), la ville du Nord essaye d'inventer la ville durable.
La ville du Nord est une ville qui s'engage aujourd'hui dans une logique d'amélioration qualitative. Le développement urbain consiste à améliorer le cadre de vie d'une population qui évolue relativement peu, dans une perspective de développement durable. La ville du Sud, si elle est dans une logique de développement elle aussi, reste surtout un espace de construction ou de reconstruction (ex : Chine) récente, qui doit surtout gérer son explosion démographique.

Exercice d'entraînement

• Le document propose des statistiques sur quelques grandes agglomérations du monde. Il s'agit à chaque fois de mégapoles importantes, dépassant ici les 10 millions d'habitants.

Remarque

Les villes dépassant 8 millions d'habitants sont dénommées selon les normes de l'ONU « mégapoles » (très grandes agglomérations avec un centre et une banlieue). Plusieurs mégapoles peuvent former une « mégalopole » comme c'est le cas au Japon (Tokyo 38 millions d'habitants, Osaka 18, Nagoya 8).

• Il donne le nombre d'habitants mais aussi la croissance annuelle de chacune.

Méthode

Comme dans tout document statistique, il faut veiller aux unités (la croissance annuelle est une moyenne calculée sur plusieurs années) mais aussi aux dates : les chiffres sont récents. Les sources sont fiables : ONU et site communautaire francophone qui travaille sur des sources comme celles… de l'ONU ou d'autres institutions internationales ou universitaires.

- On peut classer les villes selon leur taille : on constate alors que la plupart des grandes mégapoles données en exemple ici sont asiatiques d'abord et ensuite latino-américaines. Les villes africaines ou européennes ont des chiffres relativement plus modestes. Cela peut s'expliquer par plusieurs facteurs : les pays d'Asie et d'Amérique latine concernés ici sont très peuplés (plus de 100 millions d'habitants, jusqu'à un milliard et demi avec la Chine) et connaissent un développement économique accéléré, il s'agit (hormis le Japon) d'anciens pays du tiers-monde devenu pays émergents, ou même pays du Nord (comme la Corée du Sud). En Europe, l'urbanisation a atteint un haut niveau et stagne. Quant à l'Afrique, l'urbanisation y est plus récente que sur les autres continents cités et elle reste encore trop en marge du développement économique : si le continent possède lui aussi des villes géantes, elles ne peuvent rivaliser avec Shanghai ou São Paulo.

> **Méthode**
>
> Il faut d'abord analyser le document, c'est-à-dire relever l'information, constater des phénomènes géographiques, faire des comparaisons et des regroupements. Ensuite, avec ses connaissances, il faut essayer d'expliquer le constat ainsi dressé. On ne peut faire de géographie sans avoir de bonnes connaissances de localisation – ici localisation des villes selon leur pays, leur continent.

- On peut aussi classer les villes selon leur croissance. Les villes dont la croissance est la plus forte correspondent aux villes de pays en développement, Afrique comprise, qui rattrapent leurs retards ce qui se traduit par une urbanisation galopante.

En revanche, les villes des pays déjà développés et donc où l'urbanisation est déjà forte, ont des croissances plus faibles, voire négative comme à Séoul.

> **Méthode**
>
> Analyse et explications peuvent aussi se mêler. Une croissance négative correspond donc à une baisse de la population.

CHAPITRE 11

Les mondes arctiques

1 D'un espace répulsif à un espace attractif ?

De quoi s'agit-il ? Les espaces polaires sont des espaces peu peuplés et peu intégrés à l'espace mondial. Leur « découverte » date plutôt de la fin du XIXe siècle. Mais avec le réchauffement climatique, la place de ces espaces, en particulier au Nord, semble devoir se modifier.

1 Un espace contraignant

- L'espace arctique est un espace surtout maritime, bordé de terres et d'îles, aux limites floues, partant du pôle Nord vers le cercle polaire arctique (66° N) ou vers l'isotherme + 10 °C en été (**Doc.**).
- En effet, c'est le froid permanent et ses conséquences sur l'environnement qui peut le mieux définir l'espace arctique : en moyenne – 10 °C l'hiver et à peine + 5 °C l'été à la station d'Angmassalik au Groenland, avec des records à – 60 °C.
- Un paysage glaciaire étendu, aussi bien sur terre que sur mer avec la banquise, caractérise l'espace. Les rares sols non couverts de glace sont gelés au moins la moitié de l'année (pergélisol) interdisant toute agriculture. La végétation y est quasi inexistante (toundra). Enfin, la nuit polaire peut durer jusqu'à la moitié de l'année. Il existe une faune diversifiée et adaptée au milieu (ours, rennes, baleines, poissons…).

2 Un espace peu transformé par l'homme ?

- Des peuples sont installés depuis 4000 ans dans cette région du monde, ayant développé leur propre civilisation, adaptée au milieu (chasse, élevage). Ils forment plusieurs groupes ethniques spécifiques comme celui des Inuits (« les hommes »). Ces groupes ont dû faire face à la colonisation occidentale, qui les a souvent déplacés, voire décimés (épidémies, dérèglements sociaux comme l'alcoolisme).
- Le réchauffement climatique tend à libérer l'espace maritime de l'emprise de la banquise : de nouvelles routes maritimes doivent donc bientôt pouvoir s'ouvrir qui raccourciraient les trajets Europe-Amérique-Asie, permettant à cet espace d'être rattaché aux grands courants de la mondialisation et de connaître un relatif développement.

Doc. **Les limites de l'espace arctique**

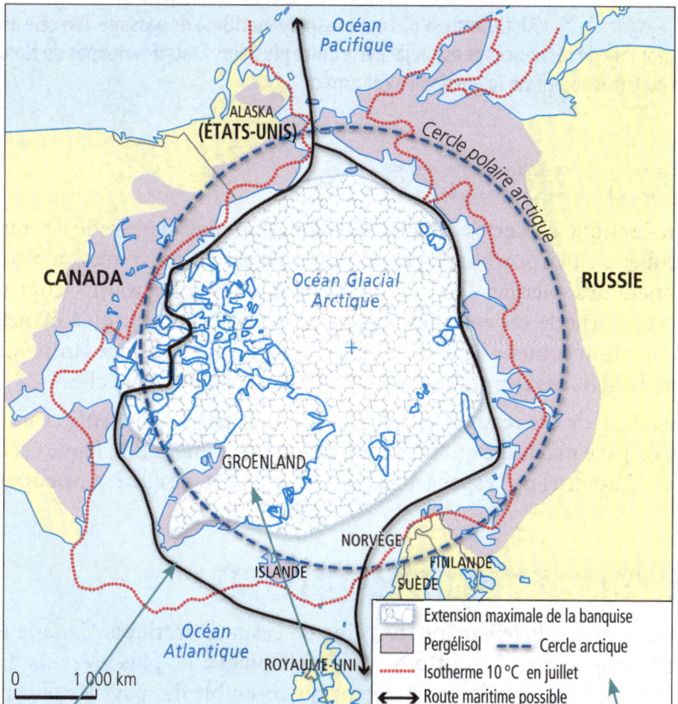

Une route maritime plus rapide entre l'Europe et l'Asie pourrait s'ouvrir par le nord du Canada et de la Russie.

La banquise couvre une partie de l'Océan glacial arctique et sa surface diminue.

Plusieurs critères entrent en jeu pour définir l'espace, marqué par le froid.

Vocabulaire

Pôle : chacune des deux extrémités de l'axe de rotation terrestre.

Isotherme : ligne imaginaire reliant tous les points d'un espace qui ont la même température moyenne.

Banquise : zone de glace flottante formée par le gel de l'eau de mer.

Pergélisol (ou permafrost) : sol gelé de façon continue ou discontinue sur une longue période de l'année, voire toute l'année.

Toundra : végétation pauvre recouvrant le sol, composée essentiellement de mousses, herbes.

2 Un espace convoité

De quoi s'agit-il ? **L'Arctique n'est pas qu'un espace maritime de passage. Il recèle aussi un certain nombre de ressources et est déjà divisé entre plusieurs États développés du Nord qui doivent se mettre d'accord sur la gestion de cet espace.**

1 Des ressources convoitées

- L'océan Arctique est certes difficile d'exploitation mais il possède des ressources, en particulier en hydrocarbures (pétrole, gaz), fortement convoitées en cette période d'épuisement des énergies fossiles. Cependant leur exploitation – coûteuse mais rentable vu le prix de ces énergies – ne permettrait de couvrir qu'à peine 7 ans de la consommation actuelle de pétrole, 30 ans pour le gaz. Quelques minerais métalliques complètent ces ressources, auxquelles il faut ajouter la pêche.
- La possession de ces ressources est conditionnée par les conventions internationales sur l'espace maritime qui attribue à chaque État une Z.E.E. (zone économique exclusive). L'essentiel de l'espace arctique est déjà partagé entre plusieurs États.

2 Un espace partagé entre plusieurs États

- Cinq États sont officiellement riverains de l'espace arctique. Canada et Russie sont, par la longueur de leur littoraux septentrionaux, les plus présents. Les États-Unis, qui possèdent l'Alaska, complètent cet ensemble des pays les plus puissants de la région. Mais il faut compter aussi sur des pays européens comme la Norvège et, enfin, le cas particulier du Groenland : possession du Danemark, il a un statut d'autonomie. On ajoute traditionnellement Finlande et Suède (pays de l'U.E.) pour leurs territoires situés au-delà du cercle polaire et peuplé par les Sames, ainsi que l'Islande.
- Les ressources et l'ouverture possible de nouvelles routes maritimes a fait naître des tensions et des revendications territoriales. Ce n'est pas seulement pour l'exploit scientifique que les Russes ont planté un drapeau à 4 000 m de profondeur au pôle Nord en 2007 et ils contestent la Z.E.E. de la Norvège. Le Canada organise régulièrement des patrouilles militaires et construit une base terrestre ainsi qu'un nouveau port maritime. Le Groenland accueille une base américaine et parle de transformer son autonomie en indépendance. Les eaux internationales autour du pôle Nord, isolées entre les Z.E.E. excitent la convoitise des États riverains qui aimeraient y prolonger ces mêmes Z.E.E.

Doc. **Du pétrole sous la banquise**

Une étude de l'agence gouvernementale américaine Geological Survey estime que 25 % des réserves mondiales d'hydrocarbures se situent au nord du cercle polaire. […] 988 000 kilomètres carrés de banquise, soit près du double de la superficie de la France, se sont volatilisés au cours des trente dernières années. À terme, la disparition de la banquise pourrait permettre l'exploitation de gisements de pétrole et de minerais (diamant, or, argent, plomb, cuivre, zinc). Une formidable richesse émerge des profondeurs. Un potentiel d'autant plus attractif qu'il se situe dans une zone géopolitiquement bien plus stable que le Proche-Orient. […] Autre enjeu de taille, toujours lié au réchauffement de la planète : l'ouverture progressive de nouvelles voies de communication. La navigabilité dans le passage du Nord-Ouest, le long des côtes canadiennes, réduirait de 7 000 kilomètres la route entre l'Europe et le Japon, et de 8 000 kilomètres le parcours États-Unis-Chine. […] Les projections indiquent que le trafic arctique devrait passer de 3 millions de tonnes de fret en 2005 à 14 millions en 2015 […]. Témoins plutôt passifs dans la tourmente qui agite leurs territoires de chasse et de pêche, les populations autochtones […] n'ont pas vraiment voix au chapitre. Elles ne sont présentes au Conseil de l'Arctique qu'en qualité de participants permanents et non d'États membres puisqu'elles ne forment pas une nation. La Norvège, qui préside ce conseil depuis 2006, tend cependant à mettre l'accent sur la protection de la nature, le partage du produit de l'exploitation avec les populations locales, la préservation de leurs modes de vie ainsi que l'écologie et le développement durable. C'est encourageant. Est-ce suffisant ?

Dominique Knopp, « Début de guerre froide sur la banquise », *Le Monde diplomatique*, septembre 2007.

Les ressources présentes dans la région en font une nouvelle zone essentielle du développement mondial.

Les échanges mondiaux passent essentiellement par des routes maritimes : la route du Nord-Ouest deviendrait une route dans la mondialisation, entre les trois pôles de la Triade.

Le Conseil de l'Arctique réunit les pays riverains de l'espace arctique pour gérer celui-ci collectivement, il est présidé par un pays membre qui change tous les deux ans.

Vocabulaire

Z.E.E. : espace s'étendant à 200 milles marins (environ 350 km) au-delà des côtes d'un État et dont il peut librement disposer et exploiter.

Septentrional : situé au nord.

Autochtone : personne issue du territoire qu'elle habite.

Notion-clé

Autonomie : relative liberté laissée à un espace de se gérer lui-même tout en restant sous le contrôle d'un autre.

3 L'Arctique, un enjeu pour l'humanité ?

De quoi s'agit-il ? **L'espace arctique, jusqu'ici ignoré du reste du monde, devient au début du XXIe siècle un espace sous les feux de l'actualité.**

1 Un nouvel espace stratégique à l'échelle du monde ?

- L'espace arctique a été intégré à la géopolitique mondiale dès le XXe siècle : espace de rivalité pour son exploration et ses expériences scientifiques, puis espace sous tension pendant la Guerre froide (route la plus courte pour les missiles entre l'URSS et les États-Unis). La tension sur les hydrocarbures relance l'intérêt pour cette région qui pourrait devenir une route maritime mondiale majeure.
- Quelle place cependant pour les populations locales (4 millions de personnes environ), déjà otages de ces enjeux internationaux depuis longtemps (**Doc.**) ? De récents processus politiques ont permis à certains d'entre eux d'obtenir une autonomie politique : création du Nunavut au nord du Canada en 1999, autonomie du Groenland en 2008, Parlement same au nord de l'Europe, reconnaissance des peuples autochtones en Russie… Réussiront-ils à peser dans les décisions d'aménagement et d'exploitation de leur espace ?

2 L'enjeu environnemental

- Les températures semblent se réchauffer plus vite en Arctique que sur le reste de la planète (+ 3 °C en un siècle contre + 0,6 °C). La banquise s'est réduite d'un tiers depuis 1960. Cela a des conséquences graves pour l'environnement local : réduction de la faune et donc des ressources des populations. Par ailleurs, l'exploitation des ressources locales peut causer des dégâts comme on le voit avec les sables bitumineux du Nord canadien ou du pétrole en Alaska.
- La crise climatique arctique concerne la planète. En revanche, la fonte de la banquise n'élèvera pas le niveau des eaux mais peut modifier les courants marins. La fonte des glaciers terrestres, en particulier la calotte Groenlandaise (10 % des réserves d'eau douce mondiales), fera monter le niveau des océans.

Doc. **Les Inuits face aux mutations de leur espace**

Les Inuits sont soudés corps et âme au règne animal, en tant qu'individus et entité sociale, la chasse étant le partage des moyens de subsistance. […] En mangeant du phoque, du caribou et du gibier d'eau, les Inuits assurent le bien-être de leurs communautés. Paradoxalement, plusieurs chasseurs inuits sont conscients de la présence des polluants organiques persistants (POP) chez les mammifères marins. Le vent et les courants emmènent vers le nord du globe terrestre cette contamination qui trouve ses origines dans les villes industrielles du Sud.

« En tant que responsable de l'environnement du Haut-Arctique, je constate les préjudices causés par la pollution sur les animaux. De quoi allons-nous nous nourrir ? De gibier contaminé ou de boîtes de conserve ? », dit Seeglok Akeeagok de l'île d'Ellesmere.

Karim Rhalem, Uvattinnit. *Le Peuple du Grand Nord*, © éd. Stanké, Montréal, 2001.

La chasse traditionnelle forme l'essentiel de l'alimentation, du vêtement, du temps, bref, de l'organisation sociale des Inuits depuis leur installation il y a 4 000 ans sur ces terres.

L'espace arctique est aussi concerné par la situation de dégradation environnementale à l'échelle planétaire et son exploitation pourrait aggraver les atteintes.

La grande île d'Ellesmere est située dans le Nunavut (2 millions de km^2, 30 000 habitants), à l'extrémité nord du Canada près du Groenland.

Bateau dans l'Arctique au moment de la fonte des glaces.

Vocabulaire

Sable bitumineux : sol sableux dont on peut tirer des hydrocarbures.

Calotte : couche de glace épaisse qui recouvre tout le relief.

Notion-clé

Géopolitique : science des rapports entre les États, en particulier dans leur façon de gérer l'espace et ses ressources.

RÉVISION EXPRESS

LES CHIFFRES IMPORTANTS

Climat
- +10 °C : la moyenne du mois le plus chaud (juillet)
- +3 °C : le réchauffement de l'Arctique depuis un siècle
- 1 million de km² : la surface perdue par la banquise depuis 30 ans

Population
- 4 millions d'habitants
- 4 000 ans de présence des civilisations arctiques

Ressources
- 1/4 des réserves mondiales d'hydrocarbures (estimation)

Gestion de l'espace
- 5 États riverains (Russie, Canada, États-Unis-Alaska, Norvège, Danemark-Groenland)
- 3 États associés (Islande, Suède, Finlande)
- 2 régions autonomes (Nunavut, Groenland)

LES MOTS IMPORTANTS

- autonomie
- banquise
- calotte glaciaire
- hydrocarbures
- peuples autochtones
- réchauffement climatique
- ressources
- rivalités politiques
- route maritime
- Z.E.E.

LES ACTEURS GÉOGRAPHIQUES

• États
Officiellement « propriétaires » de l'espace terrestre et en partie maritime, ils convoitent les richesses qui commencent à devenir exploitables.

• Peuples autochtones
Ils cherchent à faire reconnaître leur identité et à préserver leur espace et leurs modes de vie.

• ONU
Elle joue un rôle dans le partage de l'espace en définissant des règles, elle peut aussi intervenir pour régler son exploitation.

SCHÉMA DU DÉVELOPPEMENT DURABLE : L'ARCTIQUE

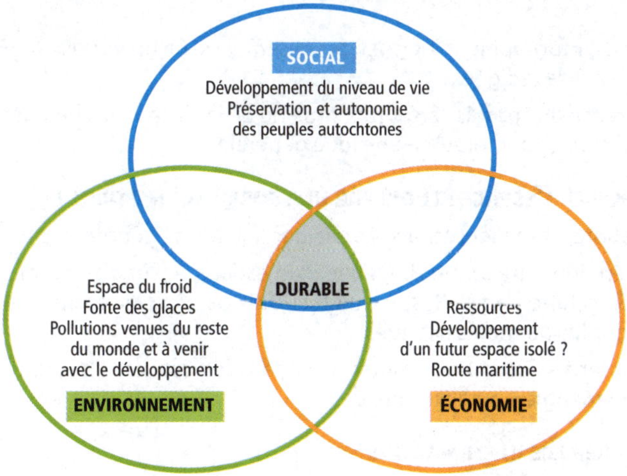

Quiz

1. Les températures peuvent descendre dans l'espace arctique à…
☐ −10 °C ☐ −40 °C ☐ −60 °C

2. Les Inuits sont les seuls habitants de cet espace :
☐ Vrai ☐ Faux

3. Définissez « pergélisol ».

4. Quelles richesses sont convoitées dans l'espace arctique ?

5. Quel État revendique des zones arctiques ?
☐ Russie ☐ Canada ☐ Norvège

6. Combien de kilomètres la route du Nord-Ouest ferait-elle gagner entre Europe et Asie ?
☐ 3 500 ☐ 7 000 ☐ 40 000

→ Réponses p. 221

Réaliser un schéma cartographique

MÉTHODE

- Le schéma cartographique permet de présenter de façon visuelle une réflexion qui pourrait être rédigée.
- À la différence du croquis cartographique ou de la carte, il ne cherche pas à être détaillé. Il correspond plutôt à une idée générale.

1. Simplifier l'espace étudié par une forme géométrique

- Il faut d'abord simplifier l'espace étudié par une forme géométrique.
- Pour déterminer une forme simplifiée d'un espace, il faut observer les grandes masses de celui-ci : ainsi, Russie ou États-Unis peuvent être simplifiés par des rectangles plus ou moins allongés.
- Certaines formes sont bien imprégnées dans les esprits : l'hexagone pour la France, un triangle pour l'Europe…

2. Intégrer les informations

- Il faut sélectionner les éléments que l'on veut représenter et les simplifier (par exemple plusieurs flux de même direction dans un même espace, s'ils sont détaillés sur une carte ou un croquis, peuvent être ici représentés par une seule flèche qui va dans cette même direction).
- On peut aussi éventuellement établir une légende simple s'il y a quelques figurés à expliciter.
- Donnez, enfin, un titre au schéma.

3. Réaliser le schéma

- Le schéma est une visualisation simplifiée d'une idée générale. Ici, le schéma montre que l'espace arctique est difficile à définir et correspond à un espace circulaire plus ou moins vaste s'étendant à partir du pôle Nord.
- Ce type de schéma peut être intégré dans une copie – à condition en ce cas d'être commenté : le schéma accompagne la réflexion écrite, il ne la remplace pas.

APPLICATION : EXERCICE CORRIGÉ

Réalisez un schéma montrant les limites de l'espace arctique.

CORRIGÉ

1. Simplifier l'espace étudié par une forme géométrique

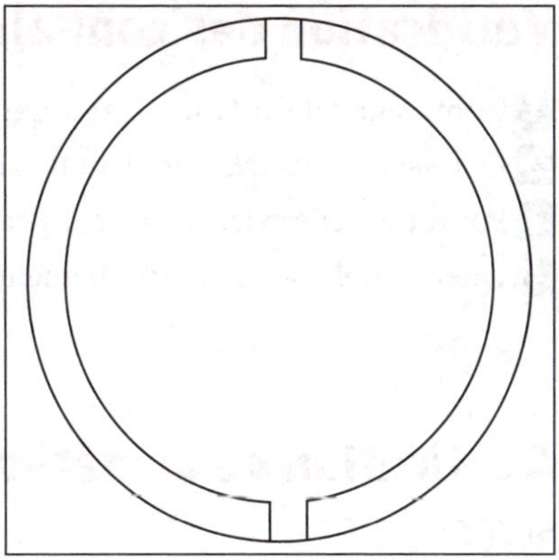

La forme géométrique pour l'espace arctique, espace essentiellement maritime bordé par des littoraux continentaux, pourrait être tout simplement un cercle ou éventuellement un carré dont le centre est le pôle Nord.

2. Intégrer les informations

Vous pouvez vous inspirer de la carte p. 211.

Le schéma aura pour objectif de simplifier cette carte. Informations à intégrer dans le schéma et façon de les représenter (plusieurs limites possibles) :

– Centre = pôle Nord (une croix)
– Cercle polaire arctique (pointillés bleus)
– Littoraux de l'Amérique et de l'Eurasie (ligne noire)
– Isotherme + 10 °C en juillet (ligne rouge)
– Limite du pergélisol (ligne verte)

3. Réaliser le schéma

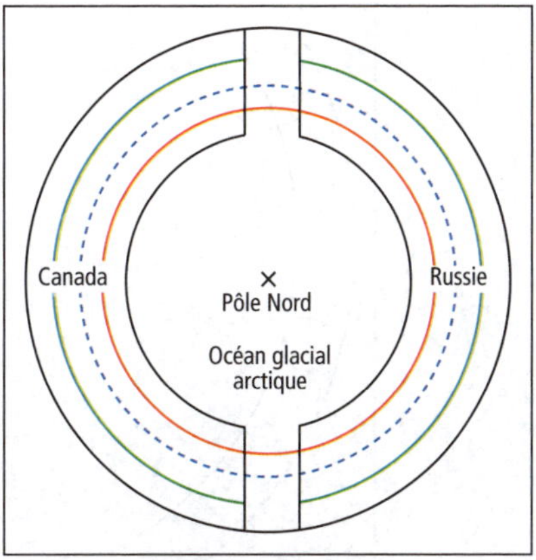

L'espace arctique

- Plusieurs critères ont pu être relevés pour délimiter l'espace arctique. Comme on travaille sur des limites, les figurés seront linéaires, il faut les distinguer en jouant sur les couleurs, la forme (trait plein, en pointillé ou plus épais…).
Le schéma peut reprendre les types de figurés du croquis, il s'agit du même langage (espaces coloriés ou hachurés, flèches pour les flux, lieux représentés par des figurés ponctuels : point, rond, carré, croix…).
- Par rapport à la carte p. 211, on voit bien que les limites ont été simplifiées (elles se chevauchent parfois en réalité). Le tracé des littoraux aussi a été simplifié mais plutôt qu'une autre ligne circulaire, on a coupé cette ligne en deux demi-cercles pour mieux distinguer les deux masses continentales – à gauche les Amériques avec le Canada, à droite l'Eurasie avec la Russie. Il faut bien entendu placer une nomenclature (noms de lieux) pour aider à se repérer sur le schéma.

Vérification des connaissances

1. Comment définir l'espace arctique ?
2. Que savez-vous des populations qui l'habitent ?
3. Pourquoi cet espace devient-il stratégique ?
4. Quels problèmes d'environnement connaît l'espace arctique ?

Application de la méthode

SUJET

Réalisez un schéma sur le thème suivant : « À quels conflits peut être soumis l'espace arctique ? »

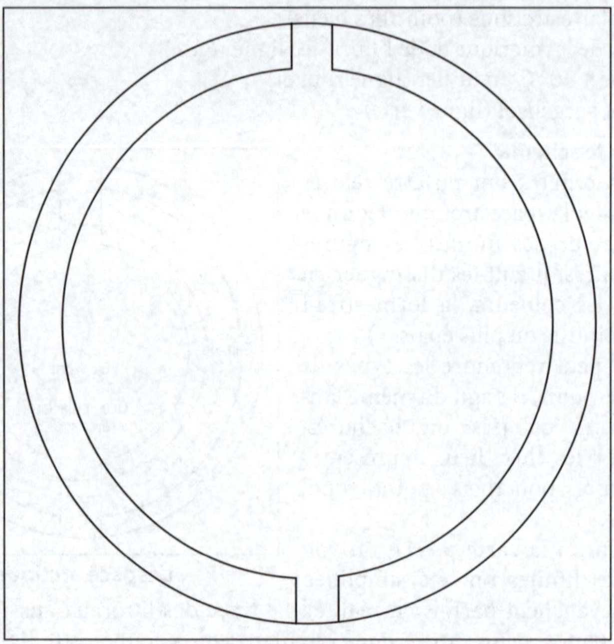

Quiz

2 – 60 °C.

2 Faux (il y a d'autres groupes autochtones ainsi que des Occidentaux).

3 Sol gelé plus ou moins en permanence.

4 Hydrocarbures, métaux.

5 Tous ! même si la Russie est plus offensive actuellement.

6 7000.

Vérification des connaissances

1 Les limites de l'espace arctique sont plutôt floues : l'espace, centré sur le pôle Nord, correspond essentiellement à l'Océan glacial arctique, pris par la banquise dont l'étendue varie selon la saison, et bordé par les littoraux septentrionaux de l'Amérique et de l'Eurasie. Le critère essentiel de définition est le froid. On considère que l'isotherme + 10 °C en juillet (mois le plus chaud) marque la limite de l'espace arctique. Cela se traduit par le pergélisol, qui empêche le développement végétal et surtout l'agriculture, et par la présence de la glace, terrestre et maritime (banquise). L'espace s'étend donc un peu au-delà du cercle polaire arctique, ligne qui marque le début de la nuit polaire (Soleil visible à minuit et nuit complète sur 24 h au moins une fois dans l'année).

2 Les populations qui habitent cette région du monde depuis 4000 ans sont peu nombreuses (4 millions de personnes, densités faibles), sont restées longtemps isolées, mais ont développé une civilisation spécifique fondée sur la chasse et l'élevage. Elles constituent plusieurs groupes ethniques relativement homogènes. Toutefois, elles ont été progressivement colonisées, ce qui a engendré une désorganisation sociale et culturelle importante. Elles vivent aujourd'hui sur le territoire de plusieurs États (Russie, Canada, États-Unis, pays scandinaves…), certains leur ayant très récemment accordé un statut d'autonomie (Nunavut canadien et Groenland danois). Mais le réchauffement climatique ouvre cette région aux appétits économiques et on ne sait quelle place leur sera réservée dans la future exploitation de la région.

3 L'espace arctique devient stratégique essentiellement grâce au réchauffement climatique : celui-ci doit permettre d'exploiter de nouvelles ressources. La fonte de la banquise dégage ainsi de nouvelles routes maritimes pour relier les continents et notamment les pôles de la Triade mais rend aussi accessible certains gisements sous-marins (hydrocarbures dont l'exploitation coûteuse devient rentable vu le prix de ces énergies, minerais métalliques) et crée de nouvelles zones de pêche.

4 Les questions environnementales peuvent être décrites à deux échelles, mondiale et locale, imbriquées l'une dans l'autre. À l'échelle locale, le monde arctique est touché par les pollutions (atmosphériques, marines) venues du Sud, pollutions qu'une mise en exploitation des ressources pourrait aggraver, et le réchauffement climatique bouleverse l'équilibre écologique local (réduction de la faune notamment). À l'échelle mondiale, la fonte de la calotte glaciaire groenlandaise peut contribuer au relèvement du niveau des mers, donc à la modification des littoraux mondiaux et celle de la banquise, à modifier les courants marins qui jouent un rôle sur les climats (ainsi le Gulf Stream, qui permet la douceur des climats européens, pourrait se refroidir et ralentir).

Application de la méthode

- Le schéma reprend les grandes formes définies dans la p. 219 : un cercle centré sur le pôle Nord et des littoraux en demi-cercle pour délimiter espaces américain et eurasien.
- Les informations sélectionnées ont été tirées des pages de cours :
  - conflits sur les ressources potentielles,
  - problèmes de l'autonomie des peuples autochtones,
  - pays actifs dans les revendications sur l'espace arctique.
- La nomenclature permet de se repérer et de montrer les espaces les plus sous tension :
  - le Groenland (revendication d'indépendance d'un territoire qui pourrait contrôler de vastes ressources en hydrocarbures et qui accueille depuis la Guerre froide une base américaine),
  - la Russie qui a de grandes ambitions sur l'espace (toujours pour les hydrocarbures),
  - le Canada essayant de réagir pour marquer sa présence arctique, notamment avec l'apparition d'une nouvelle route maritime.

Schéma

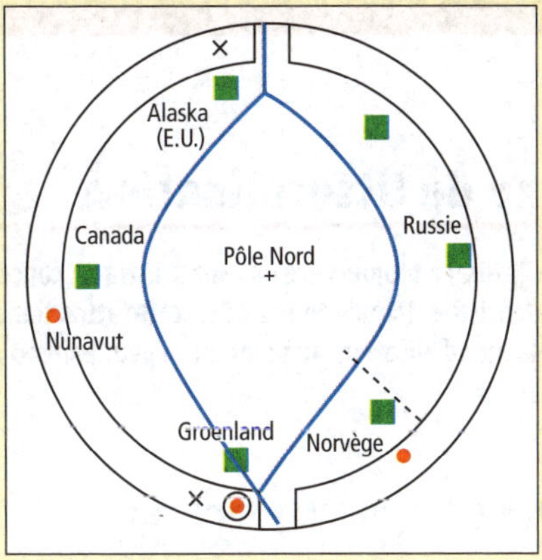

Légende

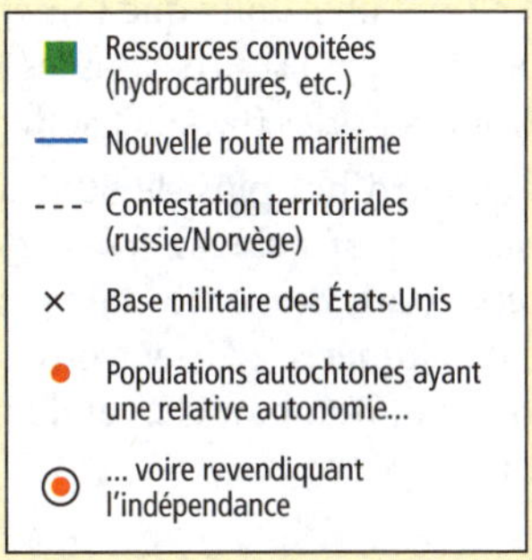

CHAPITRE 12 Les littoraux, espaces convoités

1 Le phénomène de littoralisation

De quoi s'agit-il ? Le littoral a toujours été un espace attractif concentrant à la fois les hommes et des activités essentielles. Depuis deux siècles, cette attraction s'est renforcée, en particulier sous l'action de la mondialisation, au point qu'on peut parler d'un véritable phénomène de littoralisation.

1 Les littoraux concentrent les hommes

- Le littoral est attractif pour de nombreuses raisons : au contact avec l'espace maritime, il favorise les échanges et offre souvent des espaces facilement aménageables (relief plat) avec un climat plus doux que l'intérieur des terres aux climats plus contrastés. Ce n'est cependant pas le cas de tous les littoraux : littoraux polaires bloqués par la banquise, littoraux arides (façade pacifique de l'Amérique latine)…
- Les littoraux réunissent aujourd'hui plus de 50 % de la population mondiale (à moins de 50 km de la mer). Les principaux foyers de peuplement sont liés à la présence d'un littoral (foyers asiatiques, euro-méditerranéen, foyers atlantiques des deux Amériques, golfe de Guinée…). On y trouve de nombreuses mégapoles majeures (Los Angeles, Shanghai, Bombay, etc.) et deux grandes mégalopoles, au Japon et aux États-Unis (**Doc.**).

2 Les littoraux sont au cœur de la mondialisation

- Les littoraux se sont toujours développés avec des activités maritimes : la pêche mais surtout, aujourd'hui, les échanges commerciaux qui passent à 75 % par la voie maritime. Des ports comme ceux de Shanghai, Rotterdam ou Singapour peuvent voir transiter chaque année jusqu'à 500 millions de tonnes de produits transportés en conteneurs ou de matières premières. Ils alimentent ainsi un vaste hinterland qu'ils mettent en contact avec le monde. Les littoraux jouent donc un rôle d'interface.
- Les zones portuaires se sont aussi très souvent doublées de zones industrielles. Le littoral chinois concentre ainsi l'essentiel d'une production qui inonde la planète. Les grandes métropoles qui sont le siège de ces activités sont aussi des centres d'affaires, des places financières. Enfin, les littoraux forment le premier espace touristique mondial.

Doc. **Le peuplement littoral**

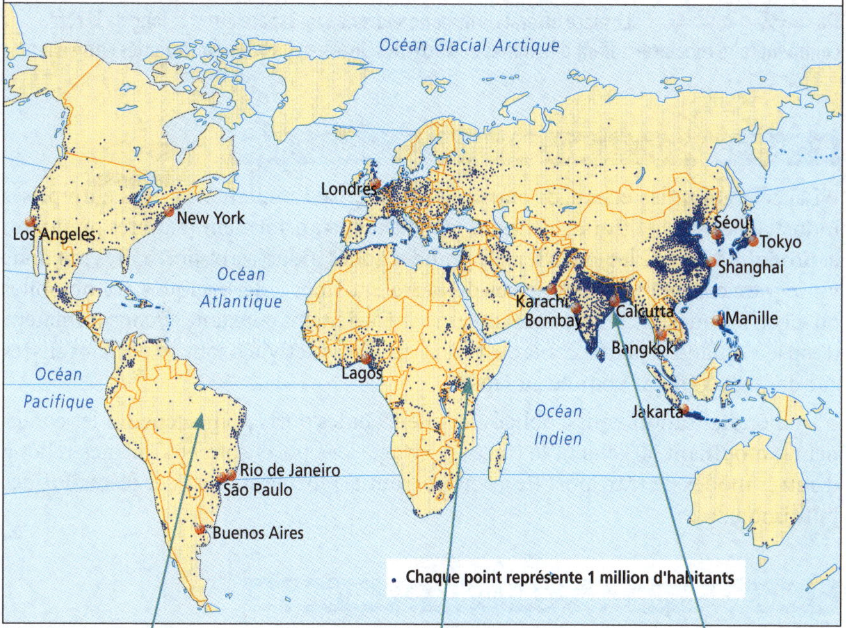

Les espaces intérieurs des continents sont globalement moins peuplés que les littoraux.

Il y a quelques exceptions, comme en Afrique (montagnes tempérées de l'Est) ou en Europe ou surtout liées à des vallées de grands fleuves.

La plupart des grandes agglomérations mondiales sont littorales.

Vocabulaire

Littoral : espace comprenant la côte maritime et la plaine côtière sous influence maritime, qui peut s'enfoncer sur plusieurs dizaines de kilomètres.

Conteneur : caisse métallique standard permettant le transport de 20 à 40 tonnes de marchandises et qui peut être chargée directement sur camion ou train.

Hinterland : arrière-pays, c'est-à-dire espace dépendant d'un port pour ses échanges.

Notion-clé

Interface : espace de contact entre deux zones, permettant des échanges.

2 Un espace limité et disputé

De quoi s'agit-il ? L'espace littoral correspond souvent à un espace étroit le long de la côte. Comment faire cohabiter autant d'hommes et d'activités diverses, souvent concurrentes entre elles ?

1 Aménager un espace urbanisé et industrialisé

• L'accélération des échanges maritimes a favorisé l'implantation des entreprises industrielles sur le littoral : celles-ci reçoivent et transforment matières premières et produits avant de les exporter. De grandes zones industrialo-portuaires ont donc vu le jour comprenant raffineries de pétrole, usines sidérurgiques, automobiles ou électroniques, etc. Cela nécessite un aménagement constant et consommateur d'espace : quand la plaine côtière est très étroite, ces activités sont souvent localisées sur des terres-pleins comme au Japon.

• La mondialisation a aussi obligé à réaménager les ports pour accueillir les conteneurs, modifiant largement le tracé du rivage. Ces ports sont eux-mêmes reliés à d'autres modes de transport (ferroviaire, routier) formant ainsi des plates-formes multimodales.

2 Aménager un espace urbanisé et touristique

• Les littoraux attirent plus de 300 millions de touristes chaque année (soit 30 % des flux mondiaux), dans les pays du Nord comme du Sud, Méditerranée en tête. Les aménagements touristiques réclament aussi un espace important et demandent les mêmes atouts qui auraient pu permettre une activité industrielle ou portuaire : proximité de la mer, rivage protégé des marées et tempêtes, etc.

• Hôtels, marinas, centres commerciaux contribuent à modifier profondément l'espace, transformant parfois des villages de pêcheurs en stations balnéaires de masse, au paysage bétonné comme en Espagne ou en Tunisie ou des portions de désert en capitale du tourisme, comme à Dubaï (**Doc.**).

3 Aménager l'espace maritime

• Le littoral reste un espace de pêche majeur. S'y est développée aussi l'aquaculture.

• L'avant-pays marin connaît donc aussi la concurrence des usages : circulation des navires de transports (la Manche est devenue ainsi une véritable autoroute avec sens de circulation et balisage), des bateaux de pêche ou de plaisance, présence des touristes…

Doc. Dubaï, un exemple de transformation profonde d'un littoral

Le littoral de la péninsule Arabique, ici dans le golfe Persique est peu peuplé initialement car désertique.

L'émirat a investi les richesses du pétrole dans la construction d'une ville moderne, carrefour d'affaires, du commerce de luxe et du tourisme.

Des projets architecturaux originaux ont achevé de transformer l'espace, comme ici un ensemble d'îles artificielles.

Vocabulaire

Zone industrialo-portuaire (ZIP) : espace combinant activités d'échanges maritimes et de transformation industrielle.

Terre-plein : espace artificiel gagné sur la mer.

Plate-forme multimodale : espace réservé aux connections entre plusieurs réseaux de transports (ex : aéroport combinant gare ferroviaire et échangeur routier).

Marina : port accueillant des bateaux de plaisance.

Station balnéaire : espace touristique destiné aux loisirs liés à la mer.

Aquaculture : activité agricole produisant animaux et plantes marins pour l'alimentation.

Avant-pays marin : espace maritime au large de la côte.

3 Quels aménagements durables pour les littoraux ?

De quoi s'agit-il ? Le littoral, espace de contact entre terre et mer est par définition un espace mouvant et fragile, riche d'une faune et d'une flore très diversifiées. Comment concilier respect de cet environnement et littoralisation croissante des hommes et des activités ?

1 Un espace de plus en plus fragilisé

- La pression anthropique étant de plus en plus forte, le littoral subit des dégradations importantes qui modifient l'environnement : érosion accélérée du rivage, surexploitation des ressources halieutiques, pollutions dues aux industries mais aussi aux habitants et aux touristes, enlaidissement du paysage… Les marées noires viennent s'ajouter à cette liste.
- La concurrence des usages se traduit aussi par des conflits : la pollution industrielle réduit la pêche, le tourisme grignote l'espace agricole et pèse sur les ressources en eau, surtout dans les régions touristiques déjà en stress hydrique.

2 Des actions de protection

- À l'échelle locale, les collectivités territoriales (État, communes, etc.) jouent un rôle essentiel : choix d'aménagements, législation contraignante. Ainsi, en France, l'État après avoir été un des principaux aménageurs du littoral dans les années 1960 (stations balnéaires, zones industrialo-portuaires) a-t-il créé un Conservatoire du littoral (1975) et une loi littoral (1986) pour protéger l'espace et limiter la spéculation liée à la littoralisation.
- À l'échelle internationale, dans les années 1970, les conventions de Londres lancent la lutte contre les pollutions marines et la convention de Ramsar (**Doc.**) pour la protection des espaces humides est signée par 168 pays. L'Union européenne a sa propre politique de préservation de l'environnement (Natura 2000) qui inclut les littoraux (GIZC : gestion intégrée des zones côtières).
- Mais les mesures sont souvent limitées par les enjeux économiques couplés aux inégalités Nord/Sud : le Sud s'investit d'autant moins dans la protection de l'environnement qu'il a besoin d'aménager ses littoraux pour s'intégrer dans la mondialisation.

Doc. **Protéger les littoraux, un enjeu international**

Les Parties contractantes [États signataires], reconnaissant l'interdépendance de l'Homme et de son environnement ; considérant les fonctions écologiques fondamentales des zones humides en tant que régulateurs du régime des eaux et en tant qu'habitats d'une flore et d'une faune caractéristiques et, particulièrement, des oiseaux d'eau ; convaincues que les zones humides constituent une ressource de grande valeur économique, culturelle, scientifique et récréative, dont la disparition serait irréparable ; désireuses d'enrayer, à présent et dans l'avenir, les empiétements progressifs sur ces zones humides et la disparition de ces zones ; [...] sont convenues de ce qui suit : [...]

Article 2

1. Chaque Partie contractante devra désigner les zones humides appropriées de son territoire à inclure dans la Liste des zones humides d'importance internationale. [...]

Article 3

1. Les Parties contractantes élaborent et appliquent leurs plans d'aménagement de façon à favoriser la conservation des zones humides inscrites sur la Liste et, autant que possible, l'utilisation rationnelle des zones humides de leur territoire.

2. Chaque Partie contractante prend les dispositions nécessaires pour être informée dès que possible des modifications des caractéristiques écologiques des zones humides situées sur son territoire et inscrites sur la Liste, qui se sont produites, ou sont en train ou susceptibles de se produire, par suite d'évolutions technologiques, de pollution ou d'une autre intervention humaine. [...]

Extraits de la Convention de Ramsar, 1971.

La Convention montre l'intérêt déjà pour l'environnement à partir des années 1970 : le développement durable y est presque déjà défini !

L'« empiètement » désigne les actions d'aménagement qui transforment le milieu.

Chaque État protège et surveille ses zones, peut les aménager sans les dénaturer.

Vocabulaire

Pression anthropique (ou anthropisation) : influence de l'homme (*anthropos* en grec) sur un espace, qu'il transforme par ses aménagements.

Érosion : phénomène d'usure d'un relief, d'un sol... dû à la nature (vent, pluie...) ou à l'homme.

Ressources halieutiques : ressources liées à la pêche (poissons, etc.).

Stress hydrique : on parle de « stress hydrique » au-dessous d'un seuil fixé par l'ONU de 1 700 m³/hab/an.

Collectivités territoriales : pouvoirs publics à différentes échelles (commune, région, etc.).

Spéculation : anticipation des gains financiers ; la littoralisation augmente le prix des terrains, des bâtiments, logements.

RÉVISION EXPRESS

LES CHIFFRES IMPORTANTS

Contact terre/mer
- Près de 800 000 km de côtes
- 3,5 milliards d'hommes à moins de 50 km de la mer
- 39 États enclavés (sans accès à la mer)

Activités
- 300 millions de touristes chaque année
- Plus de 150 millions de tonnes de poissons pêchées chaque année dans le monde (dont aquaculture)
- Un conteneur = 20 à 40 tonnes de marchandises
- Un porte-conteneurs = 500 à 3 000 conteneurs
- 6 000 porte-conteneurs dans le monde

LES PRINCIPAUX PORTS

(en millions de tonnes de marchandises, chiffres 2008)
- Shanghai : 780
- Singapour : 560
- Tianjin : 500
- Rotterdam : 440
- Nouvelle-Orléans : 266
- Nagoya : 207

LES MOTS IMPORTANTS

- conteneur
- côte
- interface
- littoralisation
- plate-forme multimodale
- pression anthropique
- rivage
- station balnéaire
- tourisme
- terre-plein
- zone industrialo-portuaire

LES ACTEURS GÉOGRAPHIQUES

• Conventions internationales
Ramsar (1971), Londres (1972).

• Entreprises
Elles accompagnent l'aménagement de l'espace, font pression sur l'espace incitant à la spéculation.

• États
Ils agissent et légifèrent sur l'aménagement et la protection de l'environnement.

• Touristes
Ils ont une part de responsabilité selon leurs attentes, leurs demandes sur l'aménagement du littoral et sa dégradation.

SCHÉMA DU DÉVELOPPEMENT DURABLE : LE LITTORAL

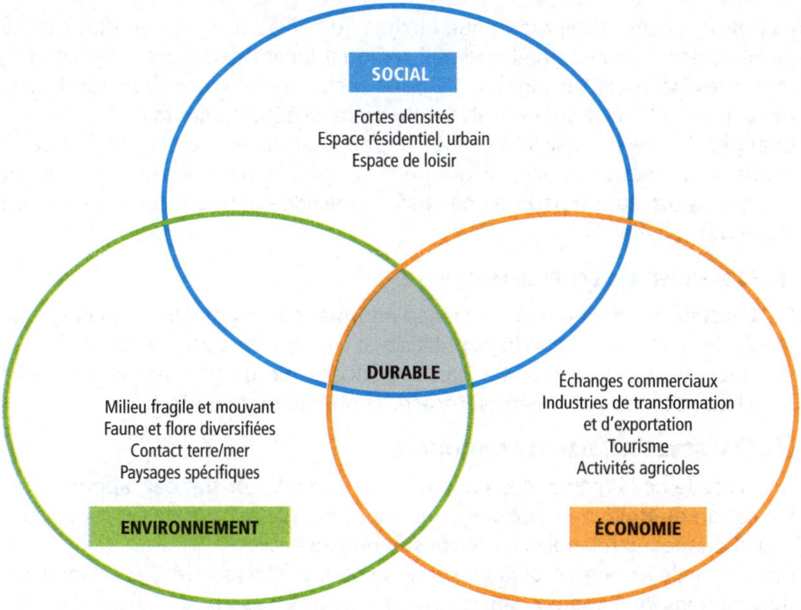

Quiz

1. Qu'est-ce qu'un conteneur ?

2. Quelle proportion de l'humanité vit sur un littoral ?
20 % ☐ 50 % ☐ 80 % ☐

3. Qu'est-ce qu'un terre-plein ?

4. 80 % des grandes agglomérations sont littorales.
☐ Vrai ☐ Faux

5. De quand date la protection du littoral en France ?

→ Réponses p. 236

Changer d'échelle

MÉTHODE

- La notion d'échelle géographique renvoie au niveau d'espace étudié : espace mondial, espace continental, national, régional, local. Il existe des échelles intermédiaires (par ex. l'Asie orientale, l'Europe occidentale, l'Amérique du Sud…) ; le découpage administratif français ajoute l'échelle départementale.
- Changer d'échelle consiste à vérifier si le constat fait à une échelle précise se vérifie à une autre échelle, ce qui permet souvent de nuancer le propos et d'éviter de conclure, à partir d'une étude à une échelle, que le constat est vrai à toutes les échelles.

1. Observer à l'échelle mondiale

- On constate simplement, à partir de l'information essentielle du planisphère p. 225, les concentrations de population et on situe l'espace concerné dans le constat : on ne retrouve certes pas les concentrations indiennes ou chinoises mais l'espace méditerranéen est un espace globalement peuplé.

2. Observer à l'échelle nationale

- On procède de la même façon que précédemment : constat par rapport à l'information du document (littoral densément peuplé au sein de l'espace national) et on met en relation avec le constat précédent.
- Mais l'échelle ici permet déjà une analyse plus fine : il faut vérifier si l'information est homogène, sans nuance, ce qui n'est pas le cas ici.

3. Observer à l'échelle régionale

- L'échelle encore plus fine de la région ou du département permet d'apporter définitivement la nuance. Le littoral méditerranéen est globalement peuplé ce qui ne veut pas dire que par définition tout le littoral l'est.
- Il y a des exceptions qu'il faut expliquer. On voit par exemple que si les espaces des étangs sont moins peuplés (quoique récemment aménagés pour le tourisme), l'étang de Berre, lui, est fortement transformé : les choix d'aménagements n'ont pas été partout les mêmes pour des milieux proches.

APPLICATION : EXERCICE CORRIGÉ

Étudiez l'occupation du littoral méditerranéen français à plusieurs échelles.

Doc. 1 Planisphère « Le peuplement littoral », p. 225

Doc. 2 Densités de la France en 2015

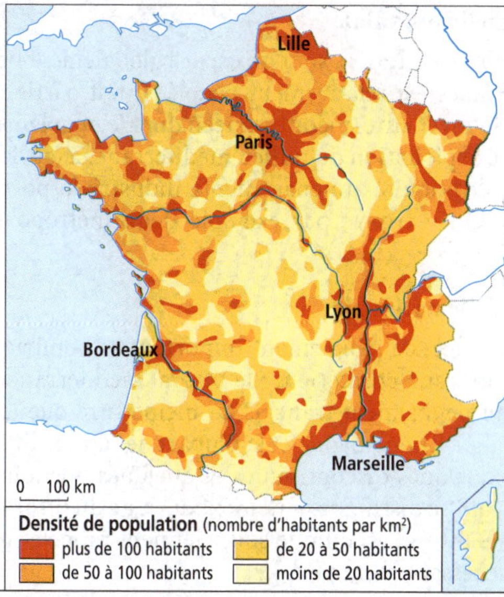

Doc. 3 Densités de la région PACA en 2015

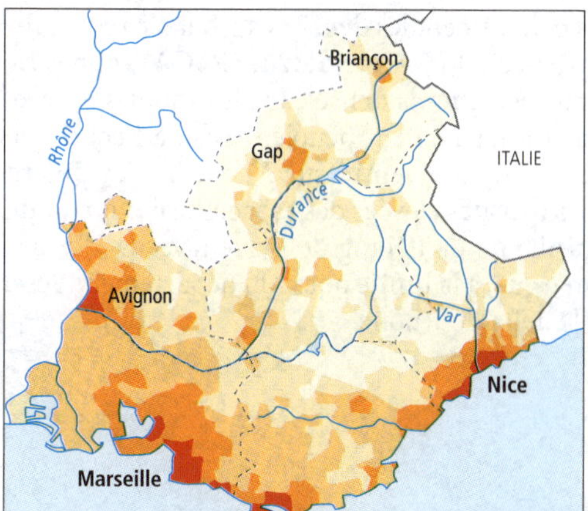

CORRIGÉ

1. Observer à l'échelle mondiale

À l'échelle mondiale, les littoraux sont un espace globalement peuplé et le littoral du sud-est de la France est relativement peuplé. Il fait partie des littoraux des grands foyers, ici du foyer euro-méditerranéen dont le peuplement est ancien, lié à une très ancienne exploitation du milieu méditerranéen (agriculture, échanges maritimes depuis l'Antiquité, aménagements industrialo-portuaires et touristiques modernes). On y trouve par exemple deux métropoles millionnaires, Marseille et Nice.

2. Observer à l'échelle nationale

À l'échelle de la France, ce peuplement important se confirme si on compare les densités entre littoraux et intérieur : le littoral méditerranéen fait partie des espaces majeurs du peuplement français au même titre que le Nord, la région parisienne ou la vallée Rhône-Saône et la plupart des autres littoraux. Toutefois, on distingue déjà quelques discontinuités et quelques portions du littoral sont « vides » : la Corse, qui se distingue nettement du reste du littoral méditerranéen, ou les Landes sur le littoral atlantique sud, viennent rappeler que tous les littoraux ne sont pas nécessairement peuplés.

3. Observer à l'échelle régionale

En regardant plus précisément les densités à l'échelle régionale, on retrouve bien dans la région Provence-Alpes-Côte d'Azur (PACA) l'opposition entre le littoral plus peuplé et l'intérieur moins dense car plus montagneux et plus rural. Mais le littoral n'est pas uniformément peuplé. Ainsi, à l'échelle d'un département, celui des Bouches-du-Rhône centré sur Marseille, les différences sont encore plus nettes entre les densités élevées des espaces urbains et industriels de l'agglomération de Marseille ou de l'étang de Berre (avec la ZIP de Fos) et les faibles densités de la Camargue, à la limite ouest du département, réserve naturelle protégée située dans le delta du Rhône.

Vérification des connaissances

1 Les littoraux sont-ils peuplés ?

2 Quelles activités se concentrent sur les littoraux ?

3 Pourquoi les littoraux accueillent-ils des plateformes multimodales ?

4 En quoi l'environnement des littoraux est-il menacé ?

5 Quels acteurs jouent un rôle dans la préservation des littoraux ?

Application de la méthode

SUJET

Étudiez la péninsule Arabique à deux échelles.

Doc. 1 Planisphère « Le peuplement littoral », p. 225.

Doc. 2 Image satellite : Dubaï, p. 227.

Exercice d'entraînement

À partir des informations contenues dans le chapitre et du planisphère vierge ci-dessous, réalisez un croquis sur le sujet suivant : « Les littoraux, un espace fortement exploité par l'homme à l'échelle mondiale ».

Quiz

1 Une boîte métallique pour le transport des marchandises – 2 50 % – 3 Un espace artificiel gagné sur la mer – 4 Vrai – 5 Fin des années 1970.

Vérification des connaissances

1 De façon générale, les littoraux font partie, avec les plaines, les grandes vallées, des espaces les plus attractifs de la planète et possèdent de fortes densités. Ils offrent à la fois un espace relativement plat de plaine littorale facilement aménageable (même si parfois très étroit comme au Japon), l'ouverture maritime qui permet les échanges (et la pêche) et souvent un climat modéré – même si sujet aux tempêtes, voire aux cyclones. Toutefois, certains littoraux sont inclus dans des milieux contraignants comme les littoraux polaires (nord de la Russie ou du Canada par exemple) ou arides (littoral namibien, saharien, péruvien…).

2 Plusieurs activités se concentrent sur les littoraux qui font partie des espaces dynamiques de la planète. Leur situation maritime a permis le développement de la pêche mais surtout des activités portuaires commerciales (importation/exportation de matières premières, de produits finis). Sur ces sites portuaires se sont souvent greffés des zones industrielles (ZIP) qui profitent du rôle d'interface des littoraux. Par ailleurs, les littoraux sont un espace tertiaire important grâce aux ports (commerce) mais aussi au peuplement (présence de grandes métropoles) et, enfin, au tourisme (plus de 30 % des flux touristiques mondiaux sont à destination des littoraux).

3 Une plateforme multimodale est un carrefour de communication qui accueille plusieurs modes de transports et les connectent entre eux, permettant des flux à plusieurs échelles (mondiale/locale). Le littoral, point de contact entre espace maritime et espace terrestre, est un lieu idéal pour permettre ces connexions : les ports sont des plateformes multimodales qui accueillent d'un côté les bateaux et de l'autre des terminus de voies ferroviaires ou routières. Ils permettent ainsi de transborder les marchandises et de les faire circuler d'un espace à un autre – un aéroport peut venir compléter la plateforme. Par exemple, Tokyo, Shanghai, Rotterdam-Amsterdam, Hong Kong, Singapour possèdent toutes ces infrastructures. C'est ainsi que se matérialise le rôle d'interface des littoraux.

4 La multiplicité des activités sur les littoraux couplée aux fortes densités en font des espaces intensément utilisés et donc transformés, pollués, érodés. Or, il s'agit déjà d'un espace fragile, mouvant, complexe. Leur rôle dans les échanges

en fait des espaces très convoités et en développement permanent, aussi bien sur des espaces déjà aménagés (ex : en Méditerranée) qu'en cours d'aménagement (ex : en Chine). Les pollutions sont nombreuses dues aux habitants eux-mêmes, aux touristes qui s'y ajoutent en masse selon les saisons et aux activités industrialoportuaires ainsi qu'aux épisodiques marées noires.

5 Plusieurs acteurs peuvent jouer un rôle :
- les individus eux-mêmes par leurs habitudes de consommation, habitants ou touristes ;
- les entreprises qui s'implantent sur le littoral ;
- les pouvoirs publics qui peuvent définir des règles locales (communes, régions, État) ou internationales (conventions inter-étatiques comme Ramsar, ONU, organisations régionales comme l'UE) de préservation de l'environnement.

Application de la méthode

- En regardant le premier document, on travaille à l'échelle du monde mais aussi de la péninsule Arabique tout entière. On constate que la péninsule Arabique n'est pas fortement peuplée, fait même partie des espaces « vides » du monde. On constate aussi que le littoral de la péninsule Arabique semble peu peuplé si on le compare à beaucoup de littoraux du monde (chinois, européen…). Cependant, le littoral reste plus peuplé que l'intérieur des terres, majoritairement désertique (une exception, au cœur de la péninsule, autour de Riyad la capitale de l'Arabie Saoudite). Mais une partie de ce peuplement correspond surtout à un peuplement de montagne-refuge – ce que ne peut pas montrer le planisphère.

> **Méthode**
>
> Le travail repose essentiellement sur de l'analyse : on constate par l'observation. Mais on peut déjà aussi avoir une approche de comparaison : on compare avec un autre espace du monde, on compare à l'intérieur de l'espace. Toutefois, comme on le voit ici, le constat nécessite déjà de faire des liens avec des connaissances (ou avec un autre document) pour préciser le propos : une partie des littoraux arabiques sont très montagneux, milieu qui offre un climat moins chaud et un peu plus humide que le plateau désertique de la péninsule. Les populations ne sont pas à proprement parler en bord de mer même si peu éloignées du littoral.

- Le second document permet de travailler à l'échelle locale, en donnant un exemple de peuplement dans l'espace étudié. Le développement de la ville de Dubaï, en plein désert littoral, est spectaculaire. Il vient rappeler qu'une métropole d'importance

> **Méthode**
>
> L'objectif du changement d'échelle reste, par la comparaison, d'apporter de la nuance à un constat fait à une autre échelle, pour démontrer la complexité des phénomènes géographiques alliant conditions naturelles et choix humains. L'exemple de Dubaï reste une exception dans cet espace du littoral arabe.

(1,5 million d'habitants) réussit à se développer dans cet espace « vide » de la planète et qu'en Géographie, il n'y a pas de déterminisme : la richesse liée au pétrole donnant les moyens financiers mais aussi techniques, la situation de carrefour sur une route maritime fréquentée entre Europe et Asie, ont permis d'urbaniser cette portion du littoral arabique.

Exercice d'entraînement

• **Informations et thèmes possibles :**

- Fortes densités / Foyers de peuplement
- Littoraux faiblement peuplés (arctique, désertiques)
- Grandes villes (ex : Los Angeles, Shanghai, Mumbai – *en ajouter avec ses connaissances*) dont mégalopoles (japonaise, états-unienne)
- Zones de pêche
- Grands ports (voir liste p. 230) / interfaces importantes
- ZIP (Japon – *en ajouter :* Fos-sur-Mer, par exemple)
- Tourisme (ex : Méditerranée, Tunisie, Dubaï – *en ajouter avec ses connaissances*)
- Grandes routes maritimes (ex : Manche – *en ajouter avec ses connaissances :* elles relient les grands ports, surtout entre pays de la Triade)

Méthode

Il s'agit de procéder comme pour rédiger un texte argumenté ou une composition : lister les connaissances utiles pour répondre au sujet et en faire des regroupements thématiques. Ces connaissances peuvent être tirées du cours, de documents, notamment de cartes, mais aussi de connaissances personnelles.

• **Légende**

I- Les littoraux concentrent la moitié de l'humanité

- Fortes densités et foyers de peuplement
- Grandes villes
- Mégalopoles
- Littoraux faiblement peuplés

II- Les hommes exploitent l'espace maritime

- Zones de pêche
- Tourisme

III- Les littoraux ont un rôle fondamental d'interface

- Grands ports (souvent des Z.I.P.)
- Interfaces importantes
- Grandes routes maritimes

Méthode

La légende doit être organisée de façon visible : il faut faire apparaître les titres de parties et que ceux-ci montrent une réflexion sur le sujet (formuler des phrases par exemple).

Les figurés doivent être choisis avant de rédiger la légende : les couleurs, les ronds, les grandes flèches pour les informations plus importantes, des hachures, d'autres figurés ponctuels (étoiles, triangles…) et autres formes de flèches (en pointillés…) pour les informations secondaires.

• Carte réalisée

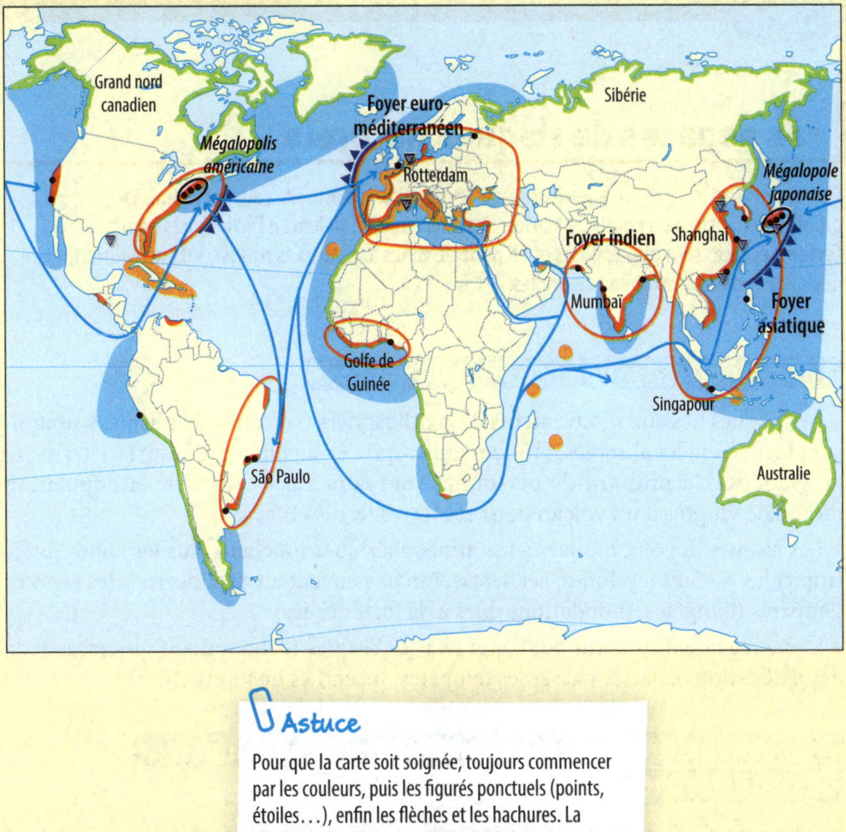

Astuce

Pour que la carte soit soignée, toujours commencer par les couleurs, puis les figurés ponctuels (points, étoiles…), enfin les flèches et les hachures. La nomenclature (noms des pays, etc.) doit arriver en dernier, là où il reste de la place. On n'utilise pas de feutres pour colorier, uniquement du feutre fin d'écriture pour la nomenclature, éventuellement les points, hachures, flèches. Aidez-vous d'un planisphère pour repérer les pays, les villes – mais il faut aussi apprendre tout seul à les localiser.

CHAPITRE

13 Les espaces soumis aux risques majeurs

1 Les espaces de risques naturels

De quoi s'agit-il ? **Si la Terre possède des conditions naturelles qui ont permis la prolifération de la vie, la nature a parfois des mouvements violents à l'échelle des hommes. Certains espaces sont plus exposés et on parle de zones à risque. Ces risques, s'ils se réalisent, deviennent des catastrophes naturelles.**

1 Les différents types de risques naturels

- Les risques liés aux mouvements de la lithosphère (volcanisme, séisme, tsunami) sont facilement localisables, près des failles qui découpent toute la surface terrestre en plaques. Un milliard de personnes sont concernées, 10 % de la population mondiale vit près d'un volcan pour ses terres fertiles (**Doc.**).
- Les risques liés aux mouvements atmosphériques touchent plus les zones intertropicales du Sud (cyclones, sécheresse) mais peuvent aussi concerner les espaces tempérés (tempêtes, inondations dues à de fortes crues).
- L'aménagement humain peut aggraver les risques (déboisement qui accélère la désertification ou laisse passer les tempêtes, incendies de forêts...).

2 Les inégalités de développement jouent sur l'ampleur des catastrophes

- Si les pays du Sud semblent plus touchés par les risques naturels, ils sont surtout plus vulnérables par le manque de moyens pour y faire face. Un même événement peut donner une catastrophe bien plus grave au Sud qu'au Nord (ex. séismes de Kobe, 1995 : 6 000 morts ; Haïti, 2010 : 200 000 morts).
- Les moyens d'action sont nombreux, diversifiés selon les risques. Cela commence par la prévention, l'alerte (surveillance des activités sismiques, volcaniques, balises en mer pour détecter les tsunami, surveillance météorologique), l'éducation aux risques (évacuations, etc.) jusqu'à l'adaptation des matériaux (normes parasismiques de construction au Japon, en Californie).
- Mais certains risques sont imprévisibles, comme les séismes, ou difficiles à contenir, comme la désertification (tentatives de reboisement dans les espaces touchés comme en Algérie ou en Chine).

Doc. **Les risques naturels dans le monde**

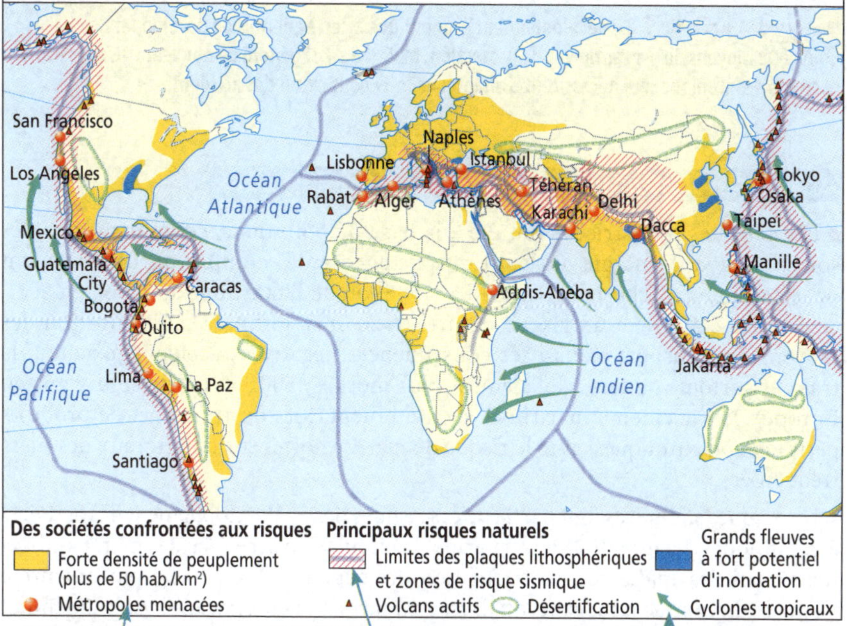

Il n'y a ni risque ni catastrophe s'il n'y a pas présence d'hommes.

Les risques sont concentrés dans l'espace, comme on le voit pour les risques liés aux mouvements lithosphériques.

De même pour les risques atmosphériques, notamment dans la zone intertropicale. Le Sud apparaît ainsi plus touché par les risques.

Vocabulaire

Lithosphère : croûte terrestre découpée en plaques mobiles.

Tsunami : raz-de-marée déclenché par un séisme sous-marin.

Désertification : avancée du désert.

Normes para-sismiques : règles de construction pour diminuer les effets d'un séisme en renforçant la solidité des édifices.

Notions-clés

Risque : danger auquel sont exposés les hommes, lié aux phénomènes naturels ou aux activités humaines.

Catastrophe : ensemble des dégâts humains et matériels causés par un phénomène naturel ou un accident technologique.

2 Les espaces de risques technologiques

De quoi s'agit-il ? **Le développement économique a certes permis de développer de nouveaux moyens de prévention et de protection. Mais il a aussi généré de nouveaux risques liés à l'activité économique, qui nécessitent d'adapter celle-ci pour éviter des accidents.**

1 Les différents types de risques technologiques

- Les activités industrielles ont été à la base de pollutions, contaminations des sols, des eaux. L'énergie nucléaire suscite encore des craintes depuis l'accident de la centrale de Tchernobyl en URSS (1986) ou de Fukushima au Japon en 2011, ce dernier étant lié à un risque naturel (tsunami). Enfin, la multiplication des moyens de transport a aussi ses conséquences négatives : accidents d'avion, de train et surtout routiers, globalement plus mortels (500 000 morts en dix ans en Europe). Les accidents maritimes se combinent, lors du transport de produits pétroliers ou chimiques, avec le risque de marées noires sur les littoraux des mers fréquentées.

- Les risques sanitaires font partie de ces risques liés au développement des activités économiques. La mondialisation permet la circulation accélérée des marchandises mais aussi des épidémies. La circulation des personnes de plus en plus intense à l'échelle du monde (tourisme, affaires, etc.) favorise la propagation de pandémies. Certaines méthodes de l'agriculture intensive ont causé des polémiques (épidémie de la « vache folle », doutes sur les OGM…).

2 Des sociétés inégalement exposées

- Ces risques concernent évidemment plus les pays développés (**Doc.**). Mais ceux-ci ont aussi les moyens de s'adapter pour mieux maîtriser ce genre de risques (normes de sécurité, normes environnementales…). Cependant, si les bilans humains sont moins mortels pour ces pays, le bilan économique est souvent plus lourd (dégâts étendus, reconstructions…).

- Certains pays en développement du Sud commencent à être de plus en plus soumis à ces risques (pollutions, accidents), en particulier la Chine devenue « l'atelier du monde ».

- De façon globale, le Sud reste plus exposé en revanche aux risques sanitaires (maladies tropicales, épidémies), le Nord disposant d'un meilleur réseau de soin : en 2000, par exemple, l'OMS classait le système de santé français au 1er rang mondial.

Doc. **Les risques technologiques dans le monde**

Des sociétés confrontées aux risques

- Espaces de forte densité de peuplement (plus de 50 hab./km²)
- Principales métropoles menacées

Principaux risques technologiques

- Régions de risque de marée noire
- Régions de risques industriels et nucléaires majeurs

Le Nord, plus développé, est plus soumis aux risques technologiques.

Les risques de marée noire dépendent des voies maritimes internationales. Les hydrocarbures allant souvent du Sud au Nord, les deux espaces sont également menacés.

Vocabulaire

Marée noire : pollution des mers et des côtes due à la présence d'hydrocarbures, suite à un naufrage ou à un dégazage (nettoyage des citernes d'un bateau).

Risque sanitaire : risque lié à la propagation de virus, microbes, etc., déclenchant des épidémies.

Pandémie : épidémie à l'échelle mondiale.

Agriculture intensive : système agricole qui, grâce à des investissements importants (engrais, machines), produit beaucoup par rapport à la surface cultivée.

OGM : Organisme génétiquement modifié, plante génétiquement modifiée pour en améliorer la production.

OMS : Organisation mondiale de la santé, organe de l'ONU chargé de l'amélioration de la santé à l'échelle de l'humanité.

3 Le monde, un espace à risque ?

De quoi s'agit-il ? **Si les risques majeurs peuvent être localisés en fonction des conditions naturelles ou du niveau de développement, un certain nombre de risques existe à l'échelle de la planète et concernent donc toute l'humanité.**

1 Des risques à échelle mondiale ?

- La catastrophe de Tchernobyl (1986) a dégagé un nuage radioactif qui a circulé dans l'atmosphère et touché une partie de l'Europe. Aujourd'hui, on sait que certaines éruptions dégagent des nuages de cendres qui peuvent dérégler le climat sur quelques années (on soupçonne l'éruption du Krakatoa en Indonésie d'avoir provoqué des hivers rigoureux en Europe à la fin du XIXe siècle).
- La question du réchauffement climatique est au coeur des polémiques mondiales. L'effet de serre est un phénomène naturel et cyclique, mais on accuse aujourd'hui la pollution humaine de le renforcer, en provoquant des transformations accélérées, qui rendent plus difficile l'adaptation : la montée du niveau des océans et la modifications des littoraux peuvent provoquer des migrations fortes ; le dérèglement climatique accentue les phénomènes naturels violents.

2 Quelle action possible ?

- La communauté internationale étant concernée, c'est dans le cadre de l'ONU que se discutent ces risques et que des propositions sont élaborées. Le protocole de Kyoto (1997), réexaminé annuellement, prévoit une action à l'échelle des États pour diminuer les gaz à effet de serre. Mais tous les pays n'ont pas accepté ce protocole, en particulier les États-Unis, 2e pollueur de la planète derrière la Chine.
- Le protocole de Kyoto fait débat en particulier dans le cadre des inégalités Nord/Sud. Les pays du Nord sont les principaux pollueurs (Chine exceptée) et ont les moyens économiques et technologiques d'agir, tandis que les pays du Sud dénoncent un processus qui peut limiter leur développement économique et social.

Doc. **L'effet de serre, accéléré par les activités humaines**

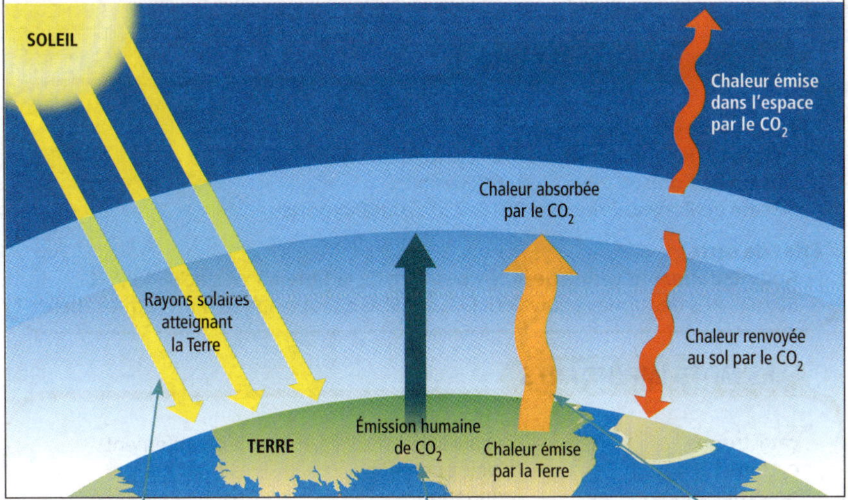

L'effet de serre est un phénomène naturel de filtrage et de captation du rayonnement solaire par des gaz présents dans l'atmosphère.

Les activités humaines productrices de ces gaz à effet de serre renforcent la présence de ceux-ci dans l'atmosphère et donc leur capacité de réchauffement de l'atmosphère terrestre.

Ces mêmes gaz piègent à nouveau les rayons solaires réfléchis par la surface terrestre et leur chaleur.

Vocabulaire

Effet de serre : phénomène naturel de captation du rayonnement solaire réchauffant la surface terrestre.

Protocole de Kyoto : accord international adopté en 1997 et ratifié par 191 pays sur les 193 que compte l'ONU pour limiter le réchauffement planétaire et ses conséquences.

Gaz à effet de serre : gaz captant le rayonnement solaire comme le CO_2 produit par l'activité industrielle, les transports routiers…

RÉVISION EXPRESS

LES CHIFFRES IMPORTANTS

Mouvements lithosphériques
- Échelle de Richter (mesure de l'intensité d'un séisme) : de 1 à 9
- Séisme de Kobe en 1995 (7,3) : 6000 morts
- Séisme de Port-au-Prince en 2010 (7,3) : 200000 morts

Effet de serre
- Augmentation moyenne de la température de la Terre au XXe siècle : +0,6 °C
- 50 milliards de tonnes équivalent CO_2 rejetées chaque année dans l'atmosphère

LES MOTS IMPORTANTS

- catastrophe
- cyclone
- désertification
- effet de serre
- épidémies / pandémies
- inégalités de développement
- inondation
- marée noire
- pollution
- prévention
- réchauffement climatique
- risque (naturel / technologique)
- séisme
- tsunami
- volcanisme

LES ACTEURS GÉOGRAPHIQUES

• **Assurances**
Elles peuvent intervenir pour rembourser en partie les dégâts causés par une catastrophe.

• **Entreprises**
Elles jouent un rôle dans la pollution, les accidents et leur contrôle par la mise en place ou le respect de normes de sécurité et de protection de l'environnement.

• **États, pouvoirs publics (communes, etc.)**
Ils déterminent des règles de prévention des risques.

• **OMS**
Fondée avec l'ONU, l'OMS mène des actions à échelle mondiale contre les épidémies (Sida, paludisme) et a réussi à éradiquer la variole.

• **ONU**
Elle organise chaque année une conférence sur le changement climatique.

• **Réseaux de surveillance et d'alerte**
Cet ensemble d'observatoires ou instituts surveille l'activité lithosphérique ou atmosphérique pour prévenir des risques naturels.

SCHÉMA DU DÉVELOPPEMENT DURABLE : LES RISQUES

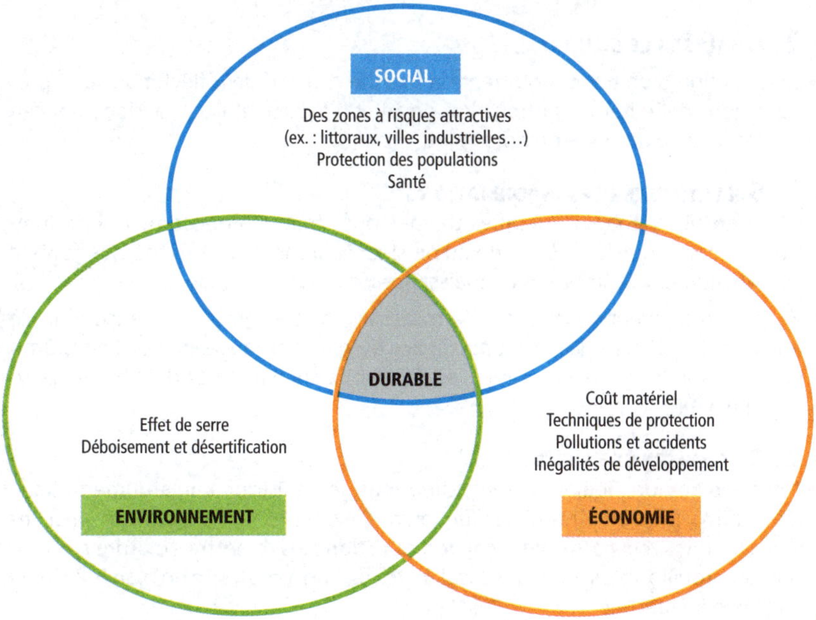

Quiz

1. Un séisme est par lui-même une catastrophe.
☐ Vrai ☐ Faux

2. L'ampleur d'une catastrophe est liée uniquement aux densités.
☐ Vrai ☐ Faux

3. Définissez le risque technologique.

4. Qu'est-ce que le protocole de Kyoto ?

5. La catastrophe de Tchernobyl a eu lieu en…
☐ 1945 ☐ 1986 ☐ 2001

→ Réponses p. 252

Rédiger un texte argumenté

MÉTHODE

1. Analyser le sujet

- La rédaction d'un texte argumenté nécessite d'abord de réfléchir au sujet proposé pour délimiter les notions importantes, l'espace et/ou la période concernée, afin de ne pas faire de hors-sujet.

2. Sélectionner les informations

- Il faut ensuite dégager quelques thèmes pour traiter la question, qui permettront de construire le texte en un ou plusieurs paragraphes. Ces thèmes doivent essentiellement venir de vos connaissances (cours, connaissances personnelles).
- Vous pouvez éventuellement déterminer les thèmes grâce à un ensemble de documents – si, dans le cas d'un exercice ou d'une épreuve, on vous en fournit pour vous aider ou si, chez vous, au CDI, vous cherchez des documents pour vous inspirer.

3. Organiser son texte

- À chaque grande idée ou thème défini, vous devez fournir une argumentation : une affirmation doit être suivie d'un (ou des) exemple(s). Il faut ensuite relier ces idées les unes aux autres de façon logique, donc les remettre en ordre par rapport au brouillon, voire, dans le cas d'un texte long, construire un plan (plusieurs parties, sous-parties).
- La difficulté est de trouver comment enchaîner les idées l'une après l'autre, sans simplement les juxtaposer comme c'est déjà le cas dans le brouillon – le brouillon proposé plus loin montre cependant déjà des enchaînements logiques, qui doivent en général venir dans la réflexion : se poser la question « qui prévient les risques ? » induit de penser « comment les prévenir ? ». Ce n'est qu'une fois le plan clairement établi qu'on peut commencer à rédiger.
- Pensez, enfin, à rédiger une phrase d'introduction et une phrase de conclusion.

APPLICATION : EXERCICE CORRIGÉ

Rédigez un texte argumenté sur le thème suivant : « Prévenir les risques ».

CORRIGÉ

1. Analyser le sujet

• **Définition des termes :** *prévenir* = prévention, action pour lutter contre les risques, ou limiter les dégâts, alerter les populations; *risques* = danger auquel sont soumis les hommes, d'origine naturelle (phénomènes violents) ou humaine (accidents technologiques…).

• **Attention :** le sujet porte sur un aspect du chapitre seulement. Ne pas réciter tout le chapitre, ne pas être trop long sur la description des risques.

• **Reformulation :** De quelles façons les hommes essayent-ils de lutter contre les risques ?

2. Sélectionner les informations

• Brouillon possible (dans le désordre) :
Cours et cartes pp. 240-243 : risques et action humaine.
Thème possible : qui agit ou doit agir contre les risques ? États, individus, entreprises, instituts scientifiques (systèmes d'alerte), OMS (risques de pandémies), ONU, etc.
Définir rapidement les risques (en introduction).
Autre thème important : quels sont les moyens pour agir contre les risques ? (normes de construction, systèmes de surveillance et d'alerte, action internationale contre le réchauffement climatique, etc.).
Tout le monde a-t-il les mêmes moyens (inégalités de développement) ?
Des exemples d'action contre les risques (dans l'actualité, exemple de la tempête Xynthia 2010 ? Près de chez soi : lutter contre une inondation, une avalanche, un risque industriel…).

3. Organiser son texte

Introduction : Les sociétés sont soumises à divers risques, d'origine naturelle (séismes, inondations, etc.) ou humaine (accidents industriels, etc.). Pour se protéger et diminuer ces risques, elles cherchent à les prévenir.

I – Quelles actions et moyens d'action possibles ?
Des techniques de prévention existent : surveillance et alerte (ex : météo), normes de construction (ex. : au Japon contre les séismes) ou de production dans l'industrie, constructions (ex. : pare-avalanches, digues contre les inondations).

II – Qui agit dans la prévention des risques ?
Les acteurs sont nombreux : les individus (suivi sanitaire, action contre la pollution…), les entreprises (respect ou mise au point de normes de protection), les États (réseau sanitaire, lois sur la prévention, instituts scientifiques de surveil-

lance et d'alerte) et les organisations internationales (rôle de l'OMS, de l'ONU sur les risques sanitaires et liés au développement technologique : ex. accélération du réchauffement climatique).

III – Les inégalités dans la prévention des risques

Tous les pays n'ont pas accès à ces techniques à cause des inégalités de développement (ex. : séismes similaires de Kobe ou de Port-au-Prince, 40 fois plus de morts en Haïti).

Le développement du Sud : génère de nouveaux risques mais donne des moyens pour les prévenir.

Conclusion : La gestion des risques est aujourd'hui de plus en plus développée et relativement efficace puisqu'elle peut limiter les dégâts, humains et matériels, voire les éviter.

Vérification des connaissances

1 À quels types de risques les sociétés sont-elles confrontées ?

2 En quoi les inégalités de développement ont-elles une influence sur les risques ?

3 Le réchauffement climatique peut-il être considéré comme un risque ?

4 Quels acteurs jouent un rôle dans la prévention des risques ?

Application de la méthode

SUJET

À l'aide de vos connaissances et des documents proposés, rédigez un texte argumenté sur le thème suivant : « Les littoraux et les risques ».

Doc. 1 Planisphère des risques naturels, p. 241

Doc. 2 Planisphère du peuplement littoral, p. 225

Doc. 3 **Après le tsunami en Asie du Sud-Est (220 000 morts en décembre 2004), comment protéger les populations ?**

N'était-il pas possible d'épargner de nombreuses vies grâce à un système d'alerte des populations ? Sur le plan technique, la réponse semble positive. Sur le terrain, l'océan Indien, contrairement au Pacifique, est dépourvu de système de surveillance des tsunamis. Les pays de la région ne disposent pas, non plus, d'organisation susceptible d'avoir été alertée pendant les deux ou trois heures qui se sont écoulées entre le séisme de Sumatra et l'arrivée du tsunami sur les côtes du Sri Lanka et de l'Inde. Le centre américain de surveillance des tsunamis s'appuie sur un réseau de bouées flottantes reliées à des appareils de mesure de pression disposés au fond de l'océan. Ce système, mis en service en octobre 2003, transmet en temps réel, via des satellites et des relais terrestres, les données permettant de détecter les tsunamis. Il a pour objectif de limiter les pertes humaines sur les côtes américaines du Pacifique, océan sur lequel la grande majorité des raz-de-marée se forment.

Michel Alberganti, « Le désastre démontre la nécessité d'étendre le système d'alerte », *Le Monde*, 29 décembre 2004.

Quiz

1 Faux (c'est un phénomène naturel qui devient une catastrophe s'il touche des populations) – **2** Faux (si la population sait se protéger, l'ampleur de la catastrophe peut être diminuée) – **3** Danger lié à l'activité humaine – **4** Un accord international signé en 1997 pour lutter contre les causes humaines du réchauffement climatique – **5** 1986.

Vérification des connaissances

1 Il existe plusieurs types de risques :
– les risques naturels correspondent à des dangers liés aux phénomènes naturels violents : risques liés à l'activité de la lithosphère (séismes, volcanisme, tsunami) ou de l'atmosphère (cyclones, tempêtes, inondations) ;
– les risques technologiques ou humains, liés aux activités humaines et au développement technologique : accidents (industriels, de transport), pollutions…
– les risques sanitaires : épidémies, pandémies…

2 Les inégalités de développement ont une influence sur les risques. Les pays en retard ou en voie de développement ont souvent moins de moyens pour prévenir les risques et limiter les dégâts humains et matériels au contraire des pays les plus développés. Toutefois, le niveau de développement de ces derniers a fait naître de nouveaux risques, les risques technologiques ou industriels (ex. : explosion de la centrale nucléaire de Tchernobyl), qui sont moins fréquents, voire inexistants dans les pays du Sud. Le rattrapage économique que connaît le Sud, notamment dans le cadre de la mondialisation, le fait entrer dans ces nouveaux risques (ex. : catastrophe chimique de Bhopal en Inde en 1984).

3 Le réchauffement climatique est d'abord un phénomène naturel. La Terre a connu des cycles de variation des températures (ères glaciaires, réchauffement) et le réchauffement constaté aujourd'hui peut aussi avoir des origines naturelles. En revanche, parmi les mécanismes de maintien d'une relative chaleur à la surface de la Terre se trouve l'effet de serre (capture de la chaleur émise par le bombardement et le renvoi des rayons solaires). Or, l'activité industrielle depuis le XIXe siècle a renforcé l'émission de gaz à effet de serre dans l'atmosphère, contribuant à renforcer ce mécanisme d'effet de serre et augmentant la température moyenne de la planète. L'activité humaine semble donc contribuer à l'accélération du réchauffement climatique à un rythme bien plus rapide que le rythme naturel, ce qui peut avoir des conséquences non plus lentes (sur des siècles ou des millénaires) mais quasi-immédiates (à l'échelle d'une ou deux générations), obligeant les hommes à s'adapter vite. Ainsi la montée du niveau des mers peut provoquer des migrations progressives, mais massives en un siècle. On peut donc bien parler de risque dans le sens où des bouleversements politiques, sociaux, économiques difficiles à gérer peuvent survenir en quelques décennies.

4 Plusieurs acteurs peuvent jouer un rôle dans la prévention des risques :
– les États édictent des normes de sécurité, de construction, de santé, mettent en place des organismes de surveillance et d'alerte ; ils peuvent aussi coordonner à l'échelle internationale leur action (dans le cadre d'organisations régionales comme l'Union européenne ou mondiales comme l'OMS (lutte contre les pandémies), l'ONU (protocole de Kyoto sur les gaz à effet de serre) ;
– les entreprises et tous les acteurs économiques jouent un rôle essentiel dans le respect ou la mise au point de normes de sécurité pour prévenir les accidents technologiques et protéger l'environnement ;
– les individus sont impliqués dans la prévention des risques puisque les premiers concernés pour leur propre protection (participation à des exercices d'évacuation ou de protection, respect de l'environnement...).

Application de la méthode

- **Analyse du sujet**

Mot important : « et » → quel lien entre littoral et risque ?
Définir les deux termes : *risque, littoral.*
Littoral = une partie de l'espace mondial → n'étudier les risques que sur cet espace.
Y a-t-il des risques spécifiques aux littoraux ? À quel type de risques sont soumis les littoraux ?

- **Brouillon des idées**

Doc. 1 : beaucoup de risques sur la carte : cyclones (litt. tropicaux), volcanisme et séismes (litt. parfois en limite de plaques lithosphériques) et donc tsunamis, inondations dans les embouchures de grands fleuves (deltas).

Méthode

Le sujet est un sujet de mise en relation de deux éléments différents. Les sujets avec un « et » doivent faire l'objet de toute votre attention. Il ne s'agit pas de parler d'un côté des risques en général, puis des littoraux d'autre part mais de croiser ces deux éléments (il y a deux chapitres dans l'ouvrage sur ces deux sujets, vous pouvez relire l'un et l'autre et voir les éléments en commun).

L'astuce du prof

On part des documents pour dégager des constats, des idées. Au passage, on peut ajouter des connaissances (ex : tous les risques littoraux n'étaient pas mentionnés sur la première carte).

Connaissances : autres risques connus : marées noires, pollutions ; tempêtes.

Doc. 2 : les littoraux, espace peuplé en général, comportant notamment de grandes métropoles

Croisement des deux documents et des connaissances : risque = événement naturel ou accident pouvant toucher des populations ; or, ici forts peuplements + risques nombreux = littoraux, zones de catastrophes potentielles.

> **Méthode**
>
> Le croisement des documents doit permettre de fournir une réflexion. Là aussi, l'utilisation des connaissances est indispensable (revenir aux grandes notions, se les rappeler, comme ici la définition du risque).

Doc. 3 : comment prévenir les risques littoraux, protéger des populations nombreuses ; quelles inégalités de développement, renforçant ou minimisant les risques ?

- **Plan suivi** (mise en ordre des documents et de la réflexion)

I – Les risques spécifiques des littoraux

II – Les populations face à ces risques

- **Rédaction**

La planète est soumise à de nombreux risques naturels et humains. Mais pour qu'il y ait risque, il faut d'abord qu'il y ait peuplement. Les littoraux font partie des espaces les plus peuplés de la planète : à quels types de risques doivent-ils faire face ?

> **Astuce**
>
> Votre texte doit toujours donner des exemples précis. Selon le temps de rédaction disponible, à vous de voir si vous pouvez en donner beaucoup et si vous pouvez en détailler quelques-uns : par exemple, en Histoire, expliquer un événement plutôt que simplement le citer.

Les espaces littoraux sont soumis à de nombreux risques. La rencontre de deux plaques lithosphériques peut relever l'une qui émerge alors de l'océan et forme un littoral montagneux comme c'est le cas par exemple pour la côte pacifique des Amériques ou en Méditerranée. Le littoral est alors soumis aux activités lithosphériques : volcanisme (on craint toujours une éruption du Vésuve en Italie), séisme (les habitants de la Californie attendent le « Big One », séisme de forte intensité) mais aussi tsunami dû à un séisme sous-marin au large des côtes (ex. du tsunami en Asie du Sud en 2004). Les littoraux peuvent être touchés par d'autres risques spécifiques, liés à l'activité atmosphérique : tempêtes, cyclones qui balayent les côtes tropicales (ex. : cyclone Katrina à la Nouvelle-Orléans en 2005), inondations dans les deltas de grands fleuves (comme au Bangladesh, régulièrement inondé). Enfin, on peut ajouter à cette liste des risques spécifiques, essentiellement liés au milieu particulier qu'est le littoral, espace de contact entre terre et mer, les marées noires et autres pollutions dues à l'activité humaine.

Les littoraux sont souvent justement des espaces très pollués en partie à cause des fortes densités humaines qui y sont présentes.

Les grandes villes aux activités industrialo-portuaires et touristiques font sans cesse pression sur l'environnement littoral. Mais en plus de ces risques humains, les populations des littoraux doivent se protéger des risques naturels nombreux (tempêtes, cyclones, séismes...).

Or on trouve de fortes densités et de nombreuses mégapoles dans ce type d'espace, rendant les risques plus élevés et créant des potentialités de catastrophes : le « Big One » peut détruire Los Angeles et San Francisco comme le Vésuve peut raser Naples, les inondations du Bangladesh font des milliers de morts régulièrement, Katrina a tué près de 2 000 personnes et déplacés des centaines de milliers d'habitants de la Louisiane. Les hommes tâchent de prévenir ces risques (digues contre les inondations, les tempêtes, les cyclones ; système de surveillance et d'alerte contre ces mêmes risques atmosphériques ainsi que les tsunami, volcans ; normes environnementales contre les pollutions). Mais les inégalités de développement rendent plus ou moins efficaces ces moyens de protection : les littoraux des pays intertropicaux apparaissent ainsi plus vulnérables car à la fois peuplés, soumis à des risques divers et avec moins de moyens pour y faire face (les digues des Pays-Bas sont sans commune mesure avec celles du Bangladesh...). Mais les pays du Nord sont aussi concernés comme l'a rappelé la tempête Xynthia en France en 2010.

Les littoraux semblent donc des zones particulièrement menacées par les risques, non seulement parce qu'accumulant des risques nombreux et variés mais aussi par leur fortes densités qui peuvent transformer ces risques en catastrophes.

Méthode

Quand votre texte comporte plusieurs paragraphes, penser à faire une transition entre les deux : recommencer un paragraphe en s'appuyant sur la dernière idée formulée dans le paragraphe précédent (ici, garder l'exemple des pollutions, qui aurait pu être mis n'importe où ailleurs dans le 1er paragraphe, parce que les pollutions étant d'origine humaine permettent de rappeler que les littoraux sont fortement peuplés, objet de votre 2e paragraphe).

L'astuce du prof

Réutilisez du vocabulaire, des notions spécifiques à la discipline sans chercher à utiliser un vocabulaire compliqué : les notions de « mégapoles », « zones industrialo-portuaires » ont déjà été vues. Le lecteur vérifie aussi que vous êtes à l'aise avec ces mots de la Géographie ou de l'Histoire. Un vocabulaire spécifique à un chapitre doit être réinvesti dans les autres chapitres.

CRÉDITS PHOTOGRAPHIQUES

13 © Bianchetti/Leemage; 14g BIS/Ph. Michel Didier © Archives Larbor; 14d BIS/Ph. Coll. Archives Larbor; 27 BIS/Ph. Coll. Archives Larbor; 31 BIS/Ph. Coll. Archives Bordas; 33 BIS/Ph. Scala © Archives Larbor; 34g BIS/Ph. Oronoz © Archives Larbor; 34d BIS/© Archives Nathan; 47 © atmospheric - Fotolia. com; 55 BIS/Ph. Coll. Archives Nathan; 57 BIS/Collection Archives Nathan; 59 © Maugli/Shutterstock; 61 © sborisov -Fotolia. com; 62g BIS/© Archives Larbor; 62d BIS/Ph. H. Josse © Archives Larbor; 73 © Matt Trommer/Shutterstock; 75 BIS/© Archives Larbor; 79 BIS/Ph. © Archives Nathan; 83 BIS/Ph. Giacomelli, Venise © Archives Larbor; 87 © Nimatallah/akg-images; 88g BIS/Ph. Scala © Archives Bordas; 88d BIS/Ph. Scala © Archives Larbor; 91 BIS/© Archives Larbor; 93 BIS/Ph. H. Josse © Archives Larbor; 107 BIS/Ph. Didier © Archives Larbor; 109 et 121 © Paris-Musée de l'Armée, Dist. RMN/Pascal Segrette; 115 BIS/Ph. Jean-Loup Charmet © Archives Larbor; 129 © Lalo De Almeida/Contrasto - REA/T.; 195 © Paylessimages/Fotolia. com; 215 © SeB - Fotolia. com; 227 © ISS/NASA.

FSC
www.fsc.org
MIXTE
Papier issu de sources responsables
FSC® C022030

N° d'éditeur : 10219698
Dépôt légal : novembre 2016
Mise en page : JPM
Imprimé en France par Loire Offset Titoulet